Trees van Rijsewijk · Kumari

TREES VAN RIJSEWIJK

geboren 1952, tat etwas, von dem viele Menschen träumen, sich aber nicht trauen, es zu verwirklichen: 1985 ließ sie ihr sicheres Leben in den Niederlanden zurück und reiste ganz allein auf das Dach der Welt.
Dort traf sie das Waisenkind Kumari und adoptierte es zwei Jahre später. Sie lebt heute mit ihrer Tochter in Amsterdam, wo sie als freie Publizistin arbeitet.
Trees van Rijsewijk gründete nach ihren Reisen die Stiftung Tamsarya, die in Nepal mittlerweile ein Waisenhaus, einen Bauernhof, drei Schulen und ein medizinisches Zentrum bauen ließ.

Trees van Rijsewijk

# *Kumari*

## Meine Tochter aus Nepal

*Aus dem Niederländischen*
*von Barbara Heller*

Weltbild

Die Originalausgabe erschien 1999 unter dem Titel
*Kumari. Mijn dochter uit Nepal* bei Uitgeverij De Geus, Breda.

Besuchen Sie uns im Internet:
*www.weltbild.de*

Genehmigte Lizenzausgabe
für Verlagsgruppe Weltbild GmbH,
Steinerne Furt, 86167 Augsburg

Erschienen im Marion von Schröder Verlag,
einem Unternehmen der Econ Ullstein List Verlag
GmbH & Co. KG, München
Umschlagkonzeption: büdinger, Augsburg
Umschlaggestaltung: Michael Keller, München
Umschlagmotiv: Gettyimages Deutschland GmbH, München
Gesamtherstellung: Freiburger Graphische Betriebe
GmbH & Co. KG, Bebelstraße 11, 79108 Freiburg
Printed in Germany
ISBN 3-8289-7065-6

2006 2005 2004 2003
Die letzte Jahreszahl gibt die aktuelle Lizenzausgabe an.

**Für dich, Kumari**

# Inhalt


Die Welt hinter den Wolken 9
Begegnung mit Kumari 17
Zum Dach der Welt 33
Tibet 39
Die Stadt der Götter 57
Zurück nach Nepal 73
Von Katmandu nach Tamsarya 81
Chinesische Impressionen 89
Die Steppen der Mongolei 115
Zurück nach Katmandu 131
Wiedersehen mit Kumari 141
Mit Kumari in Arun-Khola 165
Geldgier und Gemeinheiten 181
Mutter und Tochter in Not 197
Kumari wird entführt 205
Im Dschungel der Behörden 219
Ein Angebot in Delhi 235
Ministertrekking 241
Eine Geburt 271
Der Abschied 277
Das Land der Magar 287
Fünf Jahre später 299

Glossar 309
Landkarten 315
Trees und Kumari heute 319

# Die Welt hinter den Wolken

Die Wolken über der Wiese, auf der ich liege, ballen sich zusammen und reißen wieder auf. Es ist Mai, der Löwenzahn ist verblüht, und seine Schirmchen wehen im Wind davon.

Ich muss ungefähr acht gewesen sein, als ich meine Eltern eines Tages fragte: »Wie sieht die Welt hinter den Wolken aus? Kann man da hin? Wie weit kann man fahren?«

Für meine Eltern bestand die Welt aus Getreidefeldern, Obstgärten, felsenfestem Gottvertrauen und der Sorge für zehn Kinder.

Siebenundzwanzig Jahre später machte ich mich auf die Suche nach der Antwort auf die Frage, die ich als Achtjährige gestellt hatte. Es sollte eine bedeutsame Episode in meinem Leben werden: Ich reiste durch Indien, Nepal, Tibet und China – allein, mit dem Fahrrad. Auf diesen fünfzehntausend Kilometern lernte ich eine Welt kennen, in der Farben und Gerüche, Sitten und Gebräuche, Musik und Glaube anders waren, eine Welt, die mir eine neue

Sicht meines eigenen Lebens eröffnete – eines Lebens, das sich von Grund auf ändern sollte. Für mich war diese Reise mit all ihren Unsicherheiten und Entbehrungen ein Luxus. Ich erklomm Bergkämme, ohne zu wissen, was dahinter war. Immer wieder überraschten mich herrliche Landschaften und liebenswürdige, gastfreundliche Menschen, die mir zu essen und ein Dach über dem Kopf gaben.

In den Augen der Gesellschaft war ich zu diesem Zeitpunkt bereits im Besitz aller Sicherheiten, die einen erfolgreichen Menschen ausmachen: Ich besaß alle möglichen Diplome und verfolgte eine schöne, befriedigende Laufbahn als Lehrerin. Basis all dessen waren eine solide Ausbildung, der Glaube an Gott, Werte und Normen, die meinem Leben ein festes Gerüst geben sollten. Andere nennen das Glück.

All diese Sicherheiten ließ ich hinter mir, als ich meinen Kindheitstraum verwirklichte und die Niederlande auf unbestimmte Zeit verließ, um faszinierende Menschen mit anderen Denk- und Lebensweisen kennen zu lernen. Es wurde eine Reise ins Unbekannte, und ich musste dazu allein und mit dem Fahrrad unterwegs sein. Busfahrten hätten mich zu sehr eingeschränkt. Ich wollte weder Routen und Nachtquartiere noch Begegnungen vorher festlegen und beschloss deshalb, alles dem Zufall zu überlassen. Vom Rad aus konnte ich die Dinge unmittelbarer sehen, spüren und riechen, ohne eine Glasscheibe zwischen mir und der Welt. Ich konnte anhalten, wann immer ich wollte, und unter jedem Baum, den ich schön fand, Rast machen.

Vierunddreißig Jahre lang hatte ich das Gefühl gehabt, in einem Ei zu sitzen, aus dem ich nicht herauskonnte. Dann kam das Bewusstsein. Und der Ausbruch: Das Ei platzte auf, ich stieg heraus, glättete mein Gefieder und trat in ein anderes Leben ein. Ganz allmählich entwickelte ich meine eigene Vorstellung von Leben. Menschen gehörten dazu, neue Begegnungen und Abschiednehmen.

Eine dieser Begegnungen war die mit dem Waisenkind Kumari. Kumari kam auf meinen Weg. Oder ich auf ihren. Ein kleines Mädchen mit vielen Narben. Wir kamen nicht aneinander vorbei.

Ich nenne es eine reine Begegnung. Der Name Kumari bedeutet auf Nepali »rein«. Es ist der Name einer Göttin. In Katmandu wird mit Hilfe von Astrologen ein drei- bis vierjähriges Mädchen aus der Sakya-Familie ausgewählt, das dann als lebende Göttin verehrt wird. Das Mädchen muss die zweiunddreißig Eigenschaften der Göttin besitzen. Sie muss nicht nur schwarze Augen, schwarzes Haar und einen makellosen Körper haben, sie muss auch gesund, schön und furchtlos sein, sie darf nicht weinen, und sie muss Ruhe und Gelassenheit ausstrahlen.

Die Kumari, die ich kennen lernte, hatte die zweiunddreißig Eigenschaften von Armut und Kummer: Sie war verlaust und trug nicht nur einen Kopf voller Traurigkeit, sondern auch einen Bauch voller Würmer mit sich herum. Zwei Eigenschaften aber hatte sie mit der lebenden Göttin gemeinsam: das schwarze Haar und die schwarzen Augen. Ich wollte auch ihren anderen menschlichen Eigenschaften eine Chance geben. Es dauerte seine Zeit, bis ich mir sicher war, dass das, was ich für sie tun wollte, auch wirklich ihr Bestes war. Ich habe abgewogen, aber vor allem auf meine Intuition gehört.

Warum gerade sie?

Ich hatte auf der Fahrt durch Indien so viele Waisenkinder im Arm gehalten, doch die Begegnung mit Kumari war anders. Sie war intensiver und löste mehr in mir aus als jede andere Begegnung davor.

Ja, so überwältigend und so einfach war es.

Von den bürokratischen und rechtlichen Hindernissen, die mich erwarteten, einmal ganz abgesehen, war mir völlig klar, dass ich eine große Verantwortung übernahm. Ein Himalaja an Schwierigkeiten lag vor mir. Aber auf meiner Radreise hatte ich gelernt, vor keinem Berg Angst zu haben. Auf der Fahrt durch Asien hatte ich meine starken Seiten und meine Schwachpunkte erfahren.

Und am Ende war unsere Liebe stärker als das Gesetz: Menschlichkeit machte mich zu ihrer Mutter. Es kam zwar nicht zu einer Adoption, aber ich wurde offiziell Kumaris Vormund. Oft wurde ich gefragt: »Hattest du schon länger vor, ein Kind zu adoptieren?«

»Nein.«

»Aber du hast doch sicher daran gedacht?«

»Nein.«

»Hattest du denn einen deutlichen Kinderwunsch?«

Nein, nicht direkt. Ich mochte Kinder zwar, aber ich wollte nie selbst welche, unter anderem deshalb, weil für mich das Glück nicht davon abhängt.

Ich finde es ganz in Ordnung, dass Kumari nicht aus meinen Bauch gekommen ist.

Ich habe das Gefühl, dass ich ihr so viel unbefangener begegnen kann.

Ich kann ihr Verhalten nicht an meinem oder dem eines Vaters messen. Das finde ich angenehm.

Als ich beschloss, die Verantwortung für sie zu übernehmen, bedeutete das noch nicht, dass sie mit mir kommen würde. Alles blieb zunächst völlig offen. Ihr Leben ebenso wie meines. Doch unsere Begegnung setzte einen Prozess bei mir in Gang.

Meine Reise hat dazu beigetragen, dass ich meine Intuition ausloten und schärfen lernte. Immer wieder von neuem musste ich sehr genau zwischen meinem und Kumaris Interesse unterscheiden.

Von unschätzbarem Wert war vor allem die Fahrt durch Tibet. Die Natur, die Weite, das Essen und die Menschen in Tibet haben ganz wesentlich dazu beigetragen, dass ich eine andere Sicht des Lebens entwickelt habe. Ich habe gelernt, mit den Sinnen zu denken.

Diese Erfahrung machte es mir schwer, wieder zurück in die Niederlande zu gehen. Aber es musste sein, ich brauchte Zeit und Abstand, um meine Lösung zu finden. Es war ein einsames, ruheloses Jahr. Ich fühlte mich in meinem eigenen Land nicht mehr zu Hause und begann meinen eigenen Gefühlen zu misstrauen. Das Herz wurde mir schwer, wenn ich an den Kleidern schnupperte, die ich auf meiner Reise getragen hatte. In meinem Schlafsack hing noch der Geruch von Holzfeuer und Jaks, von Weihrauch, Ziegen und Menschen.

Schließlich wurde mir klar, dass meine Reise noch nicht zu Ende war. Ich kehrte nach Nepal zurück, auf unbestimmte Zeit und ohne zu wissen, was ich tun würde. Ich wusste nur, dass ich einen Weg für mich und Kumari finden musste. Eine Adoption war für mich als allein stehende Frau damals noch nicht möglich.

Kumaris Vergangenheit, die Unterbringungsmöglichkeiten für Waisenkinder in Nepal, die niederländische und die nepalesische Gesetzgebung, Kumaris Lebensgewohnheiten, unsere starke Zuneigung, das alles wollte ich genauer überprüfen.

Dieser Prozess brauchte Zeit. Sehr viel Zeit.

Als es zur Selbstverständlichkeit geworden war, dass wir zusammengehörten, als unsere Liebe anerkannt wurde, gingen wir in die Niederlande, wo diese Liebe zum zweiten Mal auf eine harte Probe gestellt wurde. Jetzt musste ich den Kampf mit der niederländischen Bürokratie aufnehmen. Doch so schwer es auch war – dass wir zusammenbleiben würden, war und blieb eine Selbstverständlichkeit.

Und es gelang. Auch in den Niederlanden wurde

unsere Liebe anerkannt. Wieder erlebten wir jenes Glücksgefühl, das man nur wenige Male im Leben spürt.

Ich ließ ein Ideal in Nepal zurück und brachte etwas anderes mit.

Der Gedanke, dass Waisenkinder in der Gegend, aus der Kumari stammt, nicht die geringsten Chancen hatten, ließ mich nicht los. Und so wurde ein neuer Traum geboren: Der Traum, für Kinder wie Kumari ein Waisenhaus und eine Schule zu errichten. Einige Jahre später wurde dieser Traum Wirklichkeit. Viele Hindernisse mussten überwunden werden, das Kastensystem beispielsweise und die Verachtung der Reichen für die Armen. Dann aber entstand am Fuße des Himalaja ein wunderschönes Waisenhaus mit Schule und medizinischem Zentrum, das Kumaris Namen trägt.

Die Begegnung mit Kumari hat meinem Leben Farbe und Form gegeben.

Trees van Rijsewijk
Februar 1999

# Begegnung mit Kumari

Die flache tropische Landschaft im Süden Nepals hat etwas von einer Flickendecke. Die kleinen Felder in allen Schattierungen zwischen Hellbraun und frischem Grün sind durch Hügel miteinander verbunden.

Da stehe ich nun am Fuße des Himalaja. Die Tore eines weißen Himmels öffnen sich, und eine wilde, farbenprächtige Landschaft reizt meine Sinne. Die majestätischen Berge scheinen ganz nah, aber es wird noch Tage dauern, bis ich ihren Pelz aus Schnee berühren kann.

Nach einer Stunde halte ich zum soundsovielten Mal in meinem Leben an einer Kreuzung an. Geradeaus ist die Straße asphaltiert, nach links und rechts zweigen sandige Wege ab. Die Hauptstraßen haben meist wenig Überraschendes zu bieten. Ich entscheide mich für den Weg nach rechts, der auf der Karte kaum zu erkennen ist. Ich habe keine Ahnung, wie lang er ist, aber die Karte zeigt immerhin, dass er nach Katmandu führt, der Hauptstadt Nepals. Eine Karawane von Bauernkarren ist dort unterwegs. Die hölzernen Räder quietschen und knarren durch die tiefen Furchen, Spuren des Lebens der Bewohner.

Reis, Stroh, Mais, Zuckerrohr und Holz werden hier transportiert, in Körben auf dem Rücken von Trägern, auf klapprigen Fahrrädern, auf Holzkarren und Elefanten. Zwischen stetig dahintrottenden Elefantenbeinen hindurch betrachte ich die Gegend.

Verdorrtes Gras, Maisfelder, ein kleiner Baum da und dort und ein paar Hütten. Die Schönheit der Landschaft hilft mir, die lange, einsame Fahrt zu überstehen. Obwohl ich auch nur langsam vorwärts komme, überhole ich die Elefanten und die Karawane. Um in den nächsten Ort zu gelangen, muss ich einen Fluss durchqueren. Die Nepalesen sind barfuß und radeln einfach durch. Ich ziehe meine Schuhe aus, kremple die Hosenbeine hoch, hieve mir das Rad auf die Schulter und wate bis zu den Knien im Wasser ans andere Ufer. Noch fünfmal muss ich dieses Ritual wiederholen, ehe ich gegen Abend – erschöpft und schmutzig, aber zufrieden – in Parasi ankomme.

Parasi wirkt wie ein Ort ohne Herz und Seele, als hätte sich dort ein Schwarm Zugvögel niedergelassen. Und wie ein Zugvogel fühle ich mich auch, als ich mich auf die Suche nach einer Unterkunft mache. Zahlreiche kleine Handwerksbetriebe säumen die sandige Hauptstraße, Gebäude aus Lehm, mit Kuhdung vermischt, aus Stein, Stroh, Plastik, Holz, Bambus, Wellblech und Pappe. Von einer der Wellblechplatten lacht der halbe Mund eines indischen Filmstars den Passanten zu, die andere Hälfte liegt zwischen verrottenden Abfällen in einem langsam dahinfließenden Rinnsal am Straßenrand. Wie ein verschlungenes Band bewegen sich Menschen, Ziegen, heilige Kühe und räudige, verflohte Hunde durch die staubige Hauptstraße.

Plötzlich kommt aus einer der kümmerlichen Garküchen ein freundlicher kleiner Mann mit mongolischen Zügen auf mich zu. Ich schätze ihn auf vierzig bis fünfzig. Er sieht mich an, und die Bilder ringsum verschwimmen. Es ist, als hätte er jahrelang auf mich gewartet. Die kräftige, gedrungene Gestalt mit der schokoladenbraunen, fast haarlosen Haut – was für ein Kontrast zum zarten Körperbau und der dunklen Hautfarbe der Menschen in Indien.

Er legt die Hände mit den kurzen, aber kräftigen Fingern aneinander und sagt: »*Namastè**, *mero** Name Jud.« Er lacht, und seine Ohren bewegen sich dabei ein wenig mit. Die Falten und braunen Flächen in dem lebendigen, runden Gesicht verraten Traurigkeit, Fröhlichkeit, Humor und Hoffnung.

Jud erkennt, dass ich ein Quartier suche, und begleitet mich zu einem freien Feld, auf dem ein Hotel gebaut wird. Ein Zimmer ist schon bewohnbar. Zum Dank für seine Hilfe lade ich ihn zu Tee und Keksen ein. Er spricht vier Wörter Englisch, und ich habe an diesem Tag vier Wörter Nepali gelernt. Unter dem

---

* Die mit * gekennzeichneten Wörter werden im Anhang erklärt.

Strohdach einer Garküche tauschen wir diese acht Wörter aus. Während wir unseren Tee schlürfen, erzählt mir Jud eine lange Geschichte, von der ich jedoch wenig verstehe. Auf der Suche nach jemandem, der Englisch spricht, gehen wir durchs ganze Dorf, und schließlich finden wir einen Beamten, der mir Juds Geschichte übersetzt.

In der Nähe von Juds Dorf lebt ein zweijähriges Mädchen namens Kumari. Ihre Eltern sind tot. Jud bittet mich, am nächsten Tag mit ihm hinzufahren und das Kind zu besuchen.

Und dann stellt er mir eine Frage, die mein Leben verändern wird: »Willst du die Mutter von Kumari werden?«

Ich denke an meine Fahrt durch Indien, wo ich in den ersten Monaten längst nicht überall zu essen wagte, wo ich Angst hatte, kein Dach über dem Kopf zu finden, wo ich nicht von der geplanten Route abzuweichen wagte; wo ich vor den Waisenkindern in den Heimen flüchtete. Angst und Unsicherheit waren da noch meine Feinde. Tag für Tag fuhr ich durch Dörfer, in denen Schuhmacher, Schlangenbeschwörer, Zimmerleute, Musikanten, Schneider, Naturheiler und Krüppel auf dem Bürgersteig oder im Straßenstaub ihre Dienste anboten. Frauen drückten mir Babys in den Arm und flehten mich an, sie mitzunehmen, weil sie nicht die Mitgift für eine erwachsene Tochter bezahlen könnten. Ich hatte Mitleid mit ihnen, mit den Waisenkindern, den Unberührbaren, den Straßenkötern. Oft verkroch ich mich in eine Bananenplantage, um dem Anblick der Armut zu entgehen oder auch um mit mir selbst zu hadern, mit den Kakerlaken, den Mücken, den Männern, die mich belästigten. Vom Grün der Blätter umgeben, ließ ich dann meinen Tränen freien Lauf und weinte so lange, bis ich mein Gleichgewicht wiedergefunden und das Äffchen in meinem Kopf, das mein ganzes Denken und meine Sicherheit bedrohte, sich wieder beruhigt hatte. Ich kaufte mir ein Halstuch, das ich mir oft wie eine Gardine vors Gesicht hängte, um nicht am Leben teilnehmen zu müssen. Aufdringliche Männer begegneten mir, so aggressiv wie die nächtlichen Mücken. Manchmal verfolgten sie mich zu dritt, und jeweils einer radelte neben mir her. Oder sie stellten sich mitten auf die Straße und taten ihre sexuellen Wünsche kund.

In einem der Dörfer besah sich eine Frau mein um die Sattelstange gewickeltes Seilschloss und fragte: »Ist das ein Telefon?« Wie bedeutsam die Frage war, erwies sich zwei Tage später, als ich wieder einmal von einem Radfahrer belästigt wurde. Er fuhr erst lange neben mir her und schnitt mich dann, sodass ich im Graben landete. Da brachte mich die Frage der Frau auf eine geniale Idee. Resolut griff ich zu meinem »Telefon« und sprach ins Schloss: »Hello police.« Dann zog ich das Seil ein wenig länger und hielt das Schloss ans Ohr. Der Mann suchte schleunigst das Weite. Verblüfft sah ich ihm mit dem »Telefon« in der Hand nach, bis er verschwunden war. Meine Angst löste sich in einem Lachkrampf.

Keine drei Tage danach wurde mein »Telefon« von

neuem auf die Probe gestellt. Mit Erfolg. Der lästige Radler verschwand mitsamt seinem Rad wie ein scheuer Hund im Gestrüpp. Noch heute frage ich mich, wie er da wieder herausgekommen ist. Insgesamt sechsmal hat mir mein Fahrradtelefon gute Dienste geleistet.

Nach und nach wichen auch die anderen Ängste. Es kümmerte mich nicht mehr, wo und wie spät ich einen Platz zum Schlafen fand. Jetzt genoss ich die langen, schönen Fahrten durch Reisfelder, Teegärten und Baumwollplantagen, in denen Frauen und Mädchen mit groben Jutesäcken vor dem Bauch in der flirrenden Hitze unermüdlich am Werk waren. Ihre Hände pflückten so schnell, dass meine Augen kaum mitkamen.

Immer öfter begegneten mir nun auch freundliche, hilfsbereite Menschen. Und ich gewöhnte mich an das Äffchen in meinem Kopf: Die Unsicherheit wurde zum Freund.

Zu meiner eigenen Überraschung beschließe ich, mit Jud zu dem Waisenkind Kumari zu fahren. Ich lasse mein Rad zurück, und am nächsten Morgen klettern wir auf das Dach des voll besetzten Busses, wo ich ein Plätzchen neben einer trächtigen weißen Ziege finde. Mehr schlecht als recht versuche ich meine steifen Radlerbeine zum Lotossitz anzuwinkeln, damit die angehende Mutterziege mehr Platz hat. Jud sitzt zwischen anderen Reisenden eingezwängt.

Nach siebzig Kilometern hält der Bus. Wir klettern hinunter und stehen vor einem einsamen

Urwald, der erst zum Leben erwacht, als wir zwischen den Bäumen hindurchgehen und uns miteinander zu unterhalten versuchen. Die Vögel sind in der Hitze verstummt. Ein Affe schaukelt träge am höchsten Ast eines uralten Baumriesen. Um drei erreichen wir Juds Hütte. Jud will so schnell wie möglich weiter in das anderthalb Wegstunden entfernte Dorf des kleinen Mädchens. Hastig begrüßt er seine Frau und die Kinder und holt dann einen Regenschirm aus einer Ecke, der uns vor der stechenden Sonne schützen soll.

Auf einem schmalen Waldweg gelangen wir müde und verschwitzt in das Dorf, in dem Kumari wohnt. Im Nu wimmeln an die dreißig Kinder um mich herum. Die dünnen Beinchen können die nackten Kugelbäuche kaum tragen, und aus den Nasen läuft der Schleim in die offenen Münder. Kleine braune, verarbeitete Hände begrüßen mich: »Namastè.« Ich komme mir wie ein Eindringling vor und werde ganz verlegen.

Unter dem Vordach einer Hütte wird ein Gunderie* ausgebreitet, auf dem ich mich ausruhen kann, während Kumari gesucht wird. Ich bekomme eine Aluminiumtasse mit Zaat* und trinke gierig das erfrischende, buttermilchartige Getränk. Alle Kinder und Erwachsenen stehen um mich herum. Es ist meine erste Begegnung mit nepalesischen Dorfbewohnern. Was sie wohl denken?

Nach zehn Minuten ist Kumari gefunden. Ihr Anblick berührt mich tief. Ich nehme sie auf den

Schoß, und sie sieht mich aus ihren Knopfaugen verlegen an. Scheu lächeln wir einander zu, und plötzlich muss ich dicke Tränen weinen. Die Leute lassen mich gewähren. Um mich aus der Affäre zu ziehen, stehe ich auf und mache Fotos. Ich setze Kumari auf den Boden, und während ich fotografiere, steht sie ein wenig abseits und sieht mich unverwandt an.

Noch nie habe ich Ähnliches für ein Kind empfunden. Jud fragt: »Möchtest du für das Mädchen sorgen, möchtest du seine Mutter werden?«

Die Frage geht mir zu weit, aber im Grunde meines Herzens weiß ich, dass ich alles tun möchte, um diesem Kind zu helfen und es glücklich zu machen. Mein ganzes Dasein ist relativ, nur diese Begegnung nicht. Ich will weg von hier, und zugleich möchte ich bleiben.

Nach ein paar Stunden verlassen Jud und ich das Dorf wieder. Ich präge mir alles ein, was ich sehe. Einmal noch schaue ich zurück. Da steht Kumari in ihrem roten Kleidchen. Ein rundes Bäuchlein, ängstliche Augen und hochgezogene Schultern. Ein Stoffsäckchen hängt an einer Schnur um den dünnen Hals, zum Schutz vor Krankheiten und bösen Geistern. Erst fünf Jahre später erfahre ich, dass Papierschnipsel darin stecken.

Liebe Kumari,
nach dem Tod deiner Familie schrieb der Lama* einen geheimen Text auf ein Stück Papier und strich die magischen Worte dann durch, damit niemand sie lesen konnte. Er zerriss das Papier und

nähte die Fetzen in ein Stück Stoff ein. Ein Jahr trugst du das Säckchen um den Hals, dann wurde es abgenommen, in Senföl getaucht und verbrannt. Du musstest dreimal um das Feuer laufen, und der Lama streute die Asche über dich.

Ich präge mir jeden Baum, jede Hütte und den Fluss ein. Zwei abgestorbene Bäume links und rechts des Weges, nicht weit von der Hütte des Onkels, bei dem du jetzt lebst, scheinen den Tod deiner Eltern zu symbolisieren.

Als Jud und ich das Dorf verlassen, kann ich meine Emotionen kaum unterdrücken. Ich habe das schmerzhafte Gefühl, das Mädchen im Stich zu lassen.

Heute fange ich an, Nepali zu lernen. Wenn ich morgen auf dem Rad an Kumaris Dorf vorbeikomme, werde ich an sie denken.

Bevor Jud und ich in sein Dorf zurückkehren, besuchen wir noch mehrere Familien in den umliegenden Dörfern und verteilen Verhütungsmittel und Medikamente. Jud ist nicht nur Sozialarbeiter, sondern auch Familienplanungsberater und bezieht ein vergleichsweise fürstliches Gehalt von fünfzig Gulden (vierundvierzig DM) im Monat. Er bringt mir die ersten Wörter Nepali bei. Ich ahme Tierlaute nach, und er sagt mir, was Kuh, Hund und Hahn auf Nepali heißen. Wir haben viel Spaß dabei.

In seiner Hütte erwartet mich ein köstliches Mahl: Reis mit Linsen und sogar Huhn. Seit Monaten habe ich kein Fleisch mehr gegessen. Bald fühle ich mich in Juds Familie wie zu Hause. Nach dem Abendessen balge ich mich im ersten Stock mit den Kindern. Es ist eine Lehmhütte; der vier mal vier Meter große untere Raum hat eine Türöffnung und in einer Wand eine zweite Öffnung, durch die der Rauch abziehen kann.

Über einen Baumstamm mit eingekerbten Stufen steigt man durch ein Loch in der Decke nach oben. Auch hier ist der Boden aus Lehm. Das Dach besteht aus einer Art Palmgras und ruht auf drei rauchgeschwärzten Stämmen; die Rußschicht macht sie laut Jud haltbarer. Die offenen Seiten, durch die ein frischer Wind hereinweht, sind teilweise durch Gitter geschützt, sodass die Kinder nicht hinunterfallen können.

Die Familie geht mit den Hühnern schlafen, denn um fünf beginnt der neue Tag. Als Letzte klettert Devi, die älteste Tochter, nach oben, nachdem sie Ziegen und Hühner im unteren Raum eingeschlossen hat, damit sie während der Nacht nicht gestohlen werden. Ich rolle meine Schlafmatte aus, aber so war es offenbar nicht gedacht. Jud legt fünf Gunderies aufeinander und meine Matte obendrauf. Ich protestiere, aber eine Diskussion ist nicht möglich. Die Familie schläft auf Tüchern am Boden. Es ist erst mein zweiter Tag in Nepal und schon die erste Nacht bei einer nepalesischen Familie.

Am nächsten Tag bringt Jud mich zur Bushaltestelle. Ich fahre zurück, um mein Rad zu holen und meine Reise fortzusetzen. Beim Abschied verspreche ich, von mir hören zu lassen. Langsam setzt sich der Bus in Bewegung, und ich winke traurig, bis Jud nicht mehr zu sehen ist.

Einen Tag später fahre ich die Busstrecke mit dem Fahrrad entlang. Ich komme an dem Wald vorbei, den ich auf dem Weg zu Kumari mit Jud durchquert habe, und beschließe, hier Rast zu machen.

In Indien bin ich vor Situationen geflohen, die mich verwirrten oder verlegen machten. Jetzt erlebe ich neue Emotionen als eine Bereicherung, auch wenn ich noch nichts damit anzufangen weiß. Ich werde meine Reise fortsetzen, und in dieser Zeit über Kumari und mich nachdenken.

Im Schatten der Bäume sitze ich auf dem Weg, der in Kumaris Dorf führt. Ich fühle mich ein wenig benommen. Ich esse zwei Orangen und merke, dass ich Schuldgefühle dabei habe, weil ich weiß, dass Kumari die Vitamine nötiger bräuchte als ich. Es ist Frühling in Nepal, aber hier im Wald scheint es Herbst zu sein.

Liebe Kumari,
am liebsten würde ich auf diesem Weg weiterfahren, durch die Wälder eilen und dich an mich drücken. Ich könnte dich fast in meine Fahrradtasche stecken, so klein bist du.

Mein Herz hämmert, dabei ist es hier so still.

Wirst du mich wieder erkennen, wenn ich das nächste Mal komme?

Der Wind wispert im Laub, und ich erschrecke,

als hinter mir ein Blatt herabfällt. Ab und zu sehe ich mich um, ob du nicht angehüpft kommst. Auf der anderen Seite des Weges spielen langbeinige Affen Fangen und Verstecken, andere lausen sich.

Ich singe ein kleines Lied für dich. Ich muss weiter, Kumari. Die Liebe, die ich empfinde, drückt mir schwer aufs Herz. Ich lasse Tränen in deinem Wald zurück. Ich muss versuchen, dich für ein paar Tage zu vergessen – ob es gelingt, weiß ich nicht.

Singend und laut redend radle ich weiter. Ich muss ständig an Kumari denken. Langsam fahre ich den Hügel hinunter. An einer Quelle grüßen mich zwei ältere Frauen und bedeuten mir anzuhalten. Ich lasse mir das kühle Wasser des Bergbachs in den Mund rinnen. Als ich Anstalten mache weiterzufahren, setzt sich eine der Frauen kurzerhand vor mir auf die Stange, und zusammen gleiten wir weiter den Hügel hinab. Still und kerzengerade sitzt sie da, und ihre schönen kupferfarbenen, runzligen Hände umklammern neben meinen den Lenker. Durch ihre großen goldenen Ohrringe sehe ich gerade noch ein kleines Stück von der Straße, und ihr blaues Kopftuch streichelt sanft meine Wangen. Mein Rad kann zwar viel, aber als die Straße nach sechs Kilometern wieder ansteigt, muss ich passen. Widerwillig und ziemlich verärgert steigt die Frau ab.

Und weiter geht die Fahrt durch die apfelgrüne Berglandschaft. Noch ein kleines Stück, dann bin ich in Narayanghat, auf den ersten Blick ein nichts sagender Ort. Als ich in dem kleinen Hotel Riverview nach einem Zimmer frage, erfahre ich, dass nichts mehr frei ist, ich könne aber zwischen den Tischen und Stühlen im Speisesaal schlafen. Inzwischen bin ich daran gewöhnt, überall zu schlafen, wo ich die Beine ausstrecken und die Augen schließen kann.

Ausgebucht ist das Hotel deshalb, weil sich eine Tanzgruppe dort einquartiert hat. Morgen wird sie in einem neu erbauten Theater die Oper »Mangal« aufführen, ein Stück, das auf der Geschichte der Gegend basiert. Vor Jahrhunderten, zur Zeit der Malla-Könige* kauft eine Königin mit einem goldenen Ohrring einen Sklaven frei. Als der Mann nach Hause zurückkehrt, bricht ihm das Herz, weil seine Frau inzwischen mit einem anderen verheiratet worden ist.

Die Tanzgruppe lädt mich ein, die Vorstellung zu besuchen. Als die Sonne untergegangen und der Himmel mit Sternen übersät ist, sehe ich mir zusammen mit Hunderten von Nepalesen, die mit ihrem Proviant gekommen sind, die Oper an. Die Zuschauer schluchzen vor Rührung bei dem bunten, dramatischen und mit großem Einsatz gespielten Geschehen.

Auf Empfehlung der Tänzer fahre ich in das Dorf, in dem die Geschichte spielt. Die Bewohner empfangen mich sehr gastfreundlich, und ich kann bei einer armen Familie übernachten. Ich bade im Fluss und spiele mit den Kindern. Sie vergnügen sich mit Kieselsteinen und aus Blättern gerollten kleinen Pfeifen.

Als ich gegen Abend auf einer Bank am Straßenrand sitze, kommen einzelne Familien von den Bergen herab, schwer beladen mit Holz und Laub. Die Nachhut bilden Kinder, die ihr Brüderchen oder Schwesterchen in einem geblümten Umschlagtuch tragen. In der offenen Küche bereitet die Familie eine Mahlzeit für mich zu. Der Lehmofen hat zwei Öffnungen, eine oben für den Topf und eine an der Seite für das Holz. Ich mische die Linsensuppe in der rostfreien Schale, die mir die Frau hingestellt hat, mit dem duftenden, dampfenden Reis. Als die Sonne langsam hinter den Reisstrohhütten verschwindet, beginnt die Familie im Abendlicht zu singen. Um halb elf liege ich mit drei Kindern in einem Bett. Ich schließe die Augen und präge mir meine Gefühle für diese lieben Menschen fest ins Gedächtnis ein.

Als ich am nächsten Morgen den Kampf gegen die steilen Hänge aufnehme und mühsam bergauf krieche, hole ich die zärtlichen Erinnerungen wieder hervor. Achtzig Kilometer fahre ich in der heißen Sonne aufwärts, und der Schweiß rinnt mir wie ein Bergbach vom Kinn. Dann breitet sich ein hochfloriger grüner Teppich vor mir aus: das fruchtbare Katmandu-Tal.

Immer wieder zieht es mich auf meiner Reise in die Städte, weil ich andere Reisende treffen will, aber kaum bin ich da, fühle ich mich einsam. Hoffnung und Enttäuschung wechseln sich ständig ab. Ich bin eine einsame Touristin unter anderen Touristen, denen ich nichts zu sagen habe.

Unter der warmen Dusche spüle ich das Dorfleben von mir ab, aber ich sehne mich nach meinen nepalesischen »Schwestern« und dem ehrlichen kalten Wasser eines Flusses. In einem weiß bezogenen Bett wälze ich mich mit meinen Erlebnissen der vergangenen Tage hin und her, bis ich einschlafe. Hier im Hotelzimmer in Katmandu ist plötzlich nichts mehr. Heimweh.

# Zum Dach der Welt

Ich will so schnell wie möglich aus Katmandu weg. Überraschend bietet sich die Möglichkeit, nach Tibet zu fahren. Vor einigen Wochen ist die Grenze zwischen Nepal und Tibet für Ausländer geöffnet worden, eine einmalige Chance für mich.

Als 1959, neun Jahre nach der chinesischen Invasion Tibets, ein blutiger Aufstand ausbrach und Tausende von Tibetern fliehen mussten, lag ich auf einer Wiese in Holland, schaute in die Luft und fragte mich, wie es woanders aussehen mochte.

Mit ihrem geistlichen und weltlichen Oberhaupt, dem Dalai Lama (wörtlich bedeutet sein Name »Ozean der Weisheit«), zogen die Flüchtlinge durch den Himalaja und ließen sich in Nepal und Indien nieder. Vielleicht liegen auch Kumaris Wurzeln in Tibet und der Mongolei, denn die ersten Nepalesen wanderten in längst vergangener Zeit aus der Mongolei durch Tibet nach Nepal. Wenn ich Jud richtig verstanden habe, stammten Kumaris Eltern aus den Bergen und wohnten dort bis kurz vor ihrer Geburt in einer ärmlichen Hütte, die man einfach hätte umpusten können. Aber wo im Himalaja? Heute lebt Kumari am Rand des »Dachs der Welt«, in der Dachrinne gewissermaßen. Ich werde in diese Berge fahren und ihr später erzählen, wie die Welt dort aussieht.

Mein Entschluss, diese schwierige Fahrt anzutreten, steht fest. Die Ausrüstung dafür kaufe ich in tibetischen Geschäften. Als ich bei den Wollsocken und langen Unterhosen nach der richtigen Größe und dem passenden Modell suche, sagt der Ladenbesitzer: »Das wird nicht einfach werden. Meine Eltern mussten 1959 aus Tibet fliehen. Nach einem monatelangen Fußmarsch haben wir mit unseren beiden Jaks* die nepalesische Grenze erreicht. Ich muss damals dreizehn gewesen sein. Ich kann mich noch gut an den Schnee, die Kälte und den eisigen Wind erinnern. Um diese Jahreszeit mit dem Rad nach Tibet zu fahren ist praktisch unmöglich, glauben Sie mir. Im März liegt noch viel Schnee, und die Pässe sind hoch. Sollten Sie trotzdem fahren, nehmen Sie möglichst viele Bilder des Dalai Lama mit, als Geschenk für die Tibeter. Sie können sie damit sehr glücklich machen. Die Chinesen haben alle Bilder des Dalai Lama vernichtet und seine Schriften verboten.«

Vielleicht bin ich hochmütig oder naiv, aber ich will unbedingt fahren, und wenn ich nur zwei Tage lang durch Tibet radle. Ich kann es mir ja immer noch anders überlegen und wieder umkehren. Meine letzten Neuerwerbungen sind eine Landkarte, ein tibetisches Wörterbuch und fünfzig Bilder des Dalai

Lama. Ich schneide Tibet aus der Karte aus und habe nun einen zehn mal fünf Zentimeter großen Plan, in dem nur die wichtigsten Orte eingezeichnet sind. Höhenlinien und Pässe fehlen ganz. Aber ich muss mich damit begnügen, denn eine detaillierte Karte ist nicht zu bekommen.

Der Aufenthalt in Katmandu hat mich träge gemacht, und trotzdem sitze ich am nächsten Morgen um sieben auf dem Rad. Eine Stunde später liegt die Stadt hinter mir, und eine bescheidene Sonne holt die weißen Berge aus der Nacht hervor. Ich radle in den »Himmel«. In zwei Tagen kann ich meiner Berechnung nach schon an der Grenze sein.

Katmandu liegt 1300 Meter hoch, und am ersten Tag geht es achtzig Kilometer bis ins fünfhundert Meter tiefer gelegene Barabise. Es ist eine wunderschöne Fahrt am Fluss Sun Kosi entlang. In Barabise angelangt, kann ich kaum glauben, dass es bis Tibet nur noch fünfunddreißig Kilometer sind. Am nächsten Tag ist es mit dem Bergabfahren vorbei, und ich beginne eine wahre Kletterpartie durch den Himalaja. Die Straße steigt auf fünfunddreißig Kilometern um über tausend Meter an.

Kurz vor der Grenze werfe ich noch einen letzten Blick auf eine Nepalesin, die ein borstiges rosa Schwein laust. Zwei Kinder ducken sich kichernd hinter ein Brett, das als Ladentisch dient. Anderthalb Kilometer weiter dusche ich mit einigen Nepalesinnen unter dem Strahl einer Heißwasserquelle, ohne zu wissen, dass ich in den nächsten drei Wochen kaum Gelegenheit haben werde, mich zu waschen.

Gegen sechs erreiche ich den Grenzübergang bei Zhangmu. Der kleine Ort enttäuscht mich. Zhangmu ist ein Handelsplatz: Lastwagen, Touristen, Tibeter und Chinesen geben ihm ein internationales Flair.

Endlich bin ich in Tibet, dem Land, von dem ich immer geträumt habe. Zu Hause habe ich noch zu meinen Freunden gesagt: »Wenn ich alt bin, fahre ich vielleicht mal hin, aber im Moment geht es nicht.« Vor meiner Abreise habe ich so viele unterschiedliche Geschichten gehört und gelesen. Jetzt stelle ich fest, dass ich das meiste selbst herausfinden und erfahren muss und dass auch meine eigenen Erfahrungen begrenzt und nicht »die große Wahrheit« sind. Zum Beispiel hatte ich gehört, dass es unmöglich sei, mit dem Rad nach Tibet zu fahren, dass man nicht in chinesischen oder tibetischen Privathäusern übernachten und nur in Gruppen durch Tibet reisen dürfe. Hier in Zhangmu aber überlässt mir eine chinesische Familie für fünf Yuan* ein großes Zimmer.

In dem Restaurant gegenüber esse ich zum ersten Mal mit Stäbchen; in Mäusehäppchen befördere ich den Reis in meinen hungrigen Mund. Ich kann mit meinen ersten Erlebnissen in Tibet zufrieden sein. Sogar die chinesischen Zollbeamten waren freundlich und machten weiter kein Aufhebens davon, dass ich nur in Gesellschaft meines Rades ankam. Am nächsten Tag wird mir allmählich klar, was es heißt, im Himalaja Rad zu fahren. Aber ich bin voll Energie und schaffe es. Nach dreiunddreißig Kilometern befinde ich mich auf 3750 Meter Höhe. Ich umklammere den Lenker, als hielte ich die Berge fest.

Mit jeder Umdrehung der Räder sauge ich die dünner werdende Luft ein. Wo zu viel Schnee liegt, schiebe ich das Rad ein Stück.

Gegen Abend kehre ich in einem kleinen Restaurant ein. Ich bin so müde, dass ich kaum wahrnehme, wo ich mich befinde. Der Ort heißt Nyalam. Das Lokal ist eine mit chinesischen Zeitungen tapezierte vier mal fünf Meter große Wellblechhütte. Chinesische Suppe und hart gekochte Eier wecken mich aus einer Art Koma, und mit zufriedenem Magen gehe ich zu einem Gebäude, in dem auch andere Touristen übernachten. Inzwischen ist es stockdunkel, und die Landschaft wirkt im frischen Schnee blitzblank. Ich grabe ein Loch in die dicke Schneeschicht, um meine Notdurft zu verrichten.

Vier Betten stehen in dem grauen Schlafraum, dem die dunkelroten Gewänder der drei tibetischen Nonnen, mit denen ich das Zimmer teile, einen warmen Farbton verleihen. In Kleidern krieche ich in mein »Himmelbett« und beobachte aus diesem sicheren, warmen Bau heraus wie ein Murmeltier vorsichtig das Geschehen um mich herum. Die drei Nonnen stehen auf ihren Betten, singen Mantras*, falten dreimal die Hände und lassen sich dann auf die Betten plumpsen, dass das Holz knarrt. Dann folgt das nächste Mantra, der nächste Plumps, das nächste Knarren. Eine Stunde hält das Singen, Plumpsen und Knarren an, dann ist es plötzlich totenstill. Später erfahre ich, dass es sich um Chagtsalwa* handelt, ein buddhistisches Ritual.

Als ich am Morgen erwache, liegt zu meiner Verwunderung eine Orange auf dem Hocker neben meinem Bett. Eine der Nonnen fordert mich auf, sie zu essen. Das ist ein Luxusgeschenk. Wachsen in Tibet etwa Orangen? Ich schäle die Frucht sorgfältig und will sie mit meiner Zimmergenossin teilen, aber sie lehnt ab. Ihre Reaktion ist mir unverständlich. Muss ich wieder ganz von vorn anfangen zu verstehen?

Am Vormittag gehe ich noch einmal in das Restaurant mit der chinesischen Zeitungstapete. Während ich Tagebuch schreibe, steigt mir der Duft von gebratenem Schweinefett in die nüchterne Nase. Die Chinesen saugen lange Glasnudeln wie Aale in den Mund. Ich versuche die gestrige Fahrt noch einmal Revue passieren zu lassen. Draußen schneit es immer heftiger, und ein paar Schneeflocken fallen durch die Löcher in dem Wellblechdach in meine Suppe: Chinesische Cremesuppe. Selbst die chinesischen Politiker auf der Zeitungstapete schneien langsam ein.

Obwohl ich die Fahrt gestern in vollen Zügen genossen habe, ist mir doch vieles entgangen, weil ich meine ganze Energie darauf verwenden musste, die Steigungen zu bewältigen und den Felsbrocken auszuweichen, die da und dort auf der Straße lagen. Wenn ich nicht aufpasste, geriet ich in tiefe Schlaglöcher, die von weitem kaum zu sehen waren.

Die grüne Landschaft Nepals ist der rauen Welt Tibets gewichen. Draußen schneit es ununterbrochen weiter, und ich wärme mir die kalten Hände an der Suppenschale.

# Tibet

Der Morgen begrüßt mich mit einem klaren Himmel und verspricht einen herrlichen Tag. Meine Räder hinterlassen Schlangenlinien im frischen Schnee der vergangenen Nacht, während ich meinen Aufstieg zum 5214 Meter hohen Yarle Shung La stetig fortsetze. Der Himalaja hebt sich um ein bis zwei Zentimeter jährlich, wenn ich mich also nicht beeile, muss ich noch höher klettern! Die dünne Luft macht es mir schwer, und auf Anraten der Tibeter versuche ich mein Blut mit fünf Litern Jakbuttertee zu verdünnen. Am Nachmittag um vier lasse ich's gut sein.

Ich halte in einem von einer dicken, hohen Mauer umgebenen tibetischen Dorf. Am Eingang sehe ich zum ersten Mal ein Jak. Das langhaarige schwarze Tier wiegt bestimmt eine halbe Tonne und schaut mir gerade in die Augen, als wollte es fragen: »Was machst denn du hier?«

Zögernd trete ich durch das Tor und sehe mich um. Flache Lehmhäuser, mit pfannkuchengroßen Jakfladen verzierte Wände, noch mehr Jaks, Ziegen, Hunde. Dann sehe ich Männer, Frauen und Kinder, die in ihrer Jakhaar- und Schaffellkleidung kaum von den Tieren zu unterscheiden sind. Gesunde, selbstbewusste Menschen, ist mein erster Eindruck. Beherzt kommen einige näher. Ich zeige auf einen Ziegenstall und versuche zu erklären, dass ich gern in einem Winkel bei den Ziegen übernachten würde. Ein Wort genügt, und schon führt jeder der Umstehenden eine Ziege in einen anderen Pferch. Mit trockenem Material beginne ich mir unter einem Vordach einen Schlafplatz herzurichten, aber im Handumdrehen ist ein Nomadenzelt für mich aufgebaut. Einer der Männer bringt getrockneten Ziegenkot und Zweige für ein Feuer, ein anderer besorgt mir einen großen Kochtopf.

Das Essen, das ich zubereite, Glasnudeln mit Käse aus Katmandu, bedeckt den Boden des Topfes nicht einmal zur Hälfte. Alle schauen zu, und die Kinder lachen. Nach dem Essen bleibe ich noch ein Weilchen am Feuer sitzen. Das Zelt ist wie die Kleidung der Erwachsenen aus Jakhaar gewoben. Die Kinder tragen fast alle Schaffellsachen, das Leder außen, die Wolle innen.

Beim Aufräumen merke ich, dass meine Wasserflasche fehlt. Ich kann vieles entbehren, aber eine Wasserflasche ist kein überflüssiger Luxus. Mit einer Zeichnung des verschwundenen Gegenstandes erkläre ich den Dorfbewohnern, was ich vermisse. Die Suche führt mich durch das ganze Dorf. Fast vergesse ich dabei, was ich suche, denn zum ersten Mal betrete ich tibetische Häuser und lasse mich von der warmen Atmosphäre einhüllen. Duftende Dämpfe ziehen durch den Raum, und in jedem Haus sitzen laut lachende Männer und Frauen am Feuer. Kinderlärm mischt sich mit Hundegebell und dem Meckern der Ziegen.

Endlich werde ich fündig. Der Mann, der die Flasche genommen hat, findet sie offenbar großartig. Er gibt seinem Söhnchen Milch daraus zu trinken, so strahlend, dass ich es nicht übers Herz bringe, sie ihm wieder abzunehmen. Nach einer Stunde wird sie mir gebracht, mit Jakmilch gefüllt.

Ob ich durch die Berge radle oder wie hier durch ein tibetisches Dorf laufe – die Stille ist so vollkommen, dass sich mein Wahrnehmungsvermögen schärft und meine persönlichen Grenzen sich verschieben. Hier liege ich nun, allein in einem Jakhaarzelt, umgeben von Tibetern und tibetischen Bergen. Ich bin glücklich.

Ein Pass heißt auf Tibetisch La* und hat für die Tibeter symbolische Bedeutung: Wörtlich bedeutet La »göttlich«, und die verschneiten Gipfel scheinen auch wirklich bis in den Himmel zu reichen. Die anfängliche Anspannung meiner Reise fällt von mir ab, als mir am nächsten Tag kurz vor dem ersten Pass eine Tibeterin mit solcher Herzlichkeit begegnet, dass ich nach einem halben Jahr Radfahren das Gefühl habe, nach Hause zu kommen. Oder kann man so fest an eine Idee glauben, dass sie Wirklichkeit wird? Noch oft werde ich mir diese Frage stellen. Singend bereitet die Frau das Essen. Aus einem kleinen Fenster in der dicken Mauer sehe ich die Berge, durch die ich heute gefahren bin, und denke wehmütig an meine Begegnung mit Kumari zurück, die nur wenige Stunden gedauert hat. Es ist, als würde Kumari mir folgen; wie ein Frühlingswind wirbelt sie um mich herum. Vielleicht hilft mir die Fahrt durch Tibet, dieser Begegnung einen festen Platz zu geben.

Mit einer Schaufel voll Ziegenkot hält die Frau das Feuer in Gang. Wir lachen uns an, ein Lachen, das Worte überflüssig macht. Ihre hohen, mit Jakbutter eingeriebenen Wangenknochen schimmern im Feuerschein. Während ich esse, stellt sie Jakbutter her. Hier sitze ich und brauche einfach nur zu essen und zu sein.

Dass ich nur noch fühlen und nicht mehr denken kann, hängt zweifellos damit zusammen, dass ich mich auf gut viertausend Meter Höhe befinde. Ein Druck lastet auf meiner Brust, und mein Kopf fühlt sich an wie ein Ballon, aus dem langsam die Luft entweicht und der dann wieder aufgeblasen wird. Ich kann nicht schlafen und beschließe, am Morgen wieder ein Stück bergab zu gehen, um diese ersten Symptome der Höhenkrankheit zu bekämpfen. Mein Rad und einen großen Teil des Gepäcks lasse ich bei der singenden Frau zurück. Ich wandere so lange abwärts, bis die Symptome verschwinden. Gegen vier erscheint ein Dorf am Horizont. Eine Frau lädt mich ein, mit ihr zu kommen. In ihrem dunklen, warmen Haus kann ich mich von dem bitterkalten Fußmarsch durch die schneeüberstäubte Landschaft ausruhen. Mein Körper taut auf.

Die Familie – die Frau, ihr Mann, die Großmutter und ein Kind – verwöhnt mich, und jedes Hilfsangebot meinerseits wird abgelehnt. Mit einer Schale Jakbuttertee sitze ich in der Mitte des Wohnraums auf einem scheckigen Fell am Feuer und blicke in die tanzenden Flammen. Die anderen passen auf, dass meine Teeschale nicht leer wird; nach jedem Schluck füllt die Großmutter sie wieder randvoll. Am Abend isst die Familie Gemüsesuppe, Glasnudeln und Jakfleisch. Ich sammle die Knochen und werfe sie nach dem Essen ins Feuer. Erschrocken holen meine Gastgeber sie wieder heraus. Erst später erfahre ich, dass die Tibeter zwischen unreinen und reinen Dingen unterscheiden. Feuer und unberührtes Essen sind rein, Knochen und Essensreste unrein.

Draußen schneit es ununterbrochen, sodass ich am nächsten Tag unmöglich weg kann. Die Familie gibt mir zu verstehen, dass sie mich gern noch länger bei sich hätte, und so sitze ich drei Tage mit steifen Beinen und literweise Jakbuttertee am Feuer. An Kumari denke ich nicht mehr, bis plötzlich ihr Gesichtchen in den roten Flammen erscheint. Sie kommt stets ungefragt. Manchmal empfinde ich das als Belastung, denn dass sie in mein Leben getreten ist, bedeutet offenbar mehr, als mir bewusst ist. Unsere Blicke begegnen sich im Feuer, und sie sieht mich entwaffnend an. Es war keine beliebige Begegnung.

Liebe Kumari,
ich vergesse viel, aber dich vergesse ich nicht. Ich nehme mir die Zeit, an dich zu denken. Ich bin jetzt fünf Monate unterwegs und habe viel

Erstaunliches erlebt, das Erstaunlichste aber ist meine Begegnung mit dir. Seit ich dich getroffen habe, bist du in meinem Herzen.

Ich wusste nicht, was Meditieren ist, aber ich glaube, hier habe ich es durch Zufall entdeckt. Eine frei herumlaufende Ziege schnappt nach meinem Ärmel und bringt mich in die tibetische Wirklichkeit zurück: eine Familie, die mich, ohne mich zu kennen, den ganzen Tag mit ihrer Liebe und Fürsorge umgibt. In einem Land voll Schnee und wilder Berge fühlt sich die Liebe sehr sanft an.

Sobald ich wieder kräftig genug bin, um meine Fahrt fortzusetzen, wandere ich einen langen Tag bergauf, zurück zu der Frau, bei der ich meine Sachen gelassen habe. Mein Körper hat sich angepasst, und da es bis zum Yarle Shung La nur noch sieben Kilometer sind, schiebe ich das Abschiednehmen, das Allerschwierigste auf meiner Reise, bis zwei Uhr hinaus. Ich möchte der Frau Geld geben, aber sie will es nicht nehmen. Da sie sich jedoch für meine Nivea-Creme interessiert, schenke ich sie ihr und lege noch etwas Geld neben die Buddhafigur. Ein unbezähmbares Verlangen weiterzuziehen überkommt mich, und ich suche meine Sachen zusammen. Die singende Frau und ich halten uns einen Moment lang an den Händen, dann verlasse ich sie. Langsam verschwimmen die Streifen auf ihrer Schürze.

Auf dem Yarle Shung La sehe ich schon von weitem die Gebetsfahnen mit den Mantras flattern. Der

Wind trägt die Gebete gen Himmel. Doch beim Radfahren kann ich nicht grübeln oder mich in einen einzelnen Gedanken vertiefen. Gedanken kommen und gehen. Ich spüre die Ruhe, und ich lebe: Mögen die Flüsse, die Berge und die Menschen so sein, wie sie sich mir in diesem Moment zeigen. Mit einem Mal kommt mir das Leben so einfach vor – was für ein Luxus, diese Erfahrung zu machen! Stundenlang fahre ich durch die Stille, die endlose Weite voller Berge und Schnee. Dann krieche ich den Yarle Shung La hinauf. Oft muss ich absteigen, weil zu viel Schnee liegt oder die Luft zu dünn ist, und dann sauge ich die tibetische Luft alle vier Schritte in vollen Zügen ein.

Keuchend erreiche ich die Passhöhe, deren 5214 Meter mir kaum bewusst werden. Die Schönheit und der Friede ringsum schmerzen geradezu. Die Berge sind fast zu vollkommen für das menschliche Auge. Am liebsten würde ich sie festhalten.

Dieses intensive Glücksgefühl kommt unverhofft. Meine Augen wandern über die Dutzende silberweißer Gipfel und suchen den Shishapangma mit seinen weißen Flanken und den berühmten Mount Everest, den die Einheimischen »Muttergöttin der Welt« nennen. Ich versuche mich an Fotos in Büchern zu erinnern. Welcher ist es? Für mich sind alle diese Berge der Mount Everest.

Damit mein Verlangen nicht in Besitzstreben übergeht, steige ich bald wieder aufs Rad. Außerdem ist es sehr kalt unter diesem tibetischen Himmel. Ich fahre, schiebe und rutsche abwärts; wie auf Skiern verlasse ich den heiligen Berg, den ich einen Moment lang geliebt habe. Da meine Bremsen nicht mehr funktionieren, setze ich mich auf die Stange, bremse mit den Füßen und versuche mich im Gleichgewicht zu halten. Als ich einmal anhalte, um die Balance wieder zu finden, ergreifen die bösen Geister von meinem Rad Besitz, und in Sekundenschnelle sind alle beweglichen Teile festgefroren. Ich muss weinen, und zum ersten Mal spüre ich Angst, Einsamkeit und Verzweiflung. Meine Tränen gefrieren. Ein Windstoß wirbelt den Schnee auf und schneidet mich von der Außenwelt ab. Ich bin mit meinem Latein am Ende und werfe das Rad in den Schnee.

Noch keine vier Wochen ist es her, da stand ich einem Kind, für das ich tiefe Liebe empfand, Auge in Auge gegenüber, und jetzt kämpfe ich mit dem Tod. Nein, das Leben ist mir zu lieb, um es schon aufzugeben. Ich will nicht erfrieren, ich will nicht nach der himmlischen Begräbnistradition in Stücke gehackt und zum Festschmaus für die Geier werden. Mein Überlebensdrang ist stark; nach und nach baut sich in mir eine enorme Kraft auf, und bald fühle ich mich lebendiger denn je. Mit eiskalten Händen tanze ich um das Rad herum, um meinen Kreislauf wieder in Schwung zu bringen, dann nehme ich den Schraubenzieher und hacke das Eis unter den Schutzblechen weg. Nach einer Stunde dreht sich ein Rad wieder, und meine Skitour kann weitergehen.

Nach zehn Kilometern erspähe ich im ersten Tal dieser von Gott und allen Menschen verlassenen Gegend ein Haus. Ein Hund mit riesigen Zähnen kommt quälend langsam auf mich zu. Dass ich hier nicht willkommen bin, ist mir schnell klar. Der knurrende Hund warnt die Bewohner, die mir aber bei aller Zurückhaltung doch Chu Coma* anbieten, damit ich meinen Durst löschen und meinen halb erfrorenen Leib auftauen kann.

Fünf Kilometer weiter soll es eine Übernachtungsmöglichkeit geben, was ich allerdings bezweifle, denn auf der Karte ist kein Dorf eingezeichnet. Aber vielleicht stimmt es ja doch. Ich muss noch über einen zweiten Pass, den Lalung La, der mir mehr Widerstand bietet als der Yarle Shung La. Während einer Rast merke ich, dass der Sand an dem Hang, an dem ich sitze, noch warm ist. Mit beiden Händen greife ich hinein und lege meine Wangen daran, um alle Wärme aus der Erde aufzunehmen. Es ist die letzte Sonnenwärme des Tages, denn jetzt kommt wieder ein starker Wind mit einzelnen Schneeschauern auf.

Ich fahre durch Niemandsland. Nach dem Pass geht es nur noch abwärts, und der Mond erleuchtet die Straße, die sich durchs nächtliche Dunkel schlängelt. Fahr einfach weiter, denke ich, dann kannst du nicht erfrieren; irgendwann scheint die Sonne wieder. Ein Haus oder ein Dorf ist weit und breit nicht zu sehen. Ich erschrecke vor einem großen schwarzen Tier, das mir vors Rad springt und dann in der Dunkelheit verschwindet. Singend leiste ich mir selbst Gesellschaft und kämpfe so gegen meine immer wieder aufflackernden Ängste an. Plötzlich sehe ich ein Licht und die Konturen eines Hauses. Der Erschöpfung nahe, klopfe ich hoffnungsvoll und mit klammen Fingern an die Tür, die auch sofort geöffnet, aber im selben Moment wieder zugeschlagen wird. Auch mein zweites Klopfen wird mit einer zuknallenden Tür beantwortet. Ich beschließe, beim dritten Versuch einfach hineinzuspringen. Vorausgesetzt, ich bekomme überhaupt Gelegenheit dazu.

Ein warmer Luftstrom schlägt mir entgegen, als ich beim dritten Mal die Hände durch den Spalt stecke, und dann bin ich auch schon drinnen. Im Mittelpunkt dieses »Himmelreichs« steht ein Holzofen. Von schweigenden Menschen und bunten chinesischen Teppichen umgeben, versuche ich mein Anliegen vorzubringen. Ich muss meinen Pass vorweisen und fünf Yuan bezahlen, für die ich in China ein erstklassiges Hotelzimmer bekäme. Ich zeige auf die offenen Ställe draußen, um deutlich zu machen, dass ich gern dort übernachten würde, aber das scheint für fünf Yuan zu viel verlangt. An einem Mäuerchen im Schnee kann ich schlafen. Ich rolle Aludecke, Matte und Schlafsack aus und krieche dick eingepackt in die Federn. Für die fünf Yuan werde ich noch mit alten Säcken zugedeckt. Am nächsten Morgen rüttelt mich jemand wach. Erschrocken springe ich von meinem »Bett« auf und stoße mit dem Kopf an einen Vorhang aus Eiszapfen. Wie ein Hund behandelt, aber auch dankbar wie ein Hund, verlasse ich diesen unwirtlichen Ort. In der Nacht müssen es mindestens zwanzig Grad unter Null gewesen sein, aber ich lebe noch, und das stimmt mich froh. Die Straße führt weiter abwärts, sodass ich gute Chancen habe, noch heute Ting'ri zu erreichen, das auf der Karte eingezeichnet ist. Die dünne, trockene Luft, die schlechte Straße und die extremen Witterungsbedingungen machen die Fahrt jedoch nicht einfacher.

Da und dort stehen Nomadenzelte in der Landschaft verstreut, aus denen Rauch aufsteigt. Als ich nahe an einem vorbeifahre, wittern mich zwei riesige schwarze, wolfsähnliche Hunde und kommen auf mich zugerannt. Die Angst vor dem Hund von gestern packt mich wieder, als die Drog Khyis* kaum zehn Zentimeter von meinen Füßen entfernt links und rechts neben mir herlaufen. Ein Biss, und ich könnte im Krankenhaus landen oder mir eine Infektion zuziehen, und da es in dieser Gegend bestimmt keine Krankenhäuser gibt, radle ich, als hinge mein Leben davon ab. Ich habe Steine in der Tasche, komme aber nicht an sie heran. Mit der Fahrradpumpe versuche ich die bellenden Hunde abzuwehren. Spucken, zurückbellen – nichts hilft. Eher scheine ich sie noch anzuspornen. Solange sie laufen, können sie mich nicht beißen, aber wie lange halte ich noch durch? Wenn ich langsamer werde, bin ich verloren. Ich radle um mein Leben, doch als ich, der Erschöpfung nahe, ihr Revier verlasse, geben sie auf. Nach Luft schnappend steige ich ab. Die Angst vor tibetischen Hunden prägt sich mir tief ein. Um auf die nächste Attacke besser vorbereitet zu sein, packe ich die Taschen meiner Daunenjacke bis zum Rand mit großen und kleinen Steinen voll.

Nachdem ich mich von der Strapaze erholt habe,

nehme ich den Kampf gegen die Berge wieder auf. Stunden später tauchen Häuser am Horizont auf: zwei deutlich voneinander getrennte Dörfer. Ob eines davon Ting'ri ist?

Als ich ankomme, sehe ich zwei Ortschaften: das alte Ting'ri, in dem überwiegend Tibeter wohnen, und Rachu, das von Chinesen bewohnt wird. Zum ersten Mal seit langem kann ich wieder in einer Lodge* übernachten.

Seit Monaten habe ich in keinen Spiegel mehr geschaut; es kümmert mich nicht, wie ich aussehe. Sonne, Schnee und Sandstürme haben mein Gesicht mit einer dunkelbraunen Kruste überzogen, die so hart ist, dass ich kaum noch lachen kann. Einige Frauen fragen mich, ob ich mich waschen möchte. Während sie in einem kleinen Raum neben meinem Zimmer große Kessel Wasser aufsetzen, mache ich mich auf die Suche nach einem Restaurant.

Eine Frau von Mitte fünfzig heißt mich willkommen. Sie trägt eine grob gewebte Chuba* aus brauner Jakwolle und darüber eine Schürze in allen Regenbogenfarben. Mit beiden Händen stellt sie ein Porzellanschälchen mit Momos* vor mich hin. In ihren grauen Zopf, der bis zur Taille reicht, ist ein rotes Band eingeflochten. Sie lacht freundlich und macht sich wieder an die Arbeit. Mit flinken Händen rollt sie kleine Teigstücke aus, die ihr Mann mit fein gehacktem, gewürztem Jakfleisch füllt. Die Frau faltet sie sorgfältig zusammen und legt sie zum Dämpfen in einen Topf. Der vier mal fünf Meter große Raum ist dunkel, warm und gemütlich. Die meisten Gäste trinken Chang* und essen Momos oder Suppe. Die karge Einrichtung des Raumes und die Kleidung der Menschen versetzen mich in eine andere Zeit.

Mit vollem Magen schlendere ich in den Waschraum zurück, wo die Frauen drei Kessel warmes Wasser in Wannen umschütten. Ich fange mit der ersten Wanne fürs Gesicht an, und als ich bei Wanne Nummer drei für die unteren Regionen angelangt bin, mustern sie mich laut lachend, sodass mir Zweifel kommen, ob ich unten herum genauso aussehe wie sie. Unterdessen füllt sich der Raum. Ich schrubbe mich nach Herzenslust sauber, und die Frauen betrachten mich in aller Ruhe. Nach diesem ausgedehnten Waschritual bringt eine von ihnen ein Schälchen mit Jakbutter und reibt mir nach tibetischem Brauch das Gesicht ein. Die Haut an meinem Kinn und um die Nase sieht aus wie aufgesprungene dunkle Erde, deren Risse nun mit Jakbutter gefüllt sind, der tibetischen Naturcreme.

Ich beschließe, mir hier zwei Tage Auszeit zu nehmen, um mich auszuruhen und meinen mageren Leib mit den herrlichen Momos zu füttern. Wie die chinesischen Soldaten, die sich aus Langeweile den ganzen Tag vor meiner Tür herumdrücken, schlendere ich ein wenig umher. Nach ein paar ruhigen Tagen fahre ich weiter, Richtung Shelkar, einer Ortschaft mittlerer Größe. Ich kann mich gar nicht satt sehen: schneebedeckte Berge, Berge in allen Schattierungen von Grün und Braun, glatt, zerklüftet, felsig und sandig. So radle ich dahin, und manchmal klammere ich mich an den Himalaja wie an eine Mutterbrust. Doch immer wieder laden mich die Berge zum Weiterfahren ein.

Während ich in einem kleinen Restaurant Tee trinke, werden mir die Gepäckspinnen vom Fahrrad geklaut. Als mir jemand sagt, dass ein Tibeter sie genommen hat, bekommen meine Sympathien für die Tibeter einen Knacks. Bisher habe ich alle Tibeter geachtet, ihnen vertraut und sie nett gefunden; viel lieber hätte ich einen Chinesen beim Stehlen ertappt. Jetzt ertappe ich mich selbst bei einer gewissen Reizbarkeit und verworrenen Vorstellungen von Tibet und den hier lebenden Chinesen. Ich bin noch nicht lange genug in diesem Land, um mir ein Bild von den Verhältnissen machen zu können. Alles, was ich weiß, weiß ich vom Hörensagen.

In diesem Märchenland, dessen Bewohner trotz ihres kargen Daseins so gesund aussehen, scheint alles in Harmonie zu sein, wenn man von dem einen oder anderen garstigen Chinesen mit seinem roten Stern auf der olivgrünen Armeemütze absieht, der auf jeden vorbeifliegenden Vogel schießt, um die Tibeter zu provozieren. Immer wieder begegnen mir chinesische Soldaten, die sich darin gefallen, mir ihre Abneigung und Verachtung für die Tibeter zu zeigen.

Bei Kilometer 484, gleich hinter dem Polizeiposten, ziehe ich mich in die dunkle Nacht der weißen Landschaft zurück. Die Nächte sind ruhig, ausgenommen die Vollmondnächte, wenn die Frauen bis tief in die Nacht tanzen. Anders als in Indien gibt es in Tibet keine Nachttiere, die übers Bett krabbeln oder einem binnen weniger Stunden den ganzen Proviant wegfressen.

Am nächsten Tag sind fünfzig Kilometer schweißtreibendes Bergauffahren angesagt. Jetzt hasse ich den Schnee, die Berge und die Steine, die von den Rädern wegspritzen, und ich verfluche die Löcher und Mulden. Kurz vor dem Lhakpa La steht ein einsames kleines Haus am Straßenrand, in dem ich übernachten kann. Meist wohnen in solchen Häusern chinesische Straßenarbeiter. Sie stellen sich auf den von einem Pferd gezogenen, schweren eisernen Schrapper, um den Druck zu verstärken, und glätten auf diese Weise den Belag. Andere schaufeln die Löcher zu und entfernen letzte Unebenheiten. In einer Ecke des Wohnraums kann ich schlafen. Nach einer Mahlzeit aus Tsampa* und Dosenfisch lege ich mich hin, stelle mich schlafend und höre mit halbem Ohr den Männern zu. Sie machen Musik und trinken Alkohol, um die Löcher und Mulden Tibets und ihre in China zurückgebliebenen Frauen und Kinder zu vergessen.

Außer Atem und ohne auch nur ein einziges Mal abgestiegen zu sein, erreiche ich in aller Frühe den über fünftausend Meter hohen Lhakpa La. Ich denke an Kumari.

Du hast meinen Weg gekreuzt und ich deinen.
Ich werde zu dir zurückkehren, aber ich brauche noch Zeit.

Auf jedem Pass genieße ich eine gute halbe Stunde die Aussicht. Als ich den Tsampasack aufmache, den ich gestern bekommen habe, trägt der Bergwind etwas von dem gerösteten Gerstenmehl davon. Jeder Tibeter führt einen solchen Sack aus festem Baumwollstoff, der etwa ein Pfund Tsampa fasst, mit sich. Die obere Kante ist meist mit einem roten Rand verziert. Mit einer dicken Schnur wird der Sack zugezogen. Man kann das Mehl mit Tee, Wasser und jeder anderen Flüssigkeit mischen. Ich bin sehr sparsam und werfe niemals etwas weg, was mir Energie spenden kann. Nach dem Essen ist mir etwas wärmer.

Zwischen den Gebetsfahnen hindurch fällt mein Blick auf die grimmigsten Berge, die ich je gesehen habe. Ich kann kaum glauben, dass dort Menschen leben. Ich verliere hier jedes Zeitgefühl und fühle mich dadurch weit weg von allem. Welcher Tag ist heute, wie spät mag es sein? Das alles spielt keine Rolle mehr. Ich bräuchte ein ganzes Leben, um diese Gefühle zu beschreiben.

Unruhe bringen nur die Chinesen ins Land. Aber ich bin ihnen dankbar, dass sie Dosenmandarinen nach Tibet exportieren. Auch allerlei andere Waren aus China kann man in jedem größeren Ort kaufen: Suppenschalen, Mao-Mützen mit und ohne Stern, Fischkonserven, Birnenkompott und – nicht zu vergessen – Mao-Anzüge in den Einheitsfarben Grün, Rot und Blau.

Noch heute werde ich das Städtchen Lhatse erreichen. Zweiunddreißig Kilometer fahre ich abwärts, einen Berg nach dem anderen. Jedes Mal bin ich wieder neugierig auf den nächsten Berg, das nächste Dorf, den nächsten Aufenthalt. Kein Bergmassiv sieht aus wie das andere, und je nach Tageszeit und Lichteinfall ändern sich auch die Farben. Bald sind es Riesen, dann wieder stelle ich mir vor, sie seien von Dämonen und Räubern bewohnt, oder es tut sich eine Landschaft mit zarten Farben und schönen runden Formen auf, ein Meer von Brüsten.

# Die Stadt der Götter

Als das erste Morgenlicht die Eisblumen am Fenster erblühen lässt, ziehe ich mich schnell an, um meine Fahrt nach Lhasa, der »Stadt der Götter«, fortzusetzen. Sie scheint ganz nahe, aber ich muss noch gut sechshundertsechzig Kilometer fahren. Als das Dorf hinter mir liegt, bleibe ich noch einmal kurz stehen, um alles in mich aufzunehmen. Gebetsfahnen flattern auf den Dächern der tibetischen Häuser im Wind, und an den Hängen stehen Baracken mit Wellblechdächern, in denen Chinesen wohnen. In jedem größeren Ort sind die Chinesen als Soldaten, Aufseher oder Arbeiter allgegenwärtig. Man erkennt ihre Häuser, die als Einzige durch Telefonleitungen verbunden sind, auch an der tristen Bauweise und den Wellblechdächern. Auf keinem fehlt die chinesische Fahne.

Zwischen Lhatse und Shigatse bewältige ich zum soundsovielten Mal einen Pass, den Yalung La. Die ersten dreiundachtzig Kilometer schlingert mein Rad über einen Straßenbelag aus Tausenden walnussgroßer Steine bergauf und bergab. Doch trotz des mühsamen Vorwärtskommens genieße ich den Tag: das Unterwegssein, die Landschaft, die einfach nicht aufhört, schön zu sein. Nichts scheint die Stille hier stören zu können. Es ist die Stille, die ich lieben will. In einem Dorf vierzehn Kilometer vor der Passhöhe kommen einige Tibeter mit großen Kannen Buttertee und knusprig gerösteten Getreidekörnern auf mich zu. Ich gebe ihnen ein paar Fotos des Dalai Lama, worauf mindestens hundert Menschen aus ihren Häusern strömen, mich umringen und im Chor »Foto Dalai Lama!« rufen. Sie betteln, weinen, schreien und balgen sich um die Bilder ihres geistlichen und weltlichen Oberhauptes. Hätte ich statt der fünfzig Fotos nur tausend mitgenommen! Hätte ich nur den Dalai Lama selbst mitgenommen. Ob er weiß, wie sehr diese Menschen nach ihm verlangen? Ganz verdattert von dieser Reaktion mache ich, dass ich wegkomme, weil ich nicht allen ein Bild geben und ebenso wenig ihre Sehnsucht nach dem Dalai Lama stillen kann. Als ich mich noch einmal umsehe, reißen sie einander noch immer die Bilder aus der Hand. Habe ich richtig gehandelt? Mit dieser Frage holpere ich weiter über die steinernen Walnüsse. Erstaunlich, dass ich erst einen einzigen Platten hatte. Mit schlotternden Knien komme ich auf dem Yalung La an.

In Shigatse, mit mehr als sechsundvierzigtausend Einwohnern die zweitgrößte Stadt Tibets, begegne ich zum ersten Mal Touristen, die mir stolzgeschwellt und schamlos die »Antiquitäten« zeigen, die sie zu einem Spottpreis auf den lokalen Märkten gekauft – für mein Gefühl schlicht geklaut – haben. Ebenfalls zum ersten Mal begegne ich einem anderen Radfahrer, dem ich beim Auswechseln einiger gebrochener Speichen helfe. Als ich die Rohre meines Fahrradrahmens leere, stelle ich fest, dass ich noch mindestens zwanzig Ersatzspeichen habe. Während wir unsere Räder reparieren, tauschen wir Erfahrungen aus. Er ist ein netter Junge, ein Deutscher, der schon monatelang unterwegs ist, von Japan durch China nach Tibet. Auch er reist allein und übernachtet meist bei Dorfbewohnern. Mit viel Humor erzählt er davon. Schade, dass er nach Katmandu will, sonst könnten wir zusammen weiterfahren. Obwohl – ich lerne meine Einsamkeit immer mehr schätzen und erlebe die Begegnung mit meinen Ängsten als eine Bereicherung. Ich entdecke eine neue Welt in mir und merke, dass ich oft Angst vor der Angst hatte.

Ich teile mir mit dem Deutschen ein Zimmer. Später erfahre ich, dass er in Pakistan an Gelbsucht gestorben ist.

In Shigatse besichtige ich mein erstes Kloster auf tibetischem Boden, das 1447 gegründete Kloster Tashilhünpo mit seinem goldenen Dach.

Der penetrante Geruch der Jakbutterlampen, die den Tempel erhellen, die Hunde am Eingang, die monoton wiederholten Mantras, die kahl geschorenen, glänzenden Köpfe der Mönche, die anmutigen goldenen Buddhas mit den alles sehenden Augen …

Warme Farben umgeben mich, und die Buddhas sehen mich durchdringend an. Ich komme mir vor wie auf einem anderen Stern. Zwischen unzähligen Butterlampen lasse ich mich auf einem viereckigen Meditationskissen nieder und denke nach.

Mein langes Alleinsein macht mich zwar nicht depressiv, aber doch recht einsam. Tag für Tag habe ich die Natur um mich, und es ist, als befände ich mich im Gespräch mit einem Teil meiner selbst, der noch in Dunkel gehüllt ist und mir wie ein Schatten folgt. Es tröstet mich, dass das Land genauso leer ist wie mein Empfinden in diesem Augenblick. Ich fühle mich irgendwie nackt und zweifle an allem, was ich bisher mit meinem Leben angefangen habe. Diese Reise, diese leere Weite mit den fernen Horizonten und dem strahlend blauen Himmel gibt mir Ruhe und Freiheit. Ich muss niemandem etwas bedeuten, ich muss nicht wichtig sein oder mich bewähren. Keine Bestätigungen, keine Urteile über Gut und Böse. Und dann das Freisein von den praktischen täglichen Belangen: Ist der Ofen auch nicht zu hoch oder zu niedrig eingestellt, wie spät ist es, müsste ich nicht mal wieder meine Familie anrufen, was sollen wir essen, war die Post schon da? Das alles erübrigt sich. Was für ein Privileg, eine Zeit lang so einfach leben zu dürfen. Meine Räder drehen sich im Verein mit den Gebetsmühlen, und die Vergangenheit fällt von mir ab. Während die Geier auf der Suche nach dem Tod durch die kalte Luft segeln, erwache ich zu neuem Leben.

Das Kloster beeindruckt mich tief, und zum ersten Mal bedaure ich, dass ich kaum etwas über Tibet und die tibetische Kultur weiß. Eine zehn mal fünf Zentimeter große Karte, Fotos des Dalai Lama, ein kleines Wörterbuch und ein Sack voll Tsampa, das ist alles, was ich von Tibet habe.

Heute habe ich nicht allzu viel von der Landschaft mitbekommen. Die Straße war so schlecht, dass ich meine ganze Energie darauf verwenden musste, nicht vom Rad zu fallen. Da ich nach dem Karo La, ebenfalls ein Fünftausender, nur noch abwärts zu fahren brauchte, habe ich schon am frühen Abend Nangkartse erreicht. Draußen wird es allmählich dunkel, und kleine Schneeflocken wirbeln herab. Meine Hände sind zu kalt zum Schreiben. Neben mir sitzt ein pfeifender Tibeter und gafft mich an. Ich krieche in Kleidern ins Bett, und als ich am nächsten Morgen den dicken Schnee draußen sehe, beschließe ich, an diesem Tag gar nicht erst aufzustehen.

Bis zur Hauptstadt sind es nur noch hundertachtzig Kilometer. Mein Wunsch, nach Lhasa zu fahren, scheint in Erfüllung zu gehen, und so lasse ich mir Zeit. Nach einem Ruhetag nehme ich den Kampf gegen die Natur wieder auf. Am Yamdok Yutsho, dem »Türkisfarbenen See von Yamdok«, lasse ich meine Augen von dem herrlichen blauen Wasser trinken. Zwischen den Schafen am Ufer entdecke ich zwei tibetische Kinder. Ich lade sie ein, sich zu mir zu setzen. Immer wieder erstaunt mich das gesunde Aussehen dieser Menschen, fast nie sehe ich hier magere oder kränkliche Kinder. Mit ihrem wachen, offenen Blick und den festen Apfelbäckchen kommen die beiden heran. Ich gebe ihnen ein paar japanische Armeekekse, bezweifle allerdings, dass sie ihnen schmecken. Sie schweigen, und ich nehme mein Wörterbuch und schlage das tibetische Wort für Schaf nach. Aber mit meiner Aussprache scheint es zu hapern, und so krieche ich auf allen vieren durchs Gras und blöke wie ein Schaf, um das Wort auf diese Weise zu erfahren. Doch die Kinder lachen nur. Die Herde ist unterdessen weitergezogen, und sie laufen hinterher.

Mit zusammengekniffenen Augen spähe ich in die Ferne zum Khampa La, dem höchstwahrscheinlich letzten Pass vor Lhasa. Noch einmal die Zähne zusammenbeißen und nicht zu oft rasten, denn das beeinträchtigt Motivation und Energie. Doch heute komme ich nicht recht in Fahrt.

Ich freue mich an den Pfeifhasen, die links und rechts entlanghoppeln. Die Ohren aufmerksam gespitzt, die Vorderpfoten hochgezogen, sind sie stets auf der Hut vor nahendem Unheil. Wie im Traum fahre ich stundenlang durch die schwarzen, roten, grünen, von Schnee gekrönten Berge, bis ich plötzlich spüre, dass jemand hinter mir ist. Ich setze mich fester in den Sattel. Drei Reiter in schweren schwarzen Chubas und hohen Pelzmützen folgen mir. Ihre langen schwarzen Zöpfe peitschen durch die Luft, und die Pferde traben schneller und schneller. Ich trete mit aller Kraft in die Pedale. Noch habe ich einigen Vorsprung, aber der Abstand zwischen mir und den rauen schwarzen Gestalten wird immer kleiner. Ich stehe tausend Ängste aus. Schon spüre ich den warmen Atem der Pferde im Nacken. Schließlich halte ich an und lasse mich völlig erschöpft auf einen großen Stein am Straßenrand fallen. Die Männer sitzen ab, und der aufwirbelnde Staub legt sich auf mein schweißnasses Gesicht. Benommen sehe ich die drei Tibeter an, und um meine Angst zu bezwingen und Kontakt mit ihnen aufzunehmen, gebe ich ihnen Sonnenblumenkerne und ein Bild des Dalai Lama. Sie entblößen die Zähne zu einem herzlichen Lächeln und bieten mir Chang an. Alkohol und Radfahren passen nach meiner Erfahrung zwar nicht zusammen, aber dem tibetischen Gerstenbier kann ich nicht widerstehen. Genießen ist gesund, denke ich mir. Einer der Männer zieht ein Messer aus dem Gürtel, das so gefährlich blitzt, dass ich einen angstvollen Stich in der Brust spüre. Ein getrockneter Jakfuß kommt zum Vorschein, und abwechselnd schneiden wir uns Stücke davon ab. Die Tibeter stellen mir Fragen und versuchen sich mit mir zu unterhalten. Mit offenem Mund lausche ich den fremden Lauten. Nach einer halben Stunde ist die beiderseitige Neugier befriedigt. Ich bleibe noch einen Moment sitzen und komme mir mit meinem Fahrrad ziemlich albern vor. Hätte ich nicht besser zu Pferde durch Tibet ziehen sollen?

Im Dorf bieten mir chinesische Straßenarbeiter einen Schlafplatz im Zelt des Ingenieurs an. Ich werde mit Röstkartoffeln, zerstoßenen Pfefferkörnern, Momos und einem kräftigen Getränk namens Daqu* verwöhnt. Der Ingenieur ist der erste nette Chinese, der mir in Tibet begegnet, und er spricht einigermaßen Englisch. Er ist auch der Erste, der differenziert von seinem Leben und seinem Aufenthalt in Tibet zu berichten weiß und sich nicht scheut, seine Gefühle zu zeigen. »Wir werden praktisch gezwungen, nach Tibet zu gehen. Es ist nicht unser Land, wir fühlen uns hier nicht heimisch. Vor allem das Klima macht uns zu schaffen und die Trennung von der Familie über Tausende von Kilometern. Zum Ausgleich bekommen wir doppelten Lohn. Viele Chinesen reagieren ihren Ärger an den Einheimischen ab. Ich will so bald wie möglich nach China und zu meiner Familie zurück.«

Das zweite Gläschen Daqu macht mich so müde, dass ich eingeschlafen bin, noch ehe ich gute Nacht sagen kann.

Bis zur tibetischen Hauptstadt Lhasa ist es noch eine Tagereise. Entlang dem Kyichu, dem »glücklichen Fluss«, erreiche ich nach gut drei Wochen mein vorläufiges Ziel, die »Stadt der Götter«.

Ich gelange durch den chinesischen Teil in die Pilgerstadt, die ich nach einigen Tagen durch den tibetischen wieder verlasse. Die Pilger und Gläubigen, oft über mehr als hundert Kilometer angereist, falten die Hände auf dem Scheitel und verneigen sich. Dann legen sie die Hände ein- bis dreimal an die Brust und werfen sich lang ausgestreckt zu Boden, um Buddha ihre Ehrfurcht zu bezeigen. Viele haben sich zum Schutz vor Verletzungen kleine Bretter an die Hände gebunden. Im Jokhang-Tempel, dem Ziel der Pilgerreise, beleuchten Jakbutterlampen die allgegenwärtigen Buddhas. Die Statuen sind zum Zeichen der Ehrerbietung und Gottesfurcht mit Kathakhs* behängt, Tüchern aus feiner Baumwolle oder Seide.

Nach zwei Stunden schlängelt sich die Straße nordwestlich von Lhasa durch die Ausläufer der Nyenchen-Thanglha-Kette, und ich trete zufrieden und voller Eindrücke die lange und anstrengende Rückfahrt nach Nepal an. Zurück nach Tamsarya, zu Kumari, auch wenn ich noch nicht weiß, was ich machen werde.

Sandstürme, Schnee, Sonne und eisige Kälte erwecken den Eindruck, als sei Tibet ein Land mit vier Jahreszeiten gleichzeitig. Eisburgen glitzern in der Sonne, und in den Tälern bestellen singende Männer und Frauen mit ihren schön geschmückten Jaks die Felder. Pfeifhasen kommen aus ihrem Bau hervor und sehen sich neugierig um. Jakkälber verkriechen sich scheu unter dem langhaarigen Fell der Mutter, als würden sie wie ich dem Frühling nicht recht trauen. Auf den Wiesen springen Hunderte roter Schleifchen herum – Lämmer, die von Kopf bis Fuß mit roten Bändern geschmückt sind (während der Kulturrevolution war der tibetische Brauch des Tierеschmückens verboten). Pflanzen schieben sich aus der noch kalten Erde empor. Es muss Frühling sein. Unter einem Wollunterhemd, zwei T-Shirts, einer

Trainings- und einer Daunenjacke kribbelt der Frühling auch mir auf der Haut. Kein Tag vergeht, der mir nicht einen Sandsturm beschert. Frühjahr und Sandstürme gehören in Tibet zusammen. Das muss auch der Grund sein, warum die Dörfer von einer schützenden Mauer umgeben sind. So geschlossen sie wirken, so offen sind ihre Bewohner. Auf den Dächern flattert die tibetische Flagge in den Farben Rot, Gelb, Blau, Grün und Weiß. Die Lehmhäuser, deren Türen oft mit Halbmond und Sonne bemalt sind, haben nur ein oder zwei Räume. Wo Mensch und Tier getrennt schlafen, gibt es noch einen dritten Raum. Als Brennstoff für das Feuer in der Mitte des Wohnraums dienen eine heideartige Grasart, getrockneter Ziegen- und Schafskot oder Jakdung. Buddha- und Lamabilder zeugen davon, dass die Chinesen den tibetischen Glauben nicht haben ausrotten können. An den Wänden befinden sich halbmeterhohe Gestelle, auf denen die Bewohner unter grob gewebten Jakhaar- oder Schafwolldecken schlafen. Wenn es nach den Tibetern ginge, würde ich Tibet nie wieder verlassen. Überall werde ich zum Essen und Übernachten eingeladen, kein Dorf, dessen Bewohner mich nicht mit Jakbuttertee willkommen heißen und in ihren Tsampasack greifen lassen, um meine Hände auf ewig mit geröstetem Gerstenmehl zu füllen. Ohne die freundlichen Menschen wäre mir die Fahrt durch dieses wilde, raue Land doch schwer gefallen. Seit über einem Monat ziehe ich nun mit dem Fahrrad durch Tibet und fühle mich heimisch in dieser fremden Kultur.

Immer näher komme ich jetzt dem Salzsee Namtsho, an dem hauptsächlich Nomaden in ihren Jakhaarzelten wohnen. Seit Jahrhunderten ziehen die tibetischen Salzmänner mit ihren Jakkarawanen zu den Salzseen, um dort Salz zu gewinnen und es in anderen Gegenden Tibets zu verkaufen. Seit die Chinesen das Salz jedoch industriell abbauen und mit Lastwagen abtransportieren, stirbt der Beruf der Salzmänner aus.

Die Nomaden, denen ich hier begegne, Männer mit hohen Wangenknochen, geheimnisvollen dunklen Augen und langen Zöpfen, galoppieren auf geschmückten kleinen Pferden über die Bergpfade. Jakherden grasen auf der kahlen Fläche um das Lager. Da ich meine Sonnencreme verschenkt habe, reibe ich mich nach tibetischem Brauch täglich mit Jakbutter ein.

Das Jak ist hier von unschätzbarem Wert. Es versorgt die Tibeter mit Grundnahrungsmitteln wie Milch, Butter, Käse und Fleisch. Jakbutter schützt die Haut vor dem Austrocknen, man gibt sie in den Tee, formt Skulpturen daraus und beleuchtet damit Häuser, Tempel und Klöster. Aus Jakhaar werden Kleidung, Decken und Teppiche gewoben, die ausgehöhlten Enden der Hörner dienen als Salzfass, und aus den Knochen wird Schmuck hergestellt. Das Jak ist ein gutes Lasttier, das den härtesten Witterungsbedingungen trotzt und lange Wanderungen durchsteht.

Als ich anhalte, um meine Jacke auszuziehen, kommt eine Tibeterin zögernd auf mich zu. Lachend bleibt sie einen halben Meter vor mir stehen. Ich weiß nicht, warum, aber wenn ein Tibeter lacht, muss ich unwillkürlich mitlachen.

Ich fahre im Durchschnitt nicht mehr als fünfzig Kilometer pro Tag, nicht nur weil ich über so viele Pässe muss, sondern auch um abends nicht völlig erschöpft bei einer tibetischen Familie zu sitzen, denn die Tibeter lieben gesellige Abende. Eines Tages winkt mich eine alte Frau am Straßenrand heran und lädt mich ein, mit ihr zu essen. Nach einiger Zeit hält ein Pferdekarren, und eine Frau mit einem Plastikkanister voll Chang steigt herab. Zu dritt trinken wir das tibetische Bier, und ich versuche mich so gut es geht mit den Frauen zu unterhalten. Beide laden mich zu sich nach Hause ein. Ich entscheide mich für die Ältere und folge ihr in ihr zwei Kilometer entferntes Dorf. Durch eine Öffnung in der Mauer gelangen wir zu ihrem Haus. Inzwischen ist es dunkel geworden, und im Feuerschein schlage ich mein Wörterbuch auf, um ein paar Wörter Tibetisch zu lernen. Ich zeige auf meine Schuhe und suche das entsprechende tibetische Wort. Die Familie korrigiert meine Aussprache. Im flackernden Licht tanzen die Wörter über die Seite, sodass ich mich ab und zu vertue. Ich zeige auf meinen Kopf und lese das Wort für »Schamhaar« vor. Alles lacht los, und die alte Frau, die mich mitgenommen hat, lächelt schalkhaft, zeigt auf ihren Schoß und bricht dann in schallendes Gelächter aus. Prustend gibt sie mir einen Klaps aufs Knie. Die Kinder laufen hinaus, um den Witz weiterzuerzählen, und bald kommt das ganze Dorf an und will die Touristin mit dem Schamhaar auf dem Kopf sehen. Bis tief in die Nacht biegen sich alle vor Lachen.

Vor dem Schlafengehen nimmt die Großmutter einen Lederlappen, verrührt Tsampa mit Butter und Tee und gibt den Brei auf den Lappen, den sie dann zu einer Tsampawurst für mich zusammenrollt. Ich verbringe die Nacht zwischen zwei nackten tibetischen Kindern unter einem warmen Fell in dem angebauten Alkoven. Am Morgen erwacht das Dorf vom Frühlingslicht, von bellenden Hunden und dem Lärm spielender Kinder. Gegen neun fahre ich mitsamt meiner Tsampawurst weiter.

Ich will zum Namtsho, dem zweitgrößten Salzsee Tibets. Die ersten Stunden verlaufen recht gut, obwohl stellenweise Schnee liegt und ich mehrere kleine Flüsse durchqueren muss. Ich begegne Nomaden, von denen einer sein Pferd gegen mein Fahrrad tauschen will. An einem Pass lässt er mich die Zügel halten. Das Pferd hat prächtiges, von Hand hergestelltes und verziertes Zaumzeug, und in seine Mähne sind rote und gelbe Bänder eingeflochten. Ich erwäge sogar, das Angebot anzunehmen, aber was soll ein Tibeter mit einem so alten Rad, das nur zehn Gänge hat und für das er nirgends Ersatzteile bekommt? Das kann ich ihm nicht antun.

Je weiter ich fahre, desto schwieriger wird das Vorwärtskommen. Ich versinke bis zu den Knöcheln im Schnee und beschließe umzukehren.

In dieser vollendet komponierten Schneelandschaft lerne ich die schöne, unberührte Natur immer mehr schätzen. Am Zusammenfluss zweier Flüsse hallt der Ruf eines Raubvogels von den Felswänden wider, und niemand hört es. Ruinen sind zu sehen, in denen Pfeifhasen, Murmeltiere und Raubtiere hausen.

Vor kaum dreißig Jahren fiel ein großer schwarzer Schatten über die weiße Landschaft Tibets, und niemand sah es: Die Volksbefreiungsarmee Mao Tsetungs rückte nach Tibet vor. Ein Ort der Ruhe und Gelassenheit, das Dach der Welt, wurde vom Tod überschattet. Die Kulturrevolution hat viele Spuren hinterlassen. Tausende von Klöstern wurden weggefegt; die Chinesen nagten die von Klöstern übersäten Berge wie Hühnerknochen ab. Blut floss, und die Welt schwieg. Fassungslos betrachte ich die Mauerreste und Schutthaufen. Meine Augen ertragen es nicht. Alles wurde zerstört, Kloster um Kloster, Tempel um Tempel, Stein um Stein. Nur das Mystische, der blaue Himmel und die tibetische Würde blieben unversehrt.

Die tibetische Familie, bei der ich Buttertee trinke, reicht mir einen luxuriösen Fotoband. Die erste Seite zeigt den Dalai Lama mit Mao Tse-tung. Das prachtvoll illustrierte Buch soll einen positiven Eindruck von der chinesischen Intervention vermitteln. Auf jeder Seite dieses Propagandamaterials sind Farbfotos von lachenden Tibetern und Chinesen bei gemeinsamer Arbeit im Dienste der Entwicklung des Landes zu sehen.

Es kommt mir vor, als hätte sich seit der chinesischen Besetzung in den kleinen Dörfern nichts verändert. Bräuche und Traditionen, wie sie wahrscheinlich seit Jahrhunderten bestehen, leben fort. In diesen geschlossenen Gemeinschaften scheint die Zeit stillzustehen.

# Zurück nach Nepal

Die heißen Quellen von Yangpacen, von denen ich gestern für nur einen Yuan Gebrauch gemacht habe, liegen schon wieder achtzig Kilometer hinter mir. Ich bin auf dem Weg nach Markyang. Die schweren Schneewolken am Himmel versprechen eine spannende, schwierige Fahrt.

In einem Tempel mit Kloster, in dem ich mich aufwärme, bieten die Mönche mir Tsampa und Buttertee an. Sie bauen den von den Chinesen weitgehend zerstörten Tempel wieder auf. Ich zähle mein Geld und lege alles, was ich entbehren kann, neben die halb zerstörten Füße des Buddha, der mild und ruhig in den stimmungsvollen Raum blickt. Vor ihm stehen auf einfachen Holzschreinen Opferschalen, brennende Butterlampen und Symbole. Die Stille und die Harmonie, die hier herrschen, ziehen mich in ihren Bann.

Mit neuer Energie klettere ich dann weiter die Berge hinauf, bis ich drei Stunden später fix und fertig auf einem Felsblock am Straßenrand rasten muss.

Ein Hirte lädt mich ein, und nach einer Mahlzeit aus Reis, Tee und getrocknetem Jakfleisch schenke ich dem Mann ein Bild des Dalai Lama. Ehrerbietig verneigt er sich vor seinem Führer. Er ist überglücklich und bittet mich, ihn mit dem Bild zu fotografieren, damit er die Aufnahme dem Dalai Lama schicken kann.

Langsam nähere ich mich dem Shobu La. Wenn ich oben bin, werde ich genau wissen, wie hoch dieser Berg ist. Es ist der schwerste Aufstieg bisher, und ich schaffe es nicht, im Sattel zu bleiben. Stetig wandere ich durch den frischen Schnee. Etwa zehn Kilometer vor der Passhöhe hält ein leerer Bus. Der chinesische Fahrer bietet mir an, mich mitzunehmen, und ich steige mitsamt meinem Fahrrad ein. Außer mir und dem Rad beherbergt der Bus noch einen Generator, einen Wasserkanister, Kabel und einen großen Koffer. Auf dem Shobu La hält der Fahrer an und geht zur verschneiten Spitze vor, wo uns eine steinerne Säule zwischen den Gebetsfahnen darüber aufklärt, dass wir uns auf 5300 Meter Höhe befinden. Die Mantras auf den Fahnen – Om Mani Padme Hum – sind durch den Schnee miteinander verbunden.

Der Fahrer muss zu einem Militärlager und setzt mich bei einer tibetischen Familie ab, wo ich mit Süßigkeiten, Tee und getrocknetem Brot voll gestopft werde. Am Abend um halb zehn, als ich gerade schlafen gehen will, kommt er zurück: Zu meiner Überraschung bringt er mich in ein Freilichtkino im

Schnee. Die große Leinwand flattert wie eine Gebetsfahne im Wind. Mindestens sechzig chinesische Soldaten sitzen davor auf Steinen oder auf ihren Mänteln. Ich zittere vor Kälte. Der Fahrer kommt mit einem neuen Toyota-Bus angefahren, den er hinter den Zuschauern parkt. Gleich darauf sitze ich nach amerikanischer Manier hinter der Windschutzscheibe eines nagelneuen japanischen Busses und sehe mir den windverwehten griechischen Film »Flucht nach Athen« an, während hinter der sonnigen Szenerie verschneite tibetische Gipfel und Felsen wie versteinerte Engel aufragen. Einige tibetische Reiter halten an, um im Schutz des Toyota staunend mitzuschauen. Von der Handlung bekomme ich kaum etwas mit, denn was um mich herum vorgeht, fesselt mich mehr als der Film. Darüber würde ich gern einen Film drehen.

Ich breche früh auf und fahre in den Morgen hinein. Wegen des Schneefalls komme ich kaum vorwärts. Das Profil meiner Reifen ist nicht mehr das beste und macht das Fahren fast unmöglich. Nach achtzehn Kilometer Radfahren und Laufen erreiche ich Markyang, einen auf den ersten Blick nichtssagenden, überwiegend von chinesischem Militär bewohnten Ort. Als ich jedoch gegen vier einen Spaziergang mache, stoße ich zu meiner Überraschung auf ein Nomadenlager. Aus den grauschwarzen und dunkelblauen Jakhaarzelten steigt Rauch auf. Heute sind die Nomaden eine Minderheit, aber es ist noch keine fünfundsiebzig Jahre her, da führten praktisch alle Tibeter mit ihren Pferden, Jaks, Ziegen und Schafen ein Nomadendasein und lebten vom Tauschhandel.

Als ich außen um das Lager herumgehe, um die Bewohner möglichst wenig zu stören, kommt ein zierlicher alter Tibeter heran. Spontan beginnt er mit mir zu tanzen. Es ist das erste Mal seit Jahren, dass ich tanze. Bald sind wir von Kindern umringt. Als der Tanz zu Ende ist, tritt ein etwa zwanzigjähriger Tibeter zu mir und sagt: »Foto Dalai Lama ... Foto Dalai Lama ...« Ich habe nur noch wenige Bilder übrig, und da ich noch gut tausend Kilometer durch dieses buddhistische Land vor mir habe, gehe ich sparsam damit um. Ich beachte den jungen Mann nicht, aber er bettelt und ruft unentwegt weiter »Foto Dalai Lama ... Foto Dalai Lama ...«, bis ich nicht mehr anders kann: Ich hole eines der Bilder hervor, und es ist, als würde ich ihm den Dalai Lama persönlich überreichen. Strahlend und mit Tränen in den Augen verwahrt er ihn in seiner schafwollenen Chuba.

Nach einer weiten grünen Ebene führt die Straße durch Felsschluchten und an einem reißenden Fluss entlang. Die Straßen sind grauenhaft, aber die Landschaft bleibt atemberaubend schön. In der Ortschaft Tadruka schreibe ich mit klammen Fingern, so gut es geht, in mein Tagebuch. Das Klima ist mir ein Rätsel. Am Tag ist mir in der Sonne der Schweiß vom Kinn getropft, gegen Abend habe ich mir fast die Nase abgefroren, und jetzt schneit es. Aus den Häusern, von denen keines einen Schornstein hat, steigt langsam der Rauch auf, sodass es aussieht, als sei Tadruka in Morgennebel gehüllt. Inmitten neugieriger Tibeter erwache ich aus einem tiefen Traum von den Bergen. Wovon die Tibeter wohl träumen? Jetzt, auf dem Rückweg nach Nepal, erscheint mir die Zeit hier viel zu kurz. Ich sehe so vieles, was ich nicht verstehe und worauf ich keine Antwort weiß.

Ich bin wieder auf dem Weg zu Kumari. Die Knospen der ersten Frühlingsblumen brechen auf, und ich denke wieder an sie. Gedanken an Kumari sind stets mit Bildern verbunden. Meist kommt sie angelaufen und sagt: »Ich bin noch da, vergiss mich nicht.«

Von Shigatse nach Lhatse schleppe ich mich ohne einen Blick für das Frühlingsgrün durch die Sandstürme und krieche mühsam zum zweiten Mal über den Yalung La. Noch am selben Abend stehe ich vor der verschlossenen Tür des Sakya-Klosters, des Gründungs- und Stammklosters der Sakyapa-Sekte. Der Schlafsaal ist von Pilgern besetzt, aber dann bekomme ich doch noch etwas zu essen und einen warmen Schlafplatz in der Küche.

Am nächsten Morgen ist meine Enttäuschung groß, als ich erfahre, dass das im elften Jahrhundert gegründete Kloster an diesem Tag aus unbekannten Gründen geschlossen ist. Nur die Wandmalereien am Eingang sind zu besichtigen. Ich warte noch eine Stunde, doch da mich das Dorf nicht reizt, beschließe ich, nach Lhatse weiterzufahren.

Im Frühjahr kommt am frühen Nachmittag oft ein starker Wind auf. Wenn ich nicht allzu oft vom Rad gepustet werden will, ist es vernünftiger, gegen acht Uhr morgens aufzubrechen. An Buddhas 2533stem Geburtstag komme ich bei Vollmond inmitten feiernder Tibeter in Ting'ri an. Riesige Kessel mit Chang stehen dort im Freien, Männer, Frauen und Kinder sind sturzbetrunken. Jetzt hätte ich die schönsten Fotos machen können, aber ich habe nur noch fünfzehn Yuan übrig und keinen einzigen Film mehr.

Auf dem Weg von Ting'ri zur nepalesischen Grenze habe ich plötzlich die Nase gestrichen voll. Tag für Tag esse ich Tsampa mit Tee und Wasser, Tag für Tag weht mich der Wind vom Rad. Die einzige Übernachtungsmöglichkeit ist ein chinesisches Militärlager. Um acht krieche ich in allen meinen Kleidern ins Bett. Sogar die Mütze lasse ich auf, damit nur ja keine Wärme verloren geht.

Es muss mitten in der Nacht sein, als ich vom Quietschen der Tür aufwache. Noch ehe ich die Augen richtig aufbekomme, leuchtet mir ein junger Chinese mit einer Taschenlampe ins Gesicht und reißt mir die Decken weg. Ich greife ebenfalls zur Taschenlampe und leuchte zurück. Er packt mich am Handgelenk, die Lampe fällt zu Boden, und er versucht meine Brust zu berühren. Insgeheim muss ich lachen: Dick angezogen, wie ich bin, bekommt er nur meine Daunenjacke zu fassen. Die Fahrradpumpe neben meinem Bett rettet mich. Ich ziehe sie ihm über den Schädel, und er nimmt Reißaus. Schreiend laufe ich ihm nach, doch dann stolpere ich über einen der großen Steine, die überall um das Lager verstreut liegen, und er entkommt mir. Ich kehre in mein Zimmer zurück. Am liebsten würde ich sofort weg von hier, aber es ist noch stockdunkel draußen und außerdem musste ich meinen Pass abgeben. Ich sammle ein Dutzend größere Steine und lege sie von innen an die Tür, dann schiebe ich das zweite Bett als zusätzliche Barriere gegen unerwünschte Gäste in Richtung Tür, aber auf halbem Wege fällt es auseinander. Den Rest der Nacht tue ich kaum noch ein Auge zu und horche auf jedes Geräusch.

Bevor ich um halb neun meinen Pass zurückbekomme, wird mein Zimmer inspiziert. Die Decke ist meiner Meinung nach vorschriftsmäßig gefaltet, aber man befiehlt mir, es anders zu machen. Blöde chinesische Soldaten, denke ich, nehme mein Rad und mache mich wie ein Pfeifhase aus dem Staub.

In einem Stück fahre ich in Richtung Katmandu bergab, von 4700 auf 700 Meter. Meine Bremsklötze sind total abgefahren, sodass meine Füße ihre Funktion übernehmen müssen. Die Hügel hier sind inzwischen von frischem Grün überzogen, die Böschungen voller blühender Blumen, zirpender Grillen und bunter Schmetterlinge. Ehe ich mich's versehe, bin ich wieder in Nepal. Am Straßenrand steht ein deutsches Wohnmobil. Eine etwa siebzigjährige Frau öffnet die Tür ihres fahrbaren Heims und lädt mich zu einem Teller Tütensuppe ein. Einen Moment lang erinnert mich der Duft an einen niederländischen Supermarkt. An einem Resopal-Klapptisch sitzen drei Männer zwischen fünfundvierzig und fünfundfünfzig Jahren. Zum Klappern von Töpfen und Geschirr schallt Musik aus zwei Boxen: »Ich liebe dich.« Die Deutschen wollen alles über Tibet wissen; sie wären mit ihrem Wohnmobil gern selbst dorthin gefahren, haben aber keine Genehmigung bekommen. Sie bieten mir an, in ihrem vierrädrigen Haus zu übernachten, und ich bin froh, dass ich nur eine Nacht in diesem Gefängnis zubringen muss. Ich wüsste gern, wer diese Menschen sind, da ich aber nicht allzu neugierig erscheinen möchte, warte ich mit meinen Fragen bis zum Abend. Die Berge verschwinden im Dunkel der Nacht, die Grillen zirpen weiter, und der ruhelose Fluss plätschert gegen die Felswände.

»Ich liebe dich«, singen die Männer. Wen oder was sie lieben, bleibt mir verborgen. Die alte Dame hat vor einem Jahr ihre Kneipe in Deutschland, in der sie über vierzig Jahre hinterm Tresen gestanden hat, verkauft und von dem Erlös ein Luxus-Wohnmobil angeschafft, um mit den drei getreuen Stammgästen ein Jahr lang in der Weltgeschichte herumzufahren. Statt in ihrer Kneipe trinken die Männer nun weltweit. Kisten und Kasten sind mit Alkoholika aller Art gut bestückt und warten geduldig auf das Lied »Ich liebe dich«. Nach einem Abend, einer Nacht und einem Morgen bin ich sehr erleichtert, allein auf meinem Fahrrad weiterfahren zu können.

Kumari, ich bin auf dem Rückweg zu dir.

# Von Katmandu nach Tamsarya

Ein dicker Brief aus den Niederlanden und Fotos von Kumari erwarten mich in meinem Hotel in Katmandu. Ich hatte meine Filme nach Hause geschickt, und während ich in Tibet war, haben meine Freunde die Dias entwickeln und von den Bildern mit Kumari Abzüge machen lassen. Die Aufnahmen sind sehr schön geworden. Wenn ich sie ansehe, werde ich ungeduldig. Aber ich schiebe meinen Besuch bei Kumari noch auf, aus Angst vor neuen Emotionen. Ich habe das starke Gefühl, dass ich etwas aus dieser Begegnung machen muss. Es ist eine unerklärliche und starke Zuneigung, eine Liebe, auf die ich eine Antwort finden muss. Ich besuche das Waisenhaus in Katmandu und erzähle dem Direktor von Kumari. Als ich ihn frage, ob ich sie dort unterbringen könnte, sagt er: »Die Nepalesen erzählen einem so viel – die Hälfte davon stimmt nicht.«

Ich kehre nach Tamsarya zurück, den Ort, an dem mein Leben eine Wende nehmen wird. Der Regen macht die Luft schwer, und über den Reisfeldern hängt heißer Dampf. Der Bus fährt bergab, die Temperatur steigt, und der Himalaja versteckt sich hinter dicken, dunklen Regenwolken. Die Landschaft verändert sich, breite Flüsse reißen das Land der armen Bauern erbarmungslos mit sich fort. Dort, wo zu viele Bäume gefällt wurden, verschiebt sich der Boden, unmerklich oder mit roher Gewalt. Keine Zeitung, kein Radio, niemand berichtet davon. Der brechend volle Bus holpert mit zwanzig Stundenkilometern über die schlechte Straße nach Tamsarya.

Inmitten grüner Reisfelder am Waldrand steige ich nach fast zehnstündiger Fahrt aus. Die erdfarbenen Lehmhütten lehnen sich aneinander, als könnten sie jeden Moment unter dem Monsunregen einstürzen. Trotz der Veränderungen, die sich in den vergangenen drei Monaten – während meiner Tibetreise – in der Natur vollzogen haben, wissen meine Füße den Weg zu Juds Hütte noch genau. Blind folge ich den matschigen Fußspuren, bis sich meine Zehentrenner-Sandale im Modder festsaugt. Ich wühle in dem samtweichen Schlamm, kann aber nur eine halbe Sandale retten. Halb barfuß gehe ich weiter, aber nach einer Weile wird es mir zu dumm. Ich kehre um und schaue in dem Ort, in dem ich aus dem Bus gestiegen bin, in die kleinen Läden. Es gibt dort alles, was der Mensch braucht: Reis, Linsen, Maismehl, Kekse, Haarbänder, Zigaretten, Senföl, Seife, Zündhölzer und Zucker. Daneben liegen in jedem der Geschäfte etwa dreißig Paar Sapals* in allen Regenbogenfarben, genug, um eine ganze Armee mit Schuhwerk auszustatten. Ich streife mir die Füße am Gras ab und halte die neue Sandale an die alte. Die Größe stimmt genau, und so werde ich glückliche Besitzerin eines Paars himmelblauer Plastikschlappen. Von jetzt an gehe ich am äußersten Rand des Weges, oder ich springe von Wurzel zu Wurzel. Die alte Sandale lege ich dort, wo ihr Partner sein Leben gelassen hat, symbolisch auf einen Baumstumpf. Sofort kommen Kinder angelaufen und nehmen sie mit. Vielleicht fehlt jemand anderem ebenfalls eine Sandale, und so hat er wieder ein komplettes Paar. Viele Nepalesen laufen mit verschiedenfarbigen Sapals herum.

Bevor ich Tamsarya erreiche, geht ein starker Regenschauer nieder und spült den Schweiß von mir ab – ein angenehmes Gefühl. Ich folge einem Weg zwischen dem Urwald und den Feldern, auf denen Reis, Senf und Mais angebaut werden. Allmählich kommen die grauen und rötlichen Hütten in Sicht, von denen die meisten nicht größer als vier mal sechs Meter sind. Da und dort stehen auch komfortablere Häuser. Wie es mit dem Verhältnis von Arm und Reich bestellt ist, werde ich noch erfahren. Ich präge mir die Umgebung genau ein, während die Kinder aus den Hütten und von den Feldern gelaufen kommen, um mich zu begrüßen: »Namastè!« Dann entdecke ich Juds Hütte mit den scharrenden Hühnern darum herum. Seine Frau begrüßt mich, als wäre es das Normalste von der Welt, dass ich hier bin. Sofort beginnt sie eine Mahlzeit zu bereiten. Sie entschuldigt sich, dass sie einen Moment wegmuss, und kommt mit einem Mann, der etwas Englisch spricht, zurück. Jud habe zwei Monate nach meiner Abreise gewusst und gefühlt, dass ich wiederkommen würde, erzählt sie. »Jetzt dauert es nicht mehr lange, das spüre ich«, habe er in den letzten Wochen immer wieder zu ihr gesagt. Fast täglich sei er zur großen Straße gegangen, um nach mir Ausschau zu halten; stundenlang habe er an der Bushaltestelle vergeblich auf mich gewartet. Während wir uns unterhalten, kommt Jud selbst herein. Er strahlt, und dann wird er verlegen. Er will wissen, weshalb ich so lange weggeblieben bin, und erzählt noch einmal, wie sicher er sich gewesen sei, dass ich zurückkommen würde. Aus einer schwarzen Tasche holt er seine wichtigen Papiere und meine Adresse hervor, die ich ihm gegeben hatte. Er fegt den Lehmboden sauber und breitet die Dokumente darauf aus. Auf dem handgeschöpften Papier, in dem da und dort noch die Holzfasern zu sehen sind, steht, dass er zwanzig Jahre in der indischen Armee gedient hat. Die anderen dünnen Bögen bescheinigen ihm in dicken Lettern Ehrlichkeit, Zuverlässigkeit und Umgänglichkeit. Außer diesen Urkunden besitzt er noch einige Medaillen, die ihm 1971 im – niemals endenden – indisch-pakistanischen Krieg für Mut und Tapferkeit verliehen worden waren. Die Papiere, aber mehr noch Jud selbst bestärken mich – obwohl ich ihn erst so kurz kenne – in der Überzeugung, dass er ein integrer, ehrlicher Mann ist. Nachdem er sie wieder verwahrt und die schwarze Tasche an den rostigen, krummen Nagel gehängt hat, setzen wir uns im Lotossitz auf Strohmatten einander gegenüber.

»Willst du Kumaris Mutter werden?«

Ich erschrecke. Auf eine so direkte Frage weiß ich beim besten Willen keine Antwort. Jedenfalls keine schnelle und eindeutige Antwort. Ich berichte Jud kurz, welche Stellen in Katmandu Kumari helfen könnten, aber das scheint ihn nicht zu interessieren. »Das spielt alles keine Rolle. Wir fragen dich, ob du ihre Mutter werden willst. Du bist von Gott dazu bestimmt, und wir glauben, dass du ihr eine gute Mutter sein wirst.« Für Jud ist alles ganz einfach, für mich dagegen ist ein Leben mit Kumari ein unerreichbares Ziel. Aber wie soll ich von meinen Gefühlen sprechen, da ich doch keine Ahnung habe, wie die Nepalesen zu ihren Gefühlen stehen? Wie soll ich einem Mann gegenüber, der kaum Englisch spricht, meine Gedanken in Worte fassen? Ich sehe Jud seine Enttäuschung an, als ich ihm sage, dass das alles meiner Meinung nach nicht so einfach ist, und ich merke, dass meine Antwort in krassem Gegensatz zu der Art und Weise steht, wie eine Nepalesin mit einer solchen Situation umgehen würde. Könnte ich nur Nepali! Ich versichere Jud, dass er auf mich zählen kann und dass ich alles tun werde, um Kumari zu helfen.

Ich übernachte bei Jud. Zum ersten Mal bin ich richtig mit seiner Familie zusammen. Wir lernen uns besser kennen, und am Abend erzählen wir uns unsere Lebensgeschichte. Ich fühle mich in die Familie aufgenommen. Wieder schlafe ich auf fünf Gunderies und die anderen auf Tüchern. Ich fühle mich inzwischen so zu Hause, dass ich das Angebot strikt abgelehnt habe, doch die Achtung meiner Gastgeber vor dem Gast zwingt mich, diesen Schlafkomfort anzunehmen.

Bisher konnte ich mit meinem Rad überall wieder weg. Diese Begegnung aber, dieser Ort verbinden mich unwiderruflich mit Nepal. Dennoch beschließe ich, wie geplant nach China zu fahren.

Liebe Kumari,
da stehst du. Ich erkenne dich kaum wieder, so schlecht siehst du aus. Dein blasses Gesichtchen ist aufgedunsen und schuppig, die Schultern verkrampft, dein Blick ängstlich und traurig.

Wenn ich dich ansehe, fühle ich statt Liebe nur Schmerz. Du bist wie ein verwelktes, vergessenes, misstrauisches Blümchen ohne Farbe. Wie beim letzten Mal stehst du abseits, während die anderen Dorfkinder wie eine Herde geschorener Schafe zusammenlaufen, um dich und mich zu betrachten.

Ich halte dir das Foto hin, das ich vor drei Monaten von dir gemacht habe, zusammen mit einer Tüte Erdnüsse und Keksen. Du lachst ein ganz klein wenig und kommst vorsichtig heran, um das Geschenk anzunehmen.

Warum starrst du mich so an?

Dein trauriger, durchdringender Blick lässt mich nicht los. Deine Ärmchen und Beinchen sind voller entzündeter Wunden. Du trägst ein verwaschenes beiges Kleidchen mit einem Riss quer über deinem runden Bauch, durch den fast die Würmer nach draußen kriechen könnten. Verglichen mit den gesunden nepalesischen Kindern siehst du nicht schön aus. Doch meine Liebe zu dir ist so rein wie ein Bergbach im Himalaja.

Für mich bist du schön, und tief in deinen Augen sehe ich zwei Lichtpunkte. Mein Geist ist wach genug, um ein reines Gefühl zu erkennen. Meine Liebe zu dir ist bedingungslos, und ich werde dafür kämpfen. Der Monsunregen hat meine Augen sauber gewaschen, und ich sehe sehr klar, was ich für dich empfinde. Ich bin mir jetzt sicher, das es kein Mitleid ist.

Doch was bedeutet diese zufällige Begegnung? Wir sind durch ein unsichtbares Band miteinander verbunden. Ich werde dieses Band sichtbar machen und ihm Farbe geben. Wird diese Begegnung unser Leben von Grund auf verändern? Ich weiß, dass mir viel an dir liegt, aber ich weiß nicht, was du selbst empfindest. Der Gedanke, wir könnten niemals zusammenkommen, stimmt mich traurig. Aber ich gebe nicht auf und werde auf jeden Fall herausfinden, was ich für dich tun und sein kann. Ich lasse etwas Geld bei der alten Frau, die sich im Moment um dich kümmert, damit sie Lebensmittel und Vitamine für dich kauft.

Kleines, trauriges Mädchen am Fuße des Himalaja, ich gehe fort von dir. Kann ich dich wirklich hier zurücklassen und mich jeden Tag fragen, wie es dir geht? Muss ich all die leckeren Sachen allein essen, mit deinem Bild reden, es streicheln und dabei wissen, dass du hier irgendwo herumläufst, auf der Suche nach Liebe, Wärme und Nahrung? Unsere Liebe wird auf eine harte Probe gestellt werden. Wenn ich jemandem sage, dass ich dich liebe, kann er doch nicht antworten: »Das ist Unsinn.«

Aber wie weiß ich, was wirklich gut für dich ist? Um das zu wissen, müsste ich auch mich selbst besser kennen.

Zum zweiten Mal gehe ich von dir fort.

# Chinesische Impressionen

Die Welt ist absurd.

Die Sterne Nepals sind gleißenden Leuchtreklamen gewichen, das grüne Gras grauem Beton, der Wald einem Einkaufsparadies, in dessen kilometerlangen Ladenstraßen man verrückt zu werden droht. Einsam suche ich in der Millionenstadt Hongkong meinen Weg zu den Chungking Mansions, wo man über einer Laden- und Restaurantgalerie besonders billig wohnen kann. Ich quetsche mich mit meinem hochkant gestellten Rad in den Aufzug von Block B, um in den siebzehnten Stock zu fahren, wo ich feststelle, dass ich in den siebten Stock von Block D gemusst hätte. Doch endlich finde ich das zwei mal vier Meter große, vierzig Hongkong-Dollar teure Zimmer mit Blick auf eine Mauer und die Lüftungsschächte der zahlreichen Restaurants. Wer bis jetzt noch nicht depressiv geworden ist, der wird es hier. Verwirrt, desinteressiert, apathisch, melancholisch und erschöpft sitze ich auf dem abgetakelten Bett. Wie komme ich je wieder aus dieser Stadt heraus? Doch je schlechter ich mich fühle, desto entschlussfreudiger werde ich, und nach einem Schläfchen treffe ich Vorbereitungen, Hongkong so schnell wie möglich wieder zu verlassen. In Block B bekomme ich ein Visum für China, in Block A wird mir ein falscher Studentenausweis ausgestellt, mit dem ich für wenig Geld die öffentlichen Einrichtungen in China benutzen kann. In Block C erstehe ich einen gebrauchten Reiseführer, und in Block E esse ich eine Kleinigkeit. Nur um Filme zu kaufen, muss ich dieses Labyrinth verlassen. Schnell finde ich einen Foto-Supermarkt, in dem die Filme kilometerweise liegen. Zum Schluss kaufe ich noch ein Ticket für das Schiff nach Guangzhou oder Kanton, die Stadt, in der meine Reise durch China beginnen soll. Dass ich mich für das Schiff entschieden habe, ist ein glücklicher Zufall, denn Fahrradtouristen, die mit dem Zug nach China wollen, werden zurückgeschickt.

Auf eigene Faust mit dem Rad durch China zu fahren ist verboten, allenfalls darf man sich in den für Touristen geöffneten Städten ein Fahrrad mieten. Trotzdem will ich es versuchen; das Verbotene und das Unmögliche reizen mich. Ich bin ein Wrack, als ich in Guangzhou ankomme, und liege erst einmal zwei Tage mit vierzig Fieber im Bett. Am dritten Tag lasse ich mich von einem Taxi ins Krankenhaus bringen. Eine Spritze und fünf verschiedene Medikamente helfen mir langsam wieder auf die Beine. Am vierten Tag bin ich so weit wiederhergestellt, dass ich eine erste kurze Fahrt machen kann.

Die Asphaltstraßen erinnern mich an die Niederlande, nur sind hier viel mehr Lastwagen unterwegs. Ihr Lärm übertönt das Gequake und Geschnatter aus den vielen Entenfarmen entlang der Strecke. Die Reisernte wird eingebracht; Reis ist das Hauptnahrungsmittel der über eine Milliarde Chinesen. Nach einem Tag Rad fahren fühle ich mich zwar wieder besser, aber meine melancholische Stimmung ist noch keiner gesunden Neugier auf die chinesische Kultur gewichen. Ich denke oft an Kumari. Der Gedanke an Nepal und an sie lässt mich nicht los.

Ich fahre weiter nach Zhaoqing, habe aber wenig Freude daran. Der Lastwagenverkehr erfordert zu viel Aufmerksamkeit, und die Auspuffgase vermischen sich mit meinem Schweiß. Enttäuscht sinke ich am Abend in den weichen Sessel eines Hotelzimmers. In einem Schrankfach finde ich eine interessante Zeitschrift: *Old People – Hopes and Problems*. Erstaunt lese ich von einem dreiundachtzigjährigen Chinesen, der mit einem chinesischen Fahrrad ohne Gangschaltung fünfzehnhundert Kilometer durch sein Land gereist ist. Ich begehe den zweiten Diebstahl meines Lebens und stecke das Heft in meine Fahrradtasche. Die Geschichte macht mir Mut weiterzufahren.

Ich kaufe eine Schiffskarte nach Wuzhou. Mein Rad findet einen Platz zwischen Hühnern und Bananen, ich selbst liege zwischen Chinesen auf einer Holzpritsche mit einer chinesischen Matte darauf und träume. Ich habe zwar keine festen Pläne, aber ich will auf jeden Fall durch die Innere Mongolei fahren. Ich bin gespannt, ob ich Übereinstimmungen zwischen den Mongolen und den Nepalesen und Tibetern entdecke. Ob Kumaris Wurzeln tatsächlich in der Mongolei liegen?

Bis jetzt habe ich wenig Kontakt mit den Menschen. Der negative Eindruck, den ich in Tibet von den Chinesen gewonnen habe, bleibt. Nach einer halben Nacht auf dem Schiff suche ich in Wuzhou eine Unterkunft.

Kaum habe ich mein Zimmer bezogen, kommt die Polizei, um mich nach meinem Pass und dem Ziel meiner Reise zu fragen. Freundlich werde ich gebeten, nicht mit dem Fahrrad weiterzufahren. Als ich sage, dass ich nach Yangshuo will, geht einer der Beamten eine Fahrkarte kaufen und setzt mich am nächsten Morgen höchstpersönlich in den Bus, um sicherzugehen, dass ich auch wirklich verschwinde. Ich beschließe, den Rest des Tages auf den Märkten von Wuzhou herumzuschlendern, kehre aber schon nach zwei Stunden in mein Hotelzimmer zurück. Mir ist übel; die Bilder brutal misshandelter Tiere, die ich gesehen habe, verfolgen mich und verstärken meine Abneigung gegen die Chinesen noch. Sie stehen in krassem Gegensatz zu der Achtung der Tibeter vor ihren Tieren. Für mich sind die Chinesen nicht nur Tierquäler, sondern sie essen auch unmanierlich, spucken aus und schnäuzen sich auf die Straße. Sie kommen mir vor wie Maschinen, ohne jedes Gefühl. Aber vielleicht urteile ich vorschnell.

In der Nacht träume ich von gehäuteten Schlangen, aufeinander gestapelten Enten, Dutzenden von Katzen und den großen klugen Augen einer Eule. Ich bereue es, meinem Impuls, die Eule zu kaufen und ihr die Freiheit wiederzugeben, nicht gefolgt zu sein. Ich muss an einen Chinesen denken, den ich auf dem Schiff kennen gelernt habe. Er schreibe an einem großen vegetarischen Kochbuch, hatte er mir erzählt, weil er der Meinung sei, die Mentalität der Chinesen müsse sich ändern. »Die Chinesen essen alles, was sich bewegt«, hatte er gesagt.

So schön die Landschaft auch ist – ich werde hier einfach nicht warm und will so schnell wie möglich wieder weg. Am Abend trotte ich an den Läden entlang, aber das Einzige, was mich interessiert, ist eine Bootsfahrt mit einem Kormoranfischer auf dem Fluss. Bald darauf sitze ich mit dem Fischer und mindestens zwölf zahmen Kormoranen in einem Ruderboot. Die Vögel, die eine Schnur um den Hals haben, damit sie keine zu dicken Fische verschlucken, tauchen abwechselnd, und nach zwei Stunden ist der Fischkorb voll.

Fünfhundert Kilometer durch Südchina genügen mir, um meine Pläne radikal zu ändern. Ich kaufe ein Flugticket nach Chengdu und steige mitsamt meinem Fahrrad in den Bus zum Flughafen. Da es eine kleine Maschine ist, sehe ich Schwierigkeiten voraus. Ich hänge mir das Rad lässig, als wäre es eine Handtasche, über die Schulter und steige ein. Von anderen Rad fahrenden Ausländern habe ich gehört, dass sie auf Inlandsflügen in China große Probleme hatten.

Aber ich habe Glück: Mein Rad bekommt einen Platz hinter dem Pilotensitz im Cockpit. Hochzufrieden schaue ich aus dem Fenster. Kaum hat das Flugzeug abgehoben, höre ich von jenseits des Mittelgangs ein anhaltendes Klicken. Ein Chinese hält seine Kamera auf mich gerichtet. »Please don't turn away, look straight forward, I like to make pictures from your nose, you have such a strong, long and beautiful nose. I never have seen such a beautiful nose in my life. I'm impressed by your nose. When you don't mind, I like to make some more pictures.«

Chengdu ist der erste Ort in China, an dem ich mich wohl fühle und mich der chinesischen Kultur öffnen kann. Sie beginnt vor mir auf der Straße, mit Heilkräutern, Gemüse, Bambusprodukten, Imbisswagen und – nicht zu vergessen – einer Vielzahl von Teesorten.

Die Fahrt von Chengdu nach Lanzhou verläuft ohne spektakuläre Ereignisse, und so radle ich in die fünfunddreißig Kilometer lange Zwei-Millionen-Stadt hinein.

Mit drei verschiedenen Landkarten, einer englischen, einer englisch-chinesischen und einer chinesischen, arbeite ich am Abend meine Route aus. Die beiden Letzteren leisten mir mit ihrer hervorragenden Detailgenauigkeit gute Dienste, zumal jetzt, da die Straßen mit Matschpfaden abwechseln, die sich zwischen den felsigen Bergen hindurchschlängeln. Die Leute sind freundlich, und ich spiele mit dem Gedanken, in einer der Felshöhlen, die früher zweifellos bewohnt waren, zu übernachten. Als aber eine große Schlange vor mir über die Straße kriecht und fünf Minuten später noch eine, lasse ich den Plan schnell wieder fallen.

Ich fahre weiter nach Baigin. Eine Chinesin radelt neben mir her und zeigt mir den Weg zu einem Hotel mit schönen Zimmern. Eine der Frauen dort nimmt mich sehr lieb am Arm, zwei weitere tragen mein Gepäck, und eine vierte folgt uns mit einer Thermoskanne voll heißem Wasser. Eine Viertelstunde später bringen mir zwei der Frauen eine warme Mahlzeit mit neun verschiedenen Speisen: Suppe, Fisch mit Gemüse, Huhn, Erdnüsse, Salat, undefinierbare kleine Kuchen, Brötchen und Gebäck. Ich genieße das Essen, die Landschaft, die Atmosphäre und die Menschen. Sorgen macht mir nur mein Rad, an dem praktisch nichts mehr in Ordnung ist. Ich kann mir etwas Angenehmeres vorstellen, als alle naslang den Matsch zwischen Reifen und Schutzblech herauszukratzen. Die Gangschaltung ist kaputt, sodass die Kette fast auf dem Boden schleift, und dabei musste ich heute von den neunzig Kilometern bestimmt sechzig bergauf fahren. Auf der Karte sieht die Strecke in diesem fast zehn Millionen Quadratkilometer großen Land nach gar nichts aus.

Am Morgen bringen die Frauen mir ein herrliches Frühstück. Es ist so reichlich, dass ich die Hälfte stehen lassen muss. Zufrieden steige ich aufs Rad. Ich fahre durch ein Gebiet, in dem arme Kleinbauern vor ihren Lehmhütten das Korn dreschen. Ein Pferd zieht einen Stein im Kreis über das Getreide, um die Spreu vom Weizen zu trennen, eine recht primitive Methode verglichen mit den Dreschmaschinen der Bauern in den Gegenden, durch die ich bisher gefahren bin. Als ich anhalte, um zu fotografieren, winkt die Familie mich ins Haus und setzt mir frisch gebackenes Brot und Melonen vor. Sie bitten mich, noch mehr Aufnahmen zu machen, doch als ich nach ihrer Adresse frage, um ihnen die Bilder später schicken zu können, stellt sich heraus, dass keiner von ihnen lesen oder schreiben kann. Ich krame in meinen Fahrradtaschen nach einem Geschenk für die Kinder und finde zum Glück noch zwei kleine nepalesische Bambusflöten.

Würde ich mich nicht so gut fühlen, hätte ich mein Fahrrad heute kaputtgetreten. Zu der defekten Kettenschaltung und den völlig abgefahrenen Bremsklötzen kommt überraschend noch ein Loch im Hinterreifen hinzu. Die gut dreizehntausend Kilometer lange Fahrt durch Indien, Nepal, Tibet und China hat mein Rad zu einem Wrack gemacht, an dem sich gerade noch die Räder drehen. Und dabei habe ich noch etwa zweitausend Kilometer durch dieses überwältigende verbotene Gebiet vor mir. Eine Bauernfamilie hilft mir den Reifen wechseln.

In Jinguan lerne ich eine Gruppe Wasserbauingenieure aus Peking kennen. Sie studieren mit mir zusammen die Karte und klären mich über die Details meiner morgigen Route auf. So erfahre ich, dass die nächste Ortschaft hundert Kilometer entfernt liegt. Wie immer kommen abends Polizisten, setzen sich gemütlich aufs Bett und machen keine Anstalten, wieder zu gehen, sodass ich erst gegen eins zum Schlafen komme. Aber ich weiß, dass ich mir die Polizei warm halten muss, um nicht in den Zug gesetzt zu werden oder – schlimmer noch – das Land verlassen zu müssen.

Ein Regenbogen wölbt sich über einem Dorf, und wieder wechseln Asphaltstraßen mit Matschwegen. Die Fahrt durch eine teils grüne, teils kahle Hügellandschaft beschert mir märchenhafte Ausblicke. Ich passiere geschlossene Dörfer mit Furcht erregenden Hunden, mit Eseln, Schafen und sogar Kamelen. Diese herrliche Tagesetappe bringt mich nach Xingrenbu. Aus den neugierigen Reaktionen der Menschen dort schließe ich, dass sie noch nie einen Touristen gesehen haben.

Meine Hände haben die Funktion der Gangschaltung übernommen. Auf dem Weg nach Zhongwei schaffe ich es kaum, die Räder am Drehen zu halten. Achtundachtzig Kilometer im Nieselregen über lehmige Wege – es ist, als würde ich durch Brei fahren. Schlitternd komme ich am Gelben Fluss an.

In Zhongwei, wo ich mühelos eine Unterkunft und ein Restaurant finde, putzen ein paar Frauen spontan mein Rad. Außer einer Wollfabrik, in der die Arbeiterinnen Ballen so hoch wie Heuhaufen verarbeiten, gibt es hier einen Markt und einen Tempel aus dem fünfzehnten Jahrhundert.

Nach einem Tag zieht es mich wieder aufs Land hinaus. Trotz meines abgewrackten Fahrrads fliege ich nur so über hervorragende Straßen, bis ich nach hundertvierzig Kilometern eine Reifenpanne habe. Zu meiner größten Verwunderung hält ein Lastwagen: Die Männer helfen mir den Reifen flicken und geben mir etwas zu essen.

Meine Vorurteile haben sich in nichts aufgelöst, als ich in Jiayuguan die Überreste der Großen Mauer passiere, die hier endet. Seit Chengdu sind mir nur noch freundliche, hilfsbereite und aufgeschlossene Menschen begegnet.

Mit Gummiband und Schnur halte ich die klappernden Einzelteile meines Rades zusammen. Auch meine Zähne beginnen zu klappern. Die Hoteldirektorin bringt mich auf ihrem Fahrrad in ein Krankenhaus, in dem fünf Zahnarztstühle nebeneinander stehen. Sorgfältig und mit großer Präzision wird eine meiner Kronen unentgeltlich wieder befestigt.

Den ganzen Nachmittag suche ich eine berühmte Festung, und schließlich lande ich bei einem Kloster. Mir fällt auf, dass chinesische Mönche weniger Ausstrahlung haben als tibetische. Ihre Buddhafiguren sind von einer dicken Schicht synthetischer Farbe bedeckt, durch die sie mehr Unruhe als Ruhe verbreiten. Da sind mir die Buddhas in Nepal und Tibet doch sehr viel lieber; ihre jahrhundertealte Farbe wird von Spinnweben zusammengehalten, und die Spinnen fangen jeden unehrerbietigen Blick ab.

Am Abend besucht mich die Hotelbesitzerin mit ihrem Sohn. Sie bringt nicht nur Eis, Joghurt und Limonade mit, sondern auch Geschenke. Langsam wickle ich etwas Schweres aus mehreren Schichten Zeitungspapier: Eine antike Buddhafigur kommt zum Vorschein. Ich nehme sie vorsichtig in die Hand und sehe die Frau gerührt an. Sie steht auf und legt mir behutsam ein Foto von sich in den Schoß. Ich werde verlegen.

Mit einem ausgedehnten Frühstück nehme ich Abschied von meiner unbekannten Freundin und verlasse das Hotel, für das ich nichts zu bezahlen brauche, mit fünf Kilo Tomaten. Der kleine Buddha liegt wohl verwahrt zwischen sauberer Kleidung in einer meiner Fahrradtaschen, neben den Fotos von Kumari. Eigentlich wollte ich um halb acht losfahren, aber es ist bereits zehn, als jemand atemlos hinter mir hergeradelt kommt: Die Lokalzeitung will mich interviewen und Fotos von mir machen. Mit schneller, gelenkiger Hand bringt der Reporter meinen Reisebericht in chinesischen Schriftzeichen zu Papier und macht mit seiner betagten Kamera Dutzende von Aufnahmen. Eine Esseneinladung muss ich ausschlagen, weil ich den nächsten Ort sonst nicht mehr vor dem Dunkelwerden erreiche.

Zerzaust und erhitzt komme ich bei Einbruch der Dämmerung in Shizuizhan an, wo ein etwa siebzehnjähriger Junge neben mir herfährt und mich zu einem Hotel begleitet. Auf seine dringende Bitte warte ich dort, ohne zu wissen, worauf, bis zwei Englisch sprechende Professoren erscheinen. Sie besorgen mir ein wunderschönes Zimmer und begleiten mich dann in ein Restaurant.

Ich würde gern schlafen gehen, aber der Bezirksvorsitzende des Sportkomitees will meine Bekanntschaft machen, und seine Wärme und Sympathie halten mich wach. »Sie sind die erste Ausländerin, die hierher kommt, und dann noch mit dem Rad«, sagt er. »Was haben Sie für das Essen bezahlt? Ich gebe Ihnen das Geld zurück. Es gibt noch jemanden, der mit dem Rad hier war, Wu Keli, ein hochbetagter Landsmann, der fünfzehnhundert Kilometer durch China gefahren ist. Wir haben großen Respekt vor Ihnen beiden.« Ich hole *Old People – Hopes and Problems* hervor und zeige ihm Wu Kelis Bild. Mit leuchtenden Augen bestätigt er, dass dies der Mann sei, den er meine. Ich frage ihn, ob es eine Möglichkeit gibt, Wu Keli zu treffen, aber es wäre zu schwierig, ihn in einem so großen Land wie China ausfindig zu machen.

Am Abend breite ich meine drei Landkarten in meinem Zimmer aus, und zusammen mit dem Bezirksvorsitzenden und den beiden Professoren vertiefe ich mich in die vor mir liegende Route. Mein Vorhaben, an einem Tag bis nach Dengkou zu fahren, erweist sich als zu optimistisch, und es kann auch nicht schaden, wenn ich es einmal einen Tag lang etwas ruhiger angehen lasse. Mein nächstes Ziel wird also das siebzig Kilometer entfernte Wuhai sein. Von dort gibt es eine Abkürzung nach Dengkou, die nicht in der Karte eingezeichnet ist. Der Bezirksvorsitzende fordert mich auf, am nächsten Morgen mit dem Frühstück zu warten, bis er kommt. »Ich möchte das Frühstück selbst für Sie zubereiten, sonst bekommen Sie womöglich nichts Gutes.« Und tatsächlich steht am nächsten Tag um sieben Uhr ein fürstliches Frühstück auf dem Tisch. Nach dem Essen kommt ein Motorrad mit Beiwagen angefahren. Der Professor klettert in den uralten grünen Kasten, und zusammen mit dem Bezirksvorsitzenden gibt er mir das Geleit bis zum Gelben Fluss, wo wir uns verabschieden. Die beiden übergeben mir einen Brief und zeigen mir noch einmal, in welche Richtung ich fahren muss. Die Brief ist für das Sportkomitee in Wuhai bestimmt, die Adresse steht auf dem Umschlag.

Endlich begreife ich, woher der Gelbe Fluss seinen Namen hat: von dem goldgelben Wüstensand.

In Wuhai zeige ich den Brief einfach einem Mann auf der Straße, und er bringt mich zu einer Familie, die mir ein Handtuch, ein Stück Seife und eine bemalte Aluminiumschüssel gibt, damit ich mich frisch machen kann. Kurz darauf kommt ein zierlicher, freundlicher alter Mann mit glänzenden Augen und ausgebreiteten Armen auf mich zu: »Willkommen, willkommen, ich bin sehr glücklich, Sie kennen zu lernen. Sie machen uns mit Ihrem Besuch eine große Freude. Ich heiße Fang.« Fang spricht fließend Englisch. Er hat es in Shanghai gelernt, der größten Hafenstadt Chinas, die er während der Kulturrevolution gezwungenermaßen verlassen musste, wie er mir später erzählt.

Mein Gepäck wird in ein Hotel gebracht, wo man mir ein Luxuszimmer mit Fernseher und Bad herrichtet. Herr Fang bringt mich in das Restaurant gegenüber, in dem die Köche mit Feuereifer ein schmackhaftes Abendessen zubereiten. Der runde Tisch biegt sich unter den Gerichten: Kamelfleisch und andere

Speisen, die ich noch nie gesehen, geschweige denn probiert habe. Ich nehme von jedem ein bisschen und fühle mich unbehaglich, weil die Köche so viele leckere Sachen auf den Tisch gezaubert haben und ich so wenig davon esse; meine Gedärme machen nicht mit. Nach und nach kommen noch mehr Gäste: Hohe städtische Beamte setzen sich zu uns, um mich in Augenschein zu nehmen. Nach dem Essen will ich mich zurückziehen, aber schon füllt sich mein Zimmer mit Beamten, Mitgliedern des Sportkomitees und Reportern, und schließlich spaziert auch noch das regionale Fernsehteam herein. Mir dreht sich der Kopf. Mein Rad wird auf die Straße hinausgebracht, wo schon die Kameras bereitstehen. Zur Zufriedenheit der Fernsehleute fahre ich ein Stück hin und zurück, und dann lande ich statt in meinem Zimmer in einem großen Konferenzsaal. Zusammen mit Herrn Fang, meinem ständigen Dolmetscher, betrete ich das Podium, nehme an einem großen Tisch Platz, und das Frage-und-Antwortspiel kann beginnen. Ein Saal voll interessierter Menschen stellt Fragen, die Reporter schreiben eifrig meine Fahrradgeschichte auf, und die schwarzen chinesischen Kästen der Fotografen klicken ununterbrochen. Nicht ohne Heimweh erzähle ich von meiner Fahrt durch Indien, Nepal, Tibet und China. Doch als ich zu meiner Begegnung mit Kumari komme, halte ich inne. Nein, das behältst du für dich, schießt es mir durch den Kopf. Ich rede anderthalb Stunden am Stück, und die Reporter sind hellauf begeistert. Dann bin ich plötzlich so müde, dass ich mich nur noch auf mein Zimmer zurückziehen will. Aber man bringt mich von neuem in das Restaurant und tischt mir ein zweites Abendessen auf. Um elf bin ich endlich allein und schlafe sofort ein.

Am nächsten Morgen steht im selben Restaurant ein üppiges Frühstück bereit, und außer Herrn Fang sind auch der Bezirksvorsitzende und ein weiterer Vertreter des Sportkomitees anwesend. Nach Beendigung der Mahlzeit stehen alle auf, und Fang hält eine Abschiedsrede: »Sie sind eine nette, eine psychisch und physisch starke Frau. Wir haben großen Respekt vor Ihnen, weil Sie mit einfachen Mitteln ein großes Abenteuer unternehmen. Dass Sie keine Angst haben, allein zu reisen, beeindruckt uns tief, und deshalb überreichen wir Ihnen dieses Geschenk.«

Ich öffne das Päckchen, und zum Vorschein kommt ein Stapel neuer Banknoten, hundert Einyuanscheine. Ich bin beschämt. Die Summe entspricht zwei Monatslöhnen eines chinesischen Fabrikarbeiters.

Meine Fahrradreise ist etwas ganz Besonderes für mich. Sie bringt Entbehrungen mit sich, gleichzeitig aber erlebe ich sie als einen Luxus, einfach weil ich die Möglichkeit und die Freiheit habe, so zu reisen. Und mein Respekt wächst – vor dem alten Wu Keli, der fünfzehnhundert Kilometer auf einem Rad ohne Gangschaltung zurückgelegt hat, vor all den einfachen Menschen in Asien, die so hart arbeiten müssen und keine Freiheit kennen, vor all jenen, die in ärmlichsten Verhältnissen leben und trotzdem glücklich und zufrieden sind.

Die drei Männer geben mir das Geleit, bis ich auf der Abkürzung nach Dengkou zwischen den Kamelen in der Wüste stehe. Fang erzählt mir noch, dass er während der Kulturrevolution mit vielen anderen in die Innere Mongolei verfrachtet wurde. »Wir waren Arbeitsmaterial, Menschen ohne Gefühle. Individuelle Gefühle wurden im Interesse der Volksrepublik China ausgeschaltet.« Fangs Geschichte geht mir noch lange im Kopf herum, als ich zwischen Kamelen und Schafen über die weite Sandfläche fahre.

Von dem zweifachen Abendessen und dem kräftigen Frühstück kann ich noch reichlich zehren. Kurz vor Dengkou erwartet mich ein Jeep, und ehe ich michs versehe, sitze ich, vom örtlichen Sportkomitee umgeben, in einem Hotel. Meine Ankunft und das Ziel meiner Reise sind bereits telefonisch durchgegeben worden. Am Abend stellt jemand den Fernseher an, und zu meiner Verblüffung sehe ich mich selbst über den Bildschirm radeln.

Am nächsten Tag bringt mich mein Reiseführer und Begleiter, der Gelbe Fluss, nach Lihne, wo man mich ebenfalls willkommen heißt. Als mein Hotelzimmer bereits voller Menschen ist, kommt noch jemand mit zehn Melonen herein. Überall liegen nun Melonen, auf meinem Bett, auf dem kleinen Tisch, rings um mein Rad und mein Gepäck. Ich bitte den Englischlehrer, der für die Dauer meines Aufenthalts vom Unterricht freigestellt ist, alles zu übersetzen und mir bei der Suche nach einem Frisör behilflich zu sein.

Jeder, der in China mit einer Schere umgehen kann, ist Frisör, und jeder Kunde bekommt den gleichen Haarschnitt. Trotz des erfrischenden Gefühls verabscheue ich meinen kurz geschnittenen »Mao-Kopf« und versuche ihn mit einem Tuch zu verhüllen. Bis elf Uhr abends gehen Journalisten bei mir ein und aus. Der eine ist noch nicht zur Tür hinaus, da steht schon der nächste auf der Schwelle. Ich frage mich, ob Guo, mein Dolmetscher, nicht allmählich genug hat. Um halb zwölf lege ich mich endlich zwischen den Melonen schlafen.

Guo hat noch einen Tag freibekommen, um mir die Stadt zu zeigen. Wir gehen auf den Markt, wofür ich immer zu haben bin, weil Märkte viel über die Besonderheiten einer Gegend aussagen. Vor einem an die Wand gehefteten Schnittmuster erteilt ein Mann theoretischen Nähunterricht. Ein Stück weiter hat man ein riesiges Laken mit aufgemalten großen und kleinen Schweinen aufgehängt, und davor liegen kleine Tüten mit wachstumsfördernden Mitteln für Schweine. Als wir zum Mittagessen in ein Restaurant gehen, geraten wir zufällig in eine Hochzeitsfeier. Die Braut wirkt, als hätte sie in Stärke gebadet; steif geht sie in ihrem roten Kostüm umher, während der ziemlich angeheiterte Bräutigam Verwandten und Freunden kleine irdene Becher mit Maotai* voll schenkt, einem Schnaps aus Weizen und Sorghum mit einem Alkoholgehalt von fünfundfünfzig Prozent. Die festliche Stimmung steigert sich noch, als Guo und ich an dem Trinkgelage teilnehmen. Gegen zwei kehren wir ins Hotel zurück. Der Tisch in meinem Zimmer steht voller Weinflaschen. Was soll ich mit all dem Wein und den Bergen von Melonen?

Um vier holt mich Guo zur Besichtigung einer landwirtschaftlichen Genossenschaft ab. Wir radeln aus der Stadt hinaus und melden uns in einem Büro. Zwei Verwalterinnen begleiten uns auf unserem Rundgang. Die Arbeiter in den ausgedehnten Obstgärten und auf den mehrere Hektar großen Melonen- und Gemüsefeldern bekommen den staatlichen Mindestlohn. Sie lachen mich freundlich an, aber ich wage keine kritischen Fragen zu stellen. Sie bitten mich, auf einen mit Melonen und Kürbissen beladenen Wagen zu klettern, damit sie ein schönes Foto von mir machen können, doch als ich mich setzen will, kullere ich mitsamt den fußballgroßen Früchten zu Boden. Seit Wochen habe ich nicht mehr so gelacht. Mein Rad wird mit mindestens zwanzig Kilo Obst behängt.

Guo lädt mich zum Abendessen bei seinen Eltern ein. Die ganze Verwandtschaft ist versammelt. Die uralten Großeltern sind stolz auf ihren Enkel, weil er einen ausländischen Gast mitgebracht hat, und laden mich für den nächsten Morgen zum Frühstück ein. Guos Schwestern setzen sich neben mich und sehen mich mit großen fragenden Augen unverwandt an. Ein wenig verlegen überreichen sie mir ein Geschenk: zwei zierliche goldene Engel.

Und so radle ich mit meinen Engeln nach Wuyuan weiter. Meine Gedärme sind in Aufruhr und grummeln unaufhörlich. Die Trennwände in den öffentlichen Toiletten verbergen zwar das Hinterteil der

Nachbarin, dämpfen aber nicht die Geräusche. Jeder verrichtet über den randvollen Öffnungen ungeniert seine Geschäfte. Dass auch die Chinesen Probleme mit der Verdauung zu haben scheinen, ist mir ein schwacher Trost.

Mit angenehmem Rückenwind komme ich schon um zwei in Wuyuan an. Als ich gegen Abend endlich allein bin und in aller Ruhe die Route durch die Steppen der Inneren Mongolei nach Hohhot ausarbeite, bekomme ich überraschend Besuch von einem streng dreinblickenden Polizisten, der sich meinen Pass geben lässt. Ich rieche den Braten, mache mir aber vorerst keine Sorgen und sinke in einen tiefen Schlaf.

Als ich am nächsten Morgen ins Polizeirevier komme, werde ich im Auto zum Hotel zurückgebracht, mit der Anweisung, mein Zimmer nicht zu verlassen und auf nähere Instruktionen zu warten. Aber ich habe nicht vor, mich kleinkriegen zu lassen. Um halb drei hält ein Polizeiwagen vor dem Hotel, und zwei Beamte bringen mich aufs Revier. Dort sitzt an einem Holztisch ein dicker, kleiner Mann mit einem geringschätzigen Zug um den Mund und versucht einen gewichtigen Eindruck zu machen. Ein Stuhl steht für mich bereit. Ein Englischlehrer der örtlichen Oberschule soll dolmetschen.

Noch etwa zwölf weitere Polizisten und Beamte stehen und sitzen in dem kleinen Saal. Man fordert mich auf, Platz zu nehmen, und das Verhör kann beginnen. Bevor er strafend das Wort an mich richtet, zündet sich der Dicke eine stinkende Zigarette an. Dann legt er Kugelschreiber und Papier zurecht, und nach einem röchelnden Raucherhusten vollführt er den Eröffnungszug eines drei Stunden währenden verbalen Schachspiels.

»Kennen Sie nicht die Bestimmungen? Sie fahren durch verbotenes Gebiet, und dafür müssen Sie bestraft werden.«

Einen Moment lang habe ich das Gefühl, ich müsste eine Wespe hinunterschlucken, aber dann sprudeln die Worte nur so aus mir hervor.

»Ich komme aus den Niederlanden, wo alles Rad fährt, genau wie in China. Soviel ich weiß, gibt es auf der ganzen Welt nur zwei Länder, in denen so viel geradelt wird: die Niederlande und China. Deshalb bin ich in Ihrem wunderschönen Land mit seinen freundlichen Menschen mit dem Fahrrad unterwegs. Was für Bestimmungen meinen Sie? Außerdem kann ich die chinesische Schrift nicht lesen. Chinesisch ist eine schöne, aber schwierige Sprache. Gibt es die Bestimmungen, von denen Sie reden, auch auf Englisch zu kaufen?«

Die Gegenpartei hat sich in der kurzen Zeit bereits die dritte Zigarette angezündet und ignoriert meine Worte.

»Sie haben sich ein schweres Vergehen zuschulden kommen lassen, und dafür wird man Sie bestrafen.«

»Bestrafen? Ich liebe Ihr Land, ich respektiere meine Mitmenschen, ich habe niemanden umgebracht und nichts gestohlen. Wie können Sie mich da bestrafen?«

Jetzt nebelt er mich mit dem Rauch seiner vierten

Zigarette ein, als wollte er mich vergiften. Er ist wieder am Zug. Diesmal schiebt er mir ein Blatt Papier hin, und ich muss näher an den Tisch heranrücken, um schreiben zu können. So sehe ich, dass seine Nasenflügel zittern. Er diktiert, und Miao, der Englischlehrer, übersetzt: »Ich habe einen großen Fehler gemacht, indem ich chinesisches Gesetz übertreten habe. Ich entschuldige mich dafür und akzeptiere, dass ich für mein Fehlverhalten bestraft werde.«

Ich schreibe alles fein säuberlich auf und schließe mit den Worten: »Ich liebe China und bin mir keiner Schuld bewusst.«

Miao liest das Schriftstück auf Chinesisch vor, und bei den letzten Worten läuft mein Gegner puterrot an. Er zerreißt das Papier, und ich muss den Text noch einmal schreiben. Damit er nicht vor Wut platzt, gehorche ich ohne Widerrede. Inzwischen ist eine Stunde vergangen; die Menschen im Saal sind mucksmäuschenstill. Ich betrachte die holzwurmzerfressenen Beine des Stuhls, auf dem der Beamte sitzt, und frage mich, wann der Stuhl unter ihm zusammenkracht. Es sieht aus, als würde der träge Leib von den hölzernen Armlehnen zusammengehalten.

Die zweite Runde des Schachspiels kann beginnen. Ich komme mit dem Zählen nicht mehr nach, schätze aber, dass mein Gegner inzwischen gut ein halbes Päckchen Zigaretten konsumiert hat. Vor Beginn der zweiten Runde frage ich, ob ich kurz an die frische Luft kann. Draußen finde ich mein Gleichgewicht wieder. Meine Gedanken fliegen zu Kumari. Gestern dachte ich noch: Vielleicht werde ich irgendwann mit ihr zusammen um die Welt radeln. Das kann ich jetzt vergessen. Ich fühle mich in die Enge getrieben, doch nach einem kleinen Spaziergang kehre ich erfrischt in den Saal zurück und lasse den Vertreter des chinesischen Gesetzes, der sich inzwischen bestimmt eine Strafe für mich ausgedacht hat, das Spiel fortsetzen.

Ich sitze noch nicht auf meinem Stuhl, da attackiert er mich schon, und seine Beine unter dem Tisch zucken nervös. Bereits beim ersten Satz überschlägt sich seine Stimme, was für eine chinesische Autoritätsperson höchst ungewöhnlich ist, da die »Herrschenden« normalerweise nicht so leicht aus der Fassung geraten. Es ist das erste Mal, dass ich in Asien einen nervösen Menschen sehe. Er tut, als hätte ich jemanden ermordet.

»Sie müssen hundert Dollar zahlen, Ihr Fahrrad wird beschlagnahmt, und Sie werden in den Zug nach Peking gesetzt.«

Jetzt fange ich an zu kochen, aber die chinesischen Engel besänftigen mich wieder. Da alles erst übersetzt werden muss, habe ich Zeit, mir eine Antwort zurechtzulegen.

»Vielleicht wissen Sie es noch nicht, aber ich komme aus den Niederlanden. Dort haben wir keine Dollar, sondern Gulden. Ich komme nicht aus Amerika.« Ich krame in meiner Tasche und finde noch zwei Gulden und ein paar Viertelgulden- und Zehncentstücke.

Ich merke, dass er von der Existenz der Niederlande keine Ahnung hat. »Und mein Fahrrad – mit dem bin ich sozusagen verheiratet, mein Rad ist mein Genosse und mein Mann. Sie können mich nicht einfach davon trennen.«

Ich spüre, dass die Zuschauer auf meiner Seite sind. Räuspernd verbeißen sie sich das Lachen. Ich habe das Gefühl, meinen Gegenspieler schachmatt gesetzt zu haben.

Aber er beachtet meine Worte nicht und fährt fort: »Sie fahren nach Peking, dort rufen Sie Ihre Eltern an, sie sollen Ihnen hundert Dollar schicken, und die bringen Sie mir dann hierher.«

»Ich habe Ihnen gerade gesagt, dass wir keine Dollar, sondern Gulden haben. Aber gut, wenn Sie mir drei Bahnfahrten und zwanzig Übernachtungen in Peking bezahlen, fahre ich gern. Es dauert nämlich ziemlich lange, bis das Geld kommt. Und wie soll ich es Ihnen bringen, wo ich Ihr verbotenes Gebiet doch nicht betreten darf? Sie dürfen nicht glauben, dass ich reich bin und so viele Dollar habe wie die Innere Mongolei Melonen.«

Ich höre das Blut in seinen Adern zischen und brausen. Unter dem Schreibtisch bewegen sich seine Füße noch heftiger als zuvor. Seine Zigarettenpackung ist fast leer. Ich frage ihn, ob er ein Telefon hat und ob ich es benutzen kann, um die niederländische Botschaft anzurufen und Bescheid zu geben, dass ich in Schwierigkeiten bin. Von dort aus würden dann Presse und Fernsehen darüber informiert, dass eine bekannte Globetrotterin in China Probleme hat. Zum Schluss frage ich noch: »Wie ist Ihr Name?«

»Den sag ich Ihnen nicht.«

»Oder haben Sie irgendeine Nummer, sonst wissen die ja nicht, mit wem ich hier Probleme habe«, sage ich so freundlich wie möglich.

Inzwischen sind drei Stunden vergangen, und er kommt mit seinem Machtanspruch nicht mehr zu Rande.

»Bringt die Frau augenblicklich zum Bahnhof und setzt sie in den Zug nach Peking.«

Wieder im Hotel, packe ich meine Sachen und lasse die Melonen zurück. Ein Fahrer, Miao, der Lehrer, und ein älterer Polizist sollen mich wegbringen. Mitleidig sehen sie mich an und schlagen vor, im Hotel erst noch eine Kleinigkeit zu essen. Ich sage, dass ich in dieser Stadt keinen Krümel mehr essen werde, aber es gelingt ihnen, mich zu überreden. Ich merke, dass die drei Männer es gut mit mir meinen, dass sie solidarisch sind und selbst unter dem Joch des chinesischen Systems stöhnen, in diesem reglementierten Land, in dem man die menschliche Freiheit lange suchen kann. Wir fahren dreißig Kilometer schweigend über kleine Landstraßen und erreichen gegen acht unseren Bestimmungsort. Die drei bringen mich nicht zum Bahnhof, sondern in ein Hotel, wo der alte Polizist das lange Schweigen bricht, als seien wir hier aus den Klauen meines Gegners befreit und könnten unsere Herzen öffnen: »Wir mögen den Dicken auch nicht. Wir finden Sie sehr sympathisch und möchten Ihnen einen Vorschlag machen: Wir übernachten hier und setzen Sie morgen in einen Zug, der Sie dreihundert Kilometer weiter in die Steppe bringt. Dort sind Sie weit fort aus dem Blickfeld des Dicken. Jetzt ruhen wir uns eine Weile aus, und dann führen wir Sie in das beste Restaurant, das wir finden können.« Mit Tränen in den Augen nimmt er meine Hand, um seine wohlmeinenden Worte zu bekräftigen und seinem Mitgefühl Ausdruck zu verleihen. In einer Reihe von Restaurants werfen meine drei Freunde einen Blick in die Küche, bis sie eines finden, in dem ihrer Meinung nach die besten Nudeln gemacht werden. Geschickt zieht der Koch einen Teigklumpen zu etwa dreißig Zentimeter langen gleichmäßigen Fäden, die er in eine duftende Fleisch- und Gemüsebrühe gleiten lässt. Während wir auf das Essen warten, kaufen mir die Männer abwechselnd kleine Geschenke: Süßigkeiten, Melonen und anderes mehr. So verbringen wir zu viert einen gemütlichen Abend. Als ich schließlich in der prächtigen Dampfeisenbahn sitze, vergesse ich den Vorfall mit dem Polizisten und freue mich auf die Fahrt durch die Steppe.

## Die Steppen der Mongolei

Glänzendes grünes Gras wiegt sich im Wind, so weit das Auge reicht. In der grünen Stadt Hohhot lege ich eine mehrtägige Rast ein und suche wegen meines hartnäckigen Durchfalls einen Arzt auf. Im erstbesten Krankenhaus zapft mir der Dienst habende Arzt einige Tropfen Blut aus dem linken Ohr ab, und hinter einem Vorhang in einer Ecke des Sprechzimmers muss ich ein Döschen von der Größe einer Streichholzschachtel mit einer Stuhlprobe füllen. Mit bloßem Auge und Laborblick studiert der Arzt den Inhalt, und nachdem er mir den Puls gefühlt hat, steht die Diagnose für ihn fest: Amöbenruhr.

In der Apotheke gegenüber werden allerlei Kräuter aus diversen Schubladen auf ein Stück Zeitungspapier geworfen, gemischt und zu einem Pulver zerstampft, das mich hoffentlich von dieser Parasitenattacke kurieren wird. Und – Wunder über Wunder – es wirkt tatsächlich, und ich kann mit neuer Energie die nächste Etappe in Angriff nehmen: Wulantuge.

Den ganzen Vormittag hängen schwere Regenwolken über mir, und um Mittag öffnen sich die Schleusen. Gegen Abend klart es wieder auf, und ich steuere, jetzt wieder gegen den Wind, durch das herrliche Grasland auf Wulantuge zu, das ich erst nach Einbruch der Dunkelheit erreiche. Dort liege ich dann unter mehreren Decken auf bunten Drachenkopfteppichen in einer Jurte* mitten in der Steppe. Mein Rad ist zwar kaum noch zu gebrauchen, aber jetzt, da ich mich in den Steppen der Mongolei befinde, wo Herden von Wildpferden mich furchtlos ansehen, kümmert mich das nicht mehr. Mein Hunger nach dem Grasland ist unstillbar, und ich beschließe, noch weiter in die Innere Mongolei hineinzufahren, in Richtung Siziwang und Tomortei. An meinem Rad brechen fortwährend Speichen, und da ich kein Schutzblech mehr habe, spritzt mir der braune Matsch mitten ins Gesicht. Ich brauche zwei Stunden, um mir mit dem Werkzeug eines Lastwagenfahrers, der mir überaus freundlich zur Hand geht, ein Schutzblech chinesischer Bauart auf das richtige Maß zurechtzuschneiden.

Mit Kaffee, gefüllten Teigtaschen und Honig beginne ich den Tag in meinem Zimmer in Siziwang. Durch die Gardine fällt mein Blick auf einen Regenschleier, und ich komme mir vor wie in den Niederlanden. Vielleicht ist hier deshalb das Gras grüner als grün. Aber wieso ziehen dann dreißig Kilometer von hier entfernt Kamele durch die Wüste Gobi?

Ich muss noch gut einen halben Tag an meinem Fahrrad arbeiten, um die letzten siebenhundert Kilometer durch die Innere Mongolei schaffen zu können. Um vier reißen die Wolken auf, und ich mache mich zu Fuß auf einen Erkundungsgang durch die unberührte Natur. Überall begegnen mir freundliche Menschen, und ich staune, dass hier im Gegensatz zum übrigen China praktisch alle gläubig sind. Moslems, Buddhisten und Katholiken leben in der Steppe mit ihren Familien friedlich nebeneinander, neue Stupas* und Tempel werden gebaut, alte werden renoviert. Auch in Sachen Ein-Kind-Politik sind die Verhältnisse auf dem Land anders als in der Stadt. Die Bauern dürfen mehr Kinder haben, weil sie Arbeitskräfte für Feldarbeit und Landerschließung brauchen.

Liebe Kumari,
mehrere tausend Kilometer sind wir voneinander entfernt, aber in Gedanken bin ich bei dir. Dein Foto steht auf einem weichen, dunkelroten mongolischen Teppich in einer Jurte in der Inneren Mongolei, dem Land, aus dem deine Ur-Ur-Urgroßeltern gekommen sind, was mich angesichts der Ähnlichkeit nicht wundert.

Denk nicht, ich hätte dich vergessen oder ich lasse dich im Stich. Aber ich brauche noch etwas Zeit, um richtig handeln zu können und die Unebenheiten in meinem Gefühlsleben zu beseitigen. Meine Verwirrung und meine Emotionen könnten zu falschen Entscheidungen führen.

Ich bin hier die einzige Touristin und darf, solange keine anderen Touristen kommen, kostenlos in dieser Jurte wohnen.

Während ich über das Grasland gehe, werden meine Träume und Phantasien Wirklichkeit. Hand in Hand wandern wir singend über die endlose Steppe. Ich weiß, dass ich dich liebe, und misstraue diesen Gefühlen nicht. Diese Reise ist ein Höhepunkt in meinem Leben, und meine Liebe zu dir ist das tiefste Gefühl meines Lebens, tief und unerklärlich. Ich werde dieser tiefen und reinen Zuneigung Gestalt geben.

Mach's gut, mein kleines Mädchen, warte noch ein wenig auf mich. Meine Tränen rinnen über die grünen Grashalme ins Herz der Pflanze.

In der Ferne traben und galoppieren Pferde durchs wehende Gras und schütteln wiehernd ihre Mähnen.

Liebe Kumari, in meinem Herzen wohnt ein Kind, und das bist du.

Meine Träume und das stille Glücksgefühl finden ein jähes Ende, als ein Bus voller Touristen aus Hongkong die Ruhe mit moderner Musik aus Kassettenrekordern zerstört. Die Mongolen eilen in ihre Jurten, um sich für ein paar Hongkong-Dollar schnell in die traditionelle Tracht zu werfen. Die ganze Atmosphäre verändert sich. Ich ziehe mich zurück, um der CITS-Führerin* zu entkommen.

Eine der Jurten wird in ein Festzelt umgewandelt, und das Ehepaar, das vermutlich schon Dutzende von Malen für die Touristen in den Stand der Ehe getreten ist, ohne je geschieden worden zu sein, bereitet sich darauf vor, zum x-ten Mal zu heiraten. Am

Abend dringt Rauch aus der größten Jurte, in der sich die Touristen echte mongolische Tänze ansehen. Ich mische mich unauffällig unter sie, doch die CITS-Frau wittert mich aus der Entfernung wie ein Spürhund und setzt sich neben mich, um Näheres über meinen Aufenthalt hier zu erfahren. Ihr Englisch ist nur allzu gut, und mit einem grimmigen kleinen Lächeln fragt sie mich: »Wie kommen Sie hierher?« Sie meint es zu ernst, als dass ich sie mit einer scherzhaften Antwort abfertigen könnte, und so sage ich wahrheitsgemäß: »Mit dem Rad.«

»Aber Sie dürfen hier nicht allein reisen, schon gar nicht mit dem Rad.«

Ich schmücke meine Fahrradgeschichten ein wenig aus, sehe aber an ihrem Blick, dass sie mir keinen freien Abzug gewähren wird. Sie tut, als sei sie die Besitzerin der Steppe, und ich frage sie auch, ob die Steppe ihr gehöre. Sie ist schrecklich pikiert und presst wütend die schmalen Lippen aufeinander. Die Gefahr, dass sie die Polizei verständigt, ist nicht gering, und da die Touristen aus Hongkong mehrere Tage bleiben wollen, beschließe ich, am nächsten Morgen in aller Herrgottsfrühe weiterzufahren.

Zwei Mongolen, die in mein Zelt kommen und singen, bescheren mir noch einen schönen, bewegenden Abend. Ihr Gesang erinnert mich an den der Nepalesen und Tibeter. Ich sage ihnen den Grund meiner Abreise und bitte sie, den anderen in meinem Namen für ihre Gastfreundschaft zu danken.

Als ich wieder auf dem Rad sitze, bedaure ich, nicht schon öfter so früh aufgebrochen zu sein. Das

Morgenlicht ist etwas ebenso Herrliches wie das Abendlicht. Und auch die erhabene Stille über der endlosen Grasfläche ist etwas ganz Besonderes.

Wo die Sonne aufgeht, ist Osten, und dort liegt Tomortei. Ich stehe mitten in der von zahlreichen Pfaden wie von Adern durchzogenen Steppe. Die Schafhirten sind freundlich und weisen mir den Weg, aber jeder zeigt in eine andere Richtung. Ein Chinese gibt aus lauter Höflichkeit lieber eine falsche Antwort als gar keine.

Ein trockener Weg voller Risse bringt mich in ein Dorf mit einem kleinen Laden. Als ich neugierig in die Holzregale schaue, kommt jemand herein und lädt mich zu einer mongolischen Familie ein. Die Hälfte des Wohnraums wird von dem erhöhten so genannten »Ofenbett« eingenommen, in dem die ganze Familie schläft. Von der Kochstelle in der Ecke läuft das Ofenrohr darunter durch, sodass das Bett abends schön warm ist. Von fünf Uhr nachmittags bis neun sitze ich im Lotossitz mit einer Öllampe dort oben. Ganze Gruppen von Kindern und anderen Dorfbewohnern kommen herein, um mich zu besichtigen. Die Kinder treten mit aufgerissenen Augen zögernd näher. Um neun liege ich zwischen der Mutter und ihren vier Töchtern in dem angewärmten Bett. Die Frau nimmt meine Hände, die im Vergleich zu ihren riesig wirken. Nach eingehender Untersuchung beginnt sie meine Hand zu streicheln. An der Wand hängt ein Heiligenbild, und vor dem Schlafengehen werden christliche Lieder gesungen, so klar und schön, dass ich unversehens in tiefen Schlaf sinke.

Am Morgen kommen die Männer mit einem Korb voller Fische herein, die sie in einem der neunundneunzig kleinen Seen der Region gefangen haben, und um acht steht eine riesige Platte mit gebratenem Fisch, gedämpften Momos, Röstzwiebeln, Fleisch, süßsaurem Gemüse, gefüllten Teigtaschen und Tee mit frischer Ziegenmilch auf dem Ofenbett. Als ich aufbreche und die Familie und einige Dorfbewohner mir nachwinken, fließen die Tränen unaufhaltsam. Ich verstehe die Welt nicht mehr. Ist es Zufall, dass ich auf meiner Fahrradreise so vielen netten Menschen begegne?

Die Sonne scheint angenehm warm, und auf den Flügeln des Windes fliege ich über das Grasland. Auf halbem Wege sehe ich plötzlich Hunderte von Pferden. Ich stelle mein Rad ab und setzte mich zu den »Cowboys«, um das Schauspiel in mich aufzunehmen. Ich versuche die Tiere zu zählen, aber das ist unmöglich. Ihr glänzendes Fell variiert zwischen dunkel- und schokoladenbraun. Offenen Mundes schaue ich zu, wie die Cowboys die Herde weitertreiben.

Wieder passiere ich malerische Dörfer, und am frühen Abend komme ich in Tomortei an. Von meinem Hotelzimmer aus sehe ich eine Dampfeisenbahn, die sich wie eine schwarze Schlange gegen den hellblauen Himmel abhebt. Ihr rhythmisches Stampfen erinnert mich an eine Welt, die so ganz anders ist: die der Nomaden in Tibet und der Mongolei, eine Welt, die durch kein Maschinengeräusch gestört wird. Die Menschen in der Inneren Mongolei sind den Tibetern sehr ähnlich, in Tomortei aber sehen die Leute wieder eher chinesisch aus. Hundert Kilometer südlich von Tomortei liegt Jining, und das bedeutet, dass ich nur noch drei Tage von meinem Endziel Peking entfernt bin. Für Jining habe ich eine Genehmigung, aber wahrscheinlich werde ich sie nicht brauchen, nachdem ich nun schon so viele Kilometer durch verbotenes Gebiet gefahren bin.

Wieder einmal hören die Asphaltstraßen auf, und ich radle über schlammige, holprige Wege. Es dürfte wohl mein letzter Tag in der Steppe sein, vielleicht sogar die letzte Stunde, denn mir folgt ein Wagen in dem wohl bekannten Blau-Weiß. Verstecken kann ich mich nirgends, das Gras ist zu kurz. Der Fahrer bedeutet mir anzuhalten. Ein freundlicher Polizist steigt aus und will meinen Pass sehen. In leidlichem Englisch sagt er: »Von mir aus können Sie überall Rad fahren, nur nicht in meinem Bezirk. So sind nun einmal die Bestimmungen. Folgen Sie mir.« Widerwillig fahre ich hinter ihm her nach Qahar Youyo Houqi. Vor einem Restaurant halten wir. Ich habe das Gefühl, der Polizist will Eindruck schinden mit seinem ausländischen Fang. Niemand geht achtlos an dem Restaurant vorbei, jeder drückt sich einen Moment lang die Nase an den Scheiben platt, die seit der Kulturrevolution nicht mehr geputzt worden sind. Nach dem Essen muss ich fünf Yuan Strafe zahlen. Für jeden Yuan bekomme ich eine Quittung, fünf Zettel, die ich fein säuberlich untereinander in mein Tagebuch klebe. Ich frage, ob ich die erste Ausländerin bin, die mit einer Geldstrafe belegt wird. Stolz und ein wenig enttäuscht bejaht der Polizist.

Schade, dass ich das letzte kurze Stück noch mit dem Zug zurücklegen muss; mit dem Rad wäre ich wahrscheinlich schneller gewesen. Der Zug ächzt und stöhnt, rüttelt und schüttelt und rülpst, als wäre er betrunken, und gleitet dann überraschend ruhig mit einem Seufzer in den Bahnhof von Jining hinein, wo ich im wahrsten Sinne des Wortes wieder der Polizei in die Hände falle. Ich werde in den Erster-Klasse-Wartesaal gebracht. Ein blutjunger Beamter, der sich überaus gewichtig gebärdet, erscheint auf der Bildfläche. Vergnügt zeige ich ihm meine Genehmigung, doch er reagiert förmlich: »Diese Genehmigung war nur bis gestern gültig, Sie müssen diesen Ort so schnell wie möglich wieder verlassen. Bis dahin bleiben Sie hier. Wir besorgen Ihnen auf Ihre Kosten eine Fahrkarte nach Peking.«

Ich frage ihn, ob ich etwas essen oder mich in einen anderen Wartesaal setzen kann, ich würde zum einfachen Volk gehören und hätte etwas gegen Erster-Klasse-Wartesäle. Pikiert schreitet er davon und kommt mit zwei anderen Beamten wieder, die mich zum Markt eskortieren. Ich komme mir einfach lächerlich vor. Das bürokratische Bürschchen hat auf mich gewartet und lenkt ein wenig ein: »Ich könnte Ihr Fahrrad beschlagnahmen und Ihnen eine Geldbuße von zweihundert Yuan auferlegen. Aber Sie sind eine sympathische Frau, und deshalb werde ich Sie nicht bestrafen. Wir setzen Sie noch heute Abend in den Zug nach Peking.«

Woran liegt es nur, dass ein Mensch den Wunsch hat, Macht über einen anderen auszuüben? Mir wird kaum bewusst, dass hier in Jining meine fast fünfzehntausend Kilometer lange Reise zu Ende ist. Um neun stehe ich zwischen spuckenden und auf den Boden rotzenden Chinesen in einer prächtigen Dampfeisenbahn und schaue traurig aus dem Fenster, voll Sehnsucht nach der Freiheit, die man mir genommen hat. Ich habe schreckliches Heimweh nach den Steppen der Inneren Mongolei und sehne mich nach Kumari.

In Peking warte ich zweieinhalb Stunden vergeblich auf mein Rad, dann heißt es, ich solle um halb zwei wiederkommen. Schmutzig und von all dem Ärger niedergedrückt fahre ich im Taxi zu einem Hotel, wo ich in einem übervollen Schlafsaal ein Bett ergattere, das noch von der gerade abgereisten Touristin warm ist. Müde, wie ich bin, schlafe ich bis vier und haste dann so schnell wie möglich zum Bahnhof, um dort festzustellen, dass mein Rad mir tatsächlich gefolgt ist. Verwundert und mit Tränen in den Augen inspiziere ich das verbogene Hinterrad, die gerissene Felge und den schwer beschädigten Rahmen. Die Beamten zucken nur die Schultern, genau wie ich. Mir bleibt nur, ins Hotel zurückzukehren und meine Lage zu überdenken. Ist dies das Ende meiner Fahrradreise?

In aller Frühe gehe ich zur niederländischen Botschaft und frage um Rat. »Machen Sie sich keine Hoffnungen«, heißt es dort. »Wir kennen die Chinesen und empfehlen Ihnen, das kaputte Rad einfach mitzunehmen.«

Ich mache mich auf den endgültigen Abschied von meinem Zweirad gefasst und gehe wieder zum Bahnhof. Aber wer beschreibt mein Erstaunen, als ich dort ankomme? Die Bahnbediensteten haben eine Sitzung abgehalten, und ihr Vorschlag lautet: Entweder ich bekomme eine finanzielle Entschädigung, oder ich kann mir in einer chinesischen Fabrik ein neues Rad aussuchen. Meine Entscheidung ist schnell getroffen, und mit zweien der Beamten gehe ich auch gleich zur Fahrradfabrik. Zwei verschiedene Modelle werden dort hergestellt: das einfache Volksrad und der Rolls-Royce auf zwei Rädern namens Forever oder Flying Pigeon, in den Farben Grün oder Schwarz. Ich bekomme eine Werksführung und werde mit Mitarbeitern und einem Fahrradkonstrukteur bekannt gemacht. Man rät mir zu dem schwarzen Forever, dem luxuriösesten Rad Chinas, dessen Lackierung außerdem haltbarer sei. Jeder fährt hier ein namenloses Volksrad, nur wenige Privilegierte dürfen das Luxusmodell kaufen. In einer Fabrik mit dreihundert Arbeitern bekommen im Durchschnitt zwei von ihnen, Menschen, die hart und vor allem vorbildlich gearbeitet haben, einen Bonus und Gutscheine, mit denen sie – von ihrem eigenen Geld – das Forever erwerben können.

Mit meinem nagelneuen Forever radle ich zum Bahnhof zurück, um mein altes Rad zu fotografieren, und auf dem Weg zum Hotel merke ich, dass ich in der Tat einen Luxusgegenstand besitze. Mehrere Chinesen möchten mir das Rad abkaufen, andere schauen mir mit großen Augen nach.

Mit dem Zug fahre ich nach Shanhaiguan, einer über dreitausend Jahre alten Stadt am Ostende der Großen Mauer, die hier ins Gelbe Meer mündet. Die Mauer – einst errichtet, um das Land gegen die Außenwelt abzuschirmen – ist hier noch in ihrem ursprünglichen Zustand erhalten, Touristen sind weit und breit nicht zu sehen. Ich schaue von dort oben aus zum Horizont und blicke wehmütig und versunken auf die Erlebnisse des vergangenen Jahres zurück, male mir ein Wiedersehen mit Kumari aus und versuche mich an den Gedanken zu gewöhnen, dass ich in die Niederlande zurückmuss.

Als ich in Peking in meinem Zimmer Vorbereitungen für die Rückreise mit der Transsibirischen Eisenbahn treffe, werde ich ans Telefon gerufen. Es ist Wang Shu, der mich durch das Museum der Chinesischen Revolution geführt hat. Er fragt, ob ich am nächsten Tag zum Essen ins Haus seines Professors mitkommen möchte.

Wang Shu holt mich ab, und auf meinem Forever radeln wir zu seinem Lehrmeister, der in einer Etagenwohnung im dritten Stock wohnt. Sechs Studenten und der Professor sitzen in dem spärlich eingerichteten Zimmer am Tisch. Jeder der Studenten hat ein Gericht zubereitet, und immer wenn ich von einem gekostet habe, muss ich raten, wer der Koch war. Alle studieren Englisch, aber keiner wagt den Mund aufzumachen. Auf meine Frage, warum sie nichts sagen, antworten sie, dass sie sich nicht trauten, weil Ausländer so gut Englisch sprächen und der

Professor dabeisitze, der den höchsten Grad in der englischen Sprache erreicht habe. Als Professor Li kurz hinausgeht, um einem weiteren Gast aufzumachen, lösen sich die Zungen. Ich werde gefragt, ob ich nicht an der Universität einen Vortrag halten möchte, und so stehe ich tags darauf vor einem vollen Hörsaal und erzähle meine Fahrradgeschichte. Dann sind die Zuhörer an der Reihe und überschütten mich mit Fragen über den Westen, über Politik und Freiheit. Eine Studentin lädt mich ein, Tai Chi zu lernen, in einem Park, in dem ihre Mutter zusammen mit fünfzehn anderen Achtzigjährigen jeden Morgen zwischen fünf und sechs übt. Diese Menschen, die so alt, so konzentriert und so gelenkig sind, beeindrucken mich. Zwischen den Vorbereitungen für meine Rückreise versuche ich noch so viel wie möglich zu besichtigen und etwas von der Atmosphäre dieser bedeutenden Stadt aufzunehmen. Ich gehe durch die Straßen oder setze mich auf eine Türstufe und betrachte die chinesische Welt. In einer Straße begegnen mir Männer, die ihren Vogel »ausführen«. Hunde sind nirgends zu sehen; später erfahre ich, dass sie in Peking verboten sind.

Auf dem Platz des Himmlischen Friedens beobachte ich einen Chinesen, der den Touristen folgt und sie heimlich fotografiert. Über ihm schweben prachtvolle Drachen in der Luft. Einen ganzen Film verknipse ich von den Lieferdreirädern, auf denen ein Kind oder ein anderes Familienmitglied den Großvater oder die Großmutter durch die Gegend fährt. Ich knüpfe ein Gespräch mit einem Chinesen an, der bereitwillig über Gewohnheiten, Werte und Normen in China spricht und darüber, dass so viele Ausländer die Chinesen unappetitlich fänden. Auf meine Frage, was er von den Ausländern hält, sagt er: »Ich habe oft gesehen, dass sie sich in ein Taschentuch schnäuzen und es dann in die Tasche stecken. Finden Sie das denn nicht unappetitlich?«

Von den Chinesen heißt es, sie lachten wenig und seien Ausländern gegenüber unfreundlich. In einem der größeren Kaufhäuser, in dem Touristen Geschenke und Souvenirs kaufen können, versucht man dieses Image zu verbessern. Die Kunden geben jedem Angestellten, den sie freundlich finden, ein kleines Bild mit einem lachenden Gesicht darauf. Je mehr lachende Gesichter einer bekommt, desto größer sind seine Aufstiegschancen.

Ich muss nach Hause in die Niederlande. Um zurück zu Kumari zu können, brauche ich ein neues Visum und eine Aufenthaltsgenehmigung für Nepal. Und ich will mich nach Möglichkeiten erkundigen, diesem Mädchen, das ich noch nicht meine Tochter zu nennen wage, zu helfen.

Als ich die Visa für Polen, Russland und die Mongolei beisammenhabe, bleiben mir noch zwei Tage: einer, um das chinesische Forever auseinander zu nehmen und einer, um Mitbringsel für meine Freunde zu kaufen.

Wang Shu ruft an: ob ich zum ersten Discoabend der Universität mitkommen wolle. So gern ich auch möchte – die Zeit kennt keine Gnade: Am nächsten

Tag muss ich früh aufstehen und meine siebentägige Reise mit der Transsibirischen Eisenbahn antreten. Als der Zug Peking verlässt, kehren meine Gedanken wieder zu Kumari zurück.

Liebe Kumari,
ich bin von dir fortgeflogen und -gefahren, doch jetzt nähere ich mich dir wieder.

## Zurück nach Katmandu

Es ist anderthalb Jahre her, seit ich zum ersten Mal hier war. Jetzt werde ich für zwei Gulden in die Hauptstadt Nepals gefahren, zurück zu meiner unvollendeten Reise. Will ich wirklich zu Kumari oder bewegt mich etwas anderes?

Ich suche mir eine einfache Unterkunft in Katmandu, richte mich für eine Woche in dem kleinen Zimmer ein und wandere eine Weile durch die Straßen mit ihren streichholzschachtelkleinen Läden, auf der Suche nach dem vertrauten Duft. Fünf ordentlich untereinander aufgehängte orangefarbene Ziegenköpfe blicken aus gespenstisch leeren Augen auf die Ratten hinab, die sich in dem offenen Abwasserkanal voll fressen. Ich atme ganz vorsichtig, damit die aufgereihten Knoblauchzwiebeln nicht aus den Körben kullern, und stolpere fast über einen klapperdürren Hund. In diesen Gassen scheint sich der ganze Planet zusammenzudrängen: Touristen aus aller Herren Länder sind hier unterwegs. Diejenigen, die eine Trekkingtour hinter sich haben, erkennt man sofort. Sie sind braun gebrannt und haben einen festeren Schritt, sie wirken selbstbewusster und glauben nach drei Trekkingwochen alles über Nepal zu wissen. Ich kaufe ein nepalesisches Wörterbuch und ziehe mich auf die Dachterrasse des Hotels zurück. Wenn ich jeden Tag dreißig Wörter lerne, dann sind es nach zehn Tagen dreihundert, keine schlechte Basis für meine Rückkehr in Kumaris Dorf.

Während meines Aufenthalts in Katmandu spielt sich mein Abendprogramm jeweils in einem der zahlreichen Lokale ab, in denen Touristen aus aller Welt japanische, französische, italienische oder chinesische Leckereien essen; nicht einmal das niederländische Nationalgericht Vlaamse frites fehlt auf den Speisekarten. Es gibt Nepalesen, die Jahr für Jahr Tausende köstlicher Pizzas backen, ohne je selbst eine gegessen zu haben. Der echte Nepalese isst Dhal Bhaat*.

Wie immer suche ich mir einen freien Tisch abseits von den Touristen, aber noch so, dass ich unter Umständen Kontakt mit ihnen aufnehmen kann. Während ich auf meine Spaghetti warte, sehe ich mich um. Eine Tibeterin, die zwischen zwei ziemlich von sich eingenommenen Touristen eingezwängt sitzt, zieht meine Aufmerksamkeit auf sich. Unsere Blicke begegnen sich. Die beiden korrigieren ständig ihr Englisch, sie aber kritisiert ihr respektloses Verhalten nicht. In Gedanken schiebe ich die beiden weg, um Platz für die verlegene Frau zu schaffen.

Nina, die Hündin vor meinem Hotel, kennt die Touristen bestimmt so gut wie die nepalesischen Straßenkinder. Sie hat eine feine Nase für liebevolle Reisende mit einem großen Herzen, die sich erbarmen und ihr den Bauch ein wenig füllen. Mitleid heischend sieht sie jeden Neuankömmling an. Nachdem sie gefressen hat, zieht sie sich zufrieden hinter das Restaurant zurück, um sich der Liebe hinzugeben.

Nichts ist traurig in Nepal, nur der Massentourismus. Man erkennt kaum, aus welchen Ländern die Touristen kommen, denn alle tragen die gleichen Bergstiefel, die gleichen Rucksäcke, die gleichen Daunenjacken, die sich nur in den Schulterpolstern unterscheiden. Diese Menschen sind auf der Suche nach sich selbst oder nach einem neuen Glauben. Oder sehnen sie sich nur nach der warmen Hand einer liebevollen Nepalesin? Ihr verirrtes Ich löst sich in den Bergen auf. Dann gibt es noch jene Reisenden, die nur wenige Tage bleiben, die in zwei Monaten zehn Länder abhaken, eine Art moderne Kolonialherren. Sie regen sich über ein paar Rupien auf, einen Betrag, mit dem sie in den Niederlanden nicht einmal die Bahnhofstoilette bezahlen könnten, und beschimpfen die Nepalesen als Betrüger. Am Abend unterhalten sie sich dann in einem gemütlichen Restaurant bei Kerzenlicht über das diskriminierende Kastensystem.

Mit dem Himalaja wächst das Bewusstsein der Armut. Nur ein Vulkanausbruch kann die Bevölkerung von der Unterdrückung befreien. Es wird eine rote Revolution werden, das Rot der Tikas* wird durch Blut ersetzt werden. Der Himalaja wird aufwachen. Überleben bedeutet hier für den Menschen aus dem Westen: Vertrauen fassen in sein entfremdetes Ich und offen sein für die Wärme der Menschen oder aber sich ständig gegen ein Labyrinth von Emotionen schützen. Für die meisten Nepalesen aber bedeutet Überleben: zusehen, dass man am nächsten Tag etwas zu essen hat.

Ich verteile meine Sachen und lasse einen großen Teil in Katmandu zurück. Und damit auch den ganzen Ballast von Werten und Normen, für die ich mich nie bewusst entscheiden konnte. Auf meiner Fahrradreise habe ich mich in den Raum geworfen, um mich so weit wie möglich von meiner Vergangenheit zu lösen und mich einer neuen Sicht des Lebens zu öffnen. Jetzt stürze ich mich von neuem ins Unbekannte, doch meine Erfahrungen werden mehr Tiefgang und Gewicht haben.

Auf dem niederländischen Konsulat kann man mir keine Auskunft darüber geben, was ich tun soll, wenn meine dreimonatige Aufenthaltsgenehmigung abgelaufen ist. Ein etwas spröder Mann sieht mich zynisch an, als ich ihm sage, warum ich eine Zeit lang in Nepal wohnen will. Dass er wie ich noch wenig von Nepal begriffen hat, ist mir schnell klar. Mit seiner bürokratischen Sturheit verschließt er mir alle Türen. So wie die Dinge liegen, bleiben mir zwei Möglichkeiten: Entweder ich muss alle drei Monate nach Indien, mich gemäß den Bestimmungen sieben Tage dort aufhalten und dann nach Nepal zurückkommen, oder ich muss bei den nepalesischen

Behörden eine Sondergenehmigung beantragen. Ich werde also in den vor mir liegenden Monaten – es wird ein ganzes Jahr werden – einiges an Hindernissen zu überwinden haben. Aber folgt nicht mein ganzes Leben gewundenen Pfaden? Werde ich mich je wieder an die überorganisierte niederländische Gesellschaft gewöhnen können? Meine Radreise hat mich mit der Welt der Unsicherheit vertraut gemacht. Ich schiebe meine Ängste beiseite; der Wille, neue Erfahrungen zu machen, ist stark, zu stark, als dass ich zu meiner alten Lebensweise zurückkehren könnte. Ich empfinde das als einen Luxus und fühle mich privilegiert, weil ich mich in aller Ruhe und in einfachsten Verhältnissen mit Wahrnehmungen, Ideen und bedeutungsvollen Begegnungen befassen, Werte und Normen aus der Vergangenheit ganz bewusst hinter mir lassen kann, ohne sie zu negieren. Alles erscheint klar und rein, und man ist nur sich selbst verantwortlich.

Bevor ich in das Dorf Tamsarya fahre, möchte ich noch ein SOS-Kinderdorf besichtigen. Ein Volkswagenbus nach Bhaktapur fährt in die Richtung, in die ich muss. An der Haltestelle höre ich von einem schweren Unfall. Ein Bus ist von der Straße abgekommen und liegt völlig demoliert am Straßenrand. Der Volkswagenbus hat zahlreiche Verletzte aufgenommen, und ich finde nur noch mit Mühe einen Platz. Unfälle wie dieser sind in Nepal leider keine Seltenheit; der Tod liegt immer auf der Lauer. Wer in diesem Paradies die durchschnittliche Lebenserwartung von fünfundfünfzig Jahren überschreitet, ist ein Glückspilz. Zufällig lerne ich in dem VW-Bus zwei Universitätsdozenten kennen. Zwischen den Verletzten eingezwängt, fangen wir ein interessantes Gespräch an, das wir in einem Teehaus in Bhaktapur fortsetzen.

Der Jüngere der beiden, Yuyutsu R. D., ein bekannter indischer Dichter, hat keine Zeit mehr für eine zweite Tasse Tee. Ich verspreche ihm, seine Gedichtbände zu kaufen. Er gibt mir die Adresse einer Frau namens Banira Giri, die ebenfalls Gedichte schreibt und über Frauen, Armut, Prostitution und Unterdrückung in Nepal publiziert. Phantastisch – die Frau muss ich kennen lernen. Der Lehrer erklärt sich bereit, mich ins SOS-Kinderdorf zu begleiten, schlägt aber vor, erst noch einige Tempel zu besichtigen. Er meint die erotischen Darstellungen an den Fassaden der Hindutempel. Nicht dass mich die Skulpturen nicht interessieren, aber er will mir durch die Blume etwas anderes sagen, und ich vermeide deshalb alles, was zu einem Gespräch über Sex führen könnte. Zur Zeit hängt ein großes Schloss vor meinem Liebesleben. Lass dich nicht von deinem Ziel, eine Lösung für dich und Kumari zu finden, abbringen, warnt mich eine innere Stimme. Ich will jetzt gleich zum SOS-Kinderdorf. Er scheint enttäuscht, und ich wiederhole meine Frage: »Möchtest du nun mit oder nicht?« Erst finde ich es sehr praktisch, dass er mich begleitet, aber schon bald bereue ich es. In dem Kinderdorf erweist er sich als Störfaktor, und das Wohl und Wehe der hundertfünfzig Kinder interessiert ihn nicht im Geringsten. Das Dorf ist schön angelegt, und ich darf mich überall umsehen. Die Leute, die hier arbeiten, sind besonders nett. Es gibt nur einen einzigen »Vater« für die hundertfünfzig Kinder, aber jede Familie hat ihre »SOS-Mutter«. Ein großer Teil der Kinder wird von Ausländern unterstützt. Ich frage mich, wie Kumari sich hier fühlen würde. Für nepalesische Verhältnisse würde es ihr hier an nichts fehlen, aber sonst?

Außerdem ist das Kinderdorf zweihundert Kilometer von Tamsarya entfernt. Ich muss Kumaris Interessen im Auge behalten, nicht meine. Das werde ich mir immer wieder vorsagen, damit sich nicht unbemerkt mein Eigeninteresse in den Vordergrund schiebt. Und die zweite Spielregel: Ich werde versuchen, niemals eine Entscheidung aus einer Verwirrung heraus oder aufgrund von Emotionen zu treffen.

Morgen werde ich endlich wieder nach Tamsarya fahren. Ich habe Sehnsucht nach Kumari.

Ich habe meine Sachen gepackt und schlendere an diesem letzten Tag noch ein wenig durch die duftenden Straßen Katmandus. In einem Gartenrestaurant kann man leckere Kleinigkeiten essen, und es gibt dort einen Nepalesen, der jedem Touristen dieselbe Geschichte erzählt. Der gutgläubige Zuhörer nimmt an, es sei das erste Mal und er sei der Einzige, der sie zu hören bekommt. Auch mich hat die Geschichte vor gut einem Jahr beeindruckt, denn schon nach den ersten Worten kann ich mich an alle Einzelheiten erinnern. Ich sage zu dem Mann: »Sie haben mir schon vor einem Jahr erzählt, dass Ihnen Frau und Kinder weggelaufen sind, dass Sie ein Touristenführer sind, der mir besondere buddhistische Orte zeigen kann, und dass Sie besondere Steine verkaufen. Soll ich Ihnen sagen, wie Ihre Geschichte endet?« Von da an bin ich Luft für ihn, und er geht schnell zum nächsten Tisch weiter.

Am Nachmittag radle ich zum bedeutendsten Heiligtum der Buddhisten, dem höchstwahrscheinlich über zweitausendfünfhundert Jahre alten Stupa von Swayambhunath, auch Affentempel genannt. Hunderte von Affen kopulieren hier seit Jahrhunderten auf den goldenen Tempeldächern, stibitzen Bananen aus den Verkaufsständen oder springen auf die Picknicktaschen der Touristen, um sie dann von den Bäumen herab auszulachen.

Selbst mit einem angeketteten Affen kann man unangenehme Überraschungen erleben. In dem Haus neben meinem Quartier hält sich jemand einen Affen als Haustier. Normalerweise kaufe ich auf dem Markt ein paar Bananen für das liebe Tierchen, teils aus Mitleid, teils einfach zum Spaß. Eines Tages gebe ich ihm außer den Bananen auch ein Kuscheltier aus den Niederlanden, einen kleinen Bären, den meine Mutter gestrickt hat. Ein Sprung, und der Affe sitzt mit dem Bären auf dem Dach, um ihn zu lausen. Als er keine Läuse findet, drückt er den Bären an sich. Ich passe einen Moment nicht auf, und schon hat er sich meine Tasche geschnappt. Besorgt denke ich an mein Geld, den Pass und andere wichtige Dinge, die sich darin befinden. Wenn ich Glück habe, wirft der

Affe die Tasche herunter, aus Zorn, weil er nichts Essbares darin findet. Oder aber er vergnügt sich damit, dort oben Geldscheine und Travellerschecks zu zerreißen. Mit kommt der Gedanke, auf den Markt zu gehen und neue Bananen zu kaufen, um ihn damit zu locken, aber das geht nicht, denn mein ganzes Geld hat der Affe. Ich fühle mich beraubt. Ich krame alle nepalesischen Wörter hervor, die ich weiß, um ihm zu schmeicheln und ihn abzulenken, aber nichts hilft. Er hält die Tasche ebenso fest wie vorher das Kuscheltier. Da ziehe ich an seiner Kette, sodass er nicht mehr anders kann, als herunterzukommen. Endlich bekomme ich den Riemen der Tasche zu fassen, doch da springt der Affe mich plötzlich an und beißt mich in die Brust, so heftig, dass ich laut aufschreie. Die Hausbewohner kommen angelaufen, und ich erzähle ihnen mehr schlecht als recht, was passiert ist. Ich laufe auf mein Zimmer, um zu sehen, ob die Brustwarze noch dran ist, und vergesse die Tasche draußen. Das Blut rinnt mir zum Bauchnabel hinab, und die Brustwarze ist mit den Kerben der Affenzähne verziert. Unten stehen die Nepalesen mit meiner Tasche und warten. Es wird mir immer ein Rätsel bleiben, wie sie sie zurückbekommen haben. Seit diesem Vorfall sehe ich Affen mit anderen Augen.

Auf dem Rückweg muss ich am Fluss Bisnumati entlang, wo gerade ein Toter verbrannt wird. Er wird aus den nassen Tüchern gewickelt, und ohne Hülle, ohne Rituale und ohne Emotionen geht die Verbrennung vonstatten. Ein kalter Schauer läuft mir über den Rücken, als der Leichnam des Jungen sich in den Flammen zusammenzieht. Alles hat Grenzen, auch die eigenen Gefühle. Genau in diesem Augenblick lasse ich meine Vergangenheit ruhen und nehme mir vor, achtsamer zu leben, bewusster wahrzunehmen und zu fühlen.

Ich habe mich entschieden, mit Kumari zu leben.

## Wiedersehen mit Kumari

Von der Hauptstraße, die ich vor anderthalb Jahren mit dem Rad entlanggefahren bin, ist nicht mehr viel übrig. Nur ein paar Asphaltstücke versuchen noch den Eindruck einer Straße zu erwecken. Zusammen mit Hühnern, Ziegen und einigen Familien steige ich aus dem Bus. Gleich nach den Reisfeldern biege ich in einen Weg ein, der quer durch den Wald führt. Hier wachsen hauptsächlich kerzengrade, stattliche Dammara-Tannen. Das Geräusch der Hackmesser dringt bis tief in den Dschungel. Der gewundene Pfad bringt mich zu Juds Hütte, wo ich mich vorerst einquartieren werde.

»Namastè, namastè«, rufen die Leute in Tamsarya und begrüßen mich mit aneinander gelegten Händen. Meine Rückkehr zu Juds Familie ist ein freudiges Ereignis.

»Didi, bosnus*«, sagt Juds Frau, »setz dich bitte, große Schwester.« Und ich nehme auf der Strohmatte Platz.

Wie sich herausstellt, ist Kumari inzwischen nach

Arun-Khola umgezogen, sechs Kilometer von Tamsarya entfernt. So gern ich möglichst bald in ihrer Nähe wohnen möchte, ist es doch keine schlechte Idee, zunächst noch eine Zeit lang bei Jud zu bleiben. Er kann mich am besten mit Gebräuchen, Werten und Normen der Magar* bekannt machen. Jud und Kumari sind beide Magar, eigentlich eine »kastenlose« Bevölkerungsgruppe, die jedoch von den höheren Kasten praktisch wie eine niedere Kaste behandelt wird. Mit der Zeit werde ich auch die anderen dreißig Bevölkerungsgruppen kennen lernen, von denen jede ihre eigenen Traditionen hat.

Wir machen uns auf den Weg nach Arun-Khola. Nach etwa hundert Metern pflückt Jud ein Blatt von einem Baum und bittet mich, es mit der Spitze in Richtung seiner Hütte auf den Boden zu legen. Das bedeutet, dass ich wohlbehalten nach Tamsarya zurückkehren werde.

Angst und Anspannung nehmen zu, als ich mir klarmache, dass ich Kumari tatsächlich wieder sehen werde. Mein Gefühl, die Zeit – alles ist offen. Vielleicht hat sich ja die ganze Zuneigung und Wärme, die ich für sie empfunden habe, in Luft aufgelöst. Drei Stunden wandere ich mit Jud durch den Dschungel.

Ich fühle mich so schlapp, als könnte ich jeden Moment zusammenbrechen. Die unerträgliche Hitze und die feuchte Luft, Bauchschmerzen und ein anhaltender Durchfall reduzieren meine Gefühle auf völliges Desinteresse. Selbst das Wiedersehen erscheint mir wie eine Verpflichtung. Ich überlege mir, Kumari doch in das SOS-Kinderdorf zu bringen, dann habe ich meine Pflicht getan.

Kurz vor ihrem Dorf versuche ich noch etwas zu trinken, aber selbst das Wasser muss ich sofort wieder erbrechen. Ich werde kränker und kränker. Jegliches Gefühl für Menschen oder Dinge hört auf zu existieren. Bei der Ankunft in Arun-Khola fällt mein Blick auf einen Verkaufsstand mit Mandarinen. Ich lechze nach Mandarinen, und nachdem ich davon gegessen habe, erhole ich mich wieder ein wenig. Jud wechselt unterdessen hundert Rupien, damit wir Kumari etwas Geld geben können. Am Basar vorbei gehen wir durch das Dorf, bis wir in ein abgelegenes Viertel gelangen, in dem die Ärmsten der Armen wohnen. Auf den staubigen Wegen tummeln sich Schweine, Hühner und Kinder. Die Hütten aus Lehm und Gras sehen aus, als könnte der leiseste Windhauch sie umpusten. Über ein Labyrinth von Pfaden erreichen wir die Hütte, in der Kumari jetzt wohnt. Sie spielt draußen im Sand mit einem schwarzen Huhn.

Ich erkenne sie sofort wieder. Sie ist kaum gewachsen. Die Emotionen, die mich vor anderthalb Jahren so aufgewühlt haben, sind einer gewissen Selbstverständlichkeit gewichen. Kumari lässt das Huhn los und kommt auf mich zugelaufen. Es ist, als hätten wir uns vor ein paar Tagen zuletzt gesehen. Ihr Gesichtchen ist zur Desinfektion und Heilung der Wunden mit Asche eingerieben. Sie erkennt mich, und wieder sind unsere Gefühle durch das unsichtbare Band von damals verbunden. Tränen treten mir in die Augen. Schnell wird die Asche abgewischt. Mich stört sie nicht.

Es ist Kumari.

Liebe Kumari,
Deine Augen mit dem traurigen Blick
Sind dunkler als die Nacht
Angst vor dem Leben
Überleben ohne jeden Halt
Deine Sicherheit ist so zerbrechlich
Deine Füßchen nicht älter als vier Jahre
Tasten die Erde ab
Überall Trauer um deine tote Familie
Die Erde getränkt mit deinen Tränen
Keine Sterne und kein Mond
Immer ist Nacht in deinem Dasein
Immer ist Nacht in deinen Gedanken
Bitterkeit eines Kinderdaseins.

Ich hole eines der Kleidchen hervor, die ich für dich mitgebracht habe, und das Geschenk einer Tochter einer Freundin. Kurz vor meiner Abreise aus den Niederlanden hat Jazmien mir ihre Lieblingspuppe für dich mitgegeben. Du wirst gewaschen und schön angezogen, und so sitzen wir den ganzen Nachmittag beisammen.

Parasi, wo ich Jud vor anderthalb Jahren kennen gelernt habe, ist Sitz der Bezirksverwaltung. Morgen hoffe ich den Distriktchef zu treffen, von dem ich die

Genehmigung brauche, bei Kumari zu wohnen. Es ist fünf Uhr; die Sonne sieht mich über ein Mäuerchen hinweg an. Zu spät für ein schönes Foto. Ich schließe die Augen, um das gestrige Geschehen Revue passieren zu lassen: »Nein, ich bringe Kumari nicht in ein SOS-Kinderdorf.« Die Zweifel an meinen Gefühlen für sie sind wie weggeblasen.

Liebe Kumari,
unsere Begegnung war so selbstverständlich, wir haben uns so gefreut, einander wieder zu sehen. Deine Gesundheit macht mir Sorgen. Du bist leicht wie eine Feder. Nachdem ich sechsunddreißig Aufnahmen von den Leuten um dich herum gemacht hatte, musste ich wieder fort, um alles dafür in die Wege zu leiten, dass ich länger bei dir bleiben kann. Du hast zwischen den vier Pfosten der Hütte gestanden und mich traurig angesehen, ein Fingerchen im Mund, die andere Hand fest um die Puppe geschlossen.

Eine fremde Kinderhand weckt mich und legt ein gehäkeltes Deckchen auf mich. Die Familie des fremden Mädchens lädt mich zum Farbfernsehen ein. Eine Plastikscheibe mit drei farbigen Streifen – oben blau, in der Mitte rot, unten grün – wird vor den alten Schwarzweißfernseher gestellt. Mit dem gehäkelten Geschenk auf dem Kopf sehe ich mir zusammen mit der Familie einen Liebesfilm an.

Am nächsten Tag ist der Distriktchef immer noch nicht da. Er ist dienstlich unterwegs, und niemand weiß, wann er zurückkommt. Ich verbringe einen trägen, heißen Tag mit Nichtstun. Wo ich auch bin – von Privatleben keine Spur. Die ersten Tage dachte ich: Wie soll ich das aushalten? Nach vier oder fünf Tagen aber werden die Augenblicke, in denen ich allein sein will, seltener, und wenn ich das Bedürfnis habe, mich eine Weile zurückzuziehen, gehe ich zum Fluss, angeblich um mich zu waschen. Die Nepalesen gehen ständig irgendwohin: Wasser holen, Holz schneiden, zur Feldarbeit oder auf den Markt. Einfach spazieren gehen, ohne Zweck und Ziel, das findet man in Nepal befremdlich.

Heute ist der Geburtstag des Königs. Ich bin die Letzte, die das feiern möchte, zumal wenn es der Geburtstag eines Königs ist, der so schlecht für sein Volk sorgt, der sich nur die eigenen Taschen füllt, dem es nur um Macht und Besitz geht. Doch ehe ich weiß, wie mir geschieht, sitze ich zwischen prominenten Festgästen und ihren stolzen Kindern mitten in einem großen Zelt, höre mir Ansprachen an und verfolge eine bunte Mischung von Darbietungen. Jetzt bin ich froh, dass ich kein Nepali verstehe. Musik krächzt aus den Lautsprechern, und als die Clowns auftreten, wird unbändig gelacht. Ich fühle mich nicht wohl. Lieber sitze ich zwischen armen Leuten in einer einfachen Hütte am Holzfeuer.

Mein langes Warten wird belohnt. Ich treffe den Distriktchef zu einem offiziellen Gespräch, das jedoch auf inoffizielles, belangloses Geplauder hinausläuft. Aber ich muss mir den Mann warm halten, er ist wichtig. Es ist der Beginn eines Schachspiels mit den nepalesischen Behörden. Ich muss versuchen, alles selbst herauszufinden: Wer ist der König, wer sind die Springer, wer die Bauern? Er erteilt mir die Genehmigung, mich in Kumaris Dorf niederzulassen, will aber, dass ich mich auch beim Polizeikommissar melde. Im selben Atemzug bittet er mich, niederländische Briefmarken für seinen Sohn zu sammeln und den Leuten im Ministerium in Katmandu zu sagen, dass er seine Arbeit gut mache.

Es wird Zeit, nach Tamsarya zurückzukehren. Solange noch nicht alles geregelt ist, bleibe ich bei Jud. Seine Frau freut sich immer, wenn ich komme. Ich kann noch nicht recht einschätzen, was ich für diese Menschen bedeute und wie sie meine Anwesenheit erleben.

Nach einigen Tagen beginne ich mich in Tamsarya heimisch zu fühlen. Täglich gehe ich, wenn auch noch etwas unsicher und wacklig, mit einem Korb und einem Krug auf dem Rücken über die schmalen Reispfade zum Fluss, um Wasser zu holen oder zu baden. Juds Töchter Mina und Devi kommen meist mit; sie holen ebenfalls Wasser und lachen über meinen ungelenken Gang. Gemeinsam waschen wir die Wäsche der Familie. Mina sammelt am Ufer eine bestimmte Pflanzenart und reibt die Sachen damit ein; das wirke wie Seife, erklärt sie mir. Richtige Seife ist für die Armen zu teuer. Die meisten Menschen hier sind ganz davon abhängig, was die Natur ihnen bietet, und die Natur bestimmt auch ihren Lebensrhythmus. Der Tag beginnt mit den ersten Sonnenstrahlen und endet, wenn der dunkelblaue Himmel von funkelnden Sternen übersät ist und das Heulen der Schakale die Stille des Dschungels zerreißt.

Jud nimmt mich regelmäßig mit zu den Familien der Umgebung. Er soll Menschen motivieren, Kondome zu benutzen, die Pille zu nehmen oder sich nach dem zweiten Kind sterilisieren zu lassen. Vor allem die Anwendung der Pille ist schwer zu erklären; sie passt so gar nicht zu Leben und Kultur der Nepalesen, denn die Menschen hier sind nicht gewöhnt, in einem festen Zeitschema zu denken. Der Begriff Überbevölkerung sagt ihnen nichts. Wenn Jud sie für eine Sterilisation zu gewinnen versucht, entbrennen heftige Debatten. Die meisten wollen nichts davon wissen. Sie haben Angst davor und begreifen die Zusammenhänge nicht. Nur der Schamane oder Lama ist ihnen vertraut.

In fast jedem Dorf gibt es einen solchen Lama. Er hat zwar keine medizinische Ausbildung, verfügt aber über besondere magische Kräfte und arbeitet mit Heilkräutern aus dem Dschungel. Die Menschen vertrauen ihm mehr als einem Arzt im Krankenhaus und wollen sich auch deshalb nicht sterilisieren lassen, weil Kinder eine Art Altersversorgung sind. Die Kinder kümmern sich um die Alten. Die Gefahr, dass ein Kind stirbt, ist groß, und man muss zusehen, dass man mehr als zwei oder drei Kinder bekommt.

Wenn ich mit Jud von Dorf zu Dorf gehe, bin ich entsetzt über die Armut und die harten Lebensbedingungen vieler Menschen. Jud sagt: »Ich laufe im Durchschnitt zwanzig Kilometer am Tag. Mit dem Fahrrad sind die Dörfer nicht zu erreichen. Die Wege sind schlecht und führen durch Reisfelder und Flüsse oder quer durch den Dschungel. Außerdem kann ich mir ein Rad gar nicht leisten. Essen ist wichtiger, schließlich muss ich Frau und sechs Kinder ernähren.«

Jud kommt mit seiner Pension von der indischen Armee und dem Gehalt als Familienplanungsberater auf etwa fünfzig Gulden im Monat, ein vergleichsweise fürstliches Einkommen. Ein Landarbeiter wie Kumaris Onkel verdient kaum einen Gulden pro Tag für zehn Stunden Arbeit auf dem Land des Großgrundbesitzers. Ich hatte noch keine Gelegenheit, den Onkel näher kennen zu lernen. Er wohnt mindestens anderthalb Wegstunden von Jud entfernt, und jedes Mal wenn ich mit Jud dort vorbeikomme, ist er gerade auf dem Feld. Abends ist es zu dunkel und zu gefährlich, um ihn zu besuchen. Die wenigen Male, die ich ihn gesehen habe, war er verlegen und hielt sich bescheiden zurück, und mein Nepali ist noch zu schlecht, als dass ich ein Gespräch mit ihm führen könnte. Ich weiß nur, dass er wahrscheinlich Kumaris einziger Verwandter ist.

Ich merke bald, dass Zufußgehen tatsächlich die einzige Möglichkeit ist, das jeweils nächste Dorf zu erreichen. Unterwegs begegnen uns Träger. Jud sagt mir, dass sie aus den Bergen kommen oder dorthin unterwegs sind, um Waren zu tauschen. Es sind vor allem die für ihre Ausdauer bekannten Magar und Gurung, die solche schweren Lasten transportieren, im Durchschnitt vierzig Kilo pro Person. Auf dem Weg in die zweihundert bis sechstausend Meter hohen Berge oder von dort herab legen sie auf schmalen, gewundenen Pfaden barfuß Entfernungen zwischen hundert und zweihundert Kilometern zurück. Ihre Fußsohlen sind vom vielen Laufen hart wie Leder. Gemessen an seinen Stammesgenossen kann sich Jud trotz der weiten Wege glücklich preisen, dass er nur die federleichten amerikanischen Kondome zu tragen braucht.

Als wir am dritten Tag um halb sechs Uhr morgens aufbrechen, pflückt er als Erstes ein paar Blumen. Bald erfahre ich den Grund. Nach einer Weile kommen wir zu einer Familie, in der gerade ein Kind geboren worden ist. Der Vater des elf Tage alten Säuglings sitzt inmitten von Verwandten und Besuchern vor seiner Hütte auf der Erde. Nur die Männer sind draußen, die Mutter, das Kind und die anderen Frauen müssen drinnen bleiben. Jud schiebt die Blumen unter die Kopfbedeckung des Vaters und sagt: »Mein Bruder, ich wünsche dir viel Glück mit deinem Sohn.« Familienmitglieder und Gäste bekommen Rakshi* und Hühnerfleisch auf Blättern. Ich frage Jud, wie das Kind heißt. Das dürfe er nicht wissen, lautet die Antwort. Ich sehe ihn überrascht an. »Ein Junge bekommt seinen Namen nach elf Tagen, ein Mädchen nach neun. Der Name wird dem Baby und der Mutter von einem Lama ins Ohr geflüstert. Nicht jeder darf ihn wissen, sonst könnten Geister das Kind verhexen. Man nimmt auch nicht irgendeinen Namen; jeder Name hat eine bestimmte Bedeutung und muss anhand von Monat, Tag und Stunde ermittelt werden. Der Lama befragt den astrologischen Kalender. Der Name sagt etwas Wesentliches über seinen Träger aus. Ich spreche meine Kinder auch nicht mit dem Namen an, sonst könnten die Geister einen schlechten Einfluss auf sie gewinnen. Meinen eigenen Namen darf man schon aussprechen, weil ich in einem Alter bin, in dem andere Respekt vor mir haben; auf mich können die Geister keinen schlechten Einfluss mehr ausüben. Aber Kinder und Jugendliche haben noch keinen Anspruch auf diesen Respekt, und deshalb gehört es sich nicht, sie beim Vornamen zu nennen. Meine Kinder haben Spitznamen ohne Bedeutung. Mina nenne ich Kovalum, Devis zweiter Name ist Nani, das heißt Mädchen, und unser jüngster Sohn wird Baboo genannt, das bedeutet Baby. Bei mir zu Hause kannst du meine Kinder ruhig beim Vornamen nennen. Den Namen Kumari darfst du aber bei den Magar nicht benutzen, Schwester.«

Die Familie schenkt mir noch ein Glas Rakshi ein. Nach ein paar Schlucken auf leeren Magen schwebe ich über dem Himalaja und beschließe, nach beendetem Ritual zu Juds Hütte zurückzukehren, um dort meinen Rausch auszuschlafen. Jud geht mit seinem Rucksack voller Kondome und Antibabypillen in die andere Richtung weiter.

Juds Frau, Mina und Devi haben inzwischen mit ihrem Tagewerk begonnen. Die Aufgaben sind nicht klar verteilt. Oft ist es Jud, der das Essen kocht oder die Wäsche im Fluss wäscht. Mina und Devi machen sich meist unaufgefordert an die Arbeit. Wie die meisten Kinder arbeiten sie auf dem Feld mit, hüten die

Ziegen, holen Wasser, pflücken Blätter und schneiden Holz oder flechten Reisstrohmatten. In der Hütte selbst gibt es kaum etwas zu tun. Nur die Schlafmatten müssen aufgerollt und der Boden muss mit einem Reisigbündel gefegt werden. Es gibt weder Fenster noch Stühle, weder Tische noch Schränke, die abgestaubt werden müssten, weder Lampen und Bilder noch Spiegel und Kosmetiktöpfchen. Es gibt keinen Herd und keinen Kühlschrank, nicht einmal Bleistift und Papier, um Einkaufslisten zu machen. Im ersten Stock stehen stets ein großer Sack Reis und ein großer Sack Linsen. Das Einzige, was täglich gekauft wird, sind ein Deziliter Senföl fürs Essen und eine halbe Bierflasche Petroleum für die Öllampen. Nur selten, wenn man einmal etwas Besonderes möchte und das Geld dafür da ist, kann sich die Familie Fisch, Mandarinen, Bananen oder neue Sandalen leisten. Ein Landarbeiter muss für einen Liter Senföl zwei Tage arbeiten, für ein Kilo Linsen gut einen Tag, und eine Ziege kostet ihn zwei Wochenlöhne. Allmählich verstehe ich auch, warum die Armen ihre Kinder nicht zur Schule schicken. Obwohl der Schulbesuch in den ersten fünf Jahren kostenlos ist, gehen in Tamsarya nur dreißig Prozent der Kinder zur Schule. Zudem lässt die Qualität des Unterrichts zu wünschen übrig. Oft sind auch die Entfernungen zwischen Schule und Elternhaus zu groß. Ein Schulweg von einer Stunde ist normal. In erster Linie aber schicken arme Familien ihre Kinder deshalb nicht zur Schule, weil sie sie nicht entbehren können. Die Eltern verdienen nicht genug Geld, um Kinder, die nicht mitarbeiten, zu ernähren. Doch auch dort, wo die Kinder wie Erwachsene arbeiten, ist nicht genug zu essen da. Kinder der höheren Kasten, die das Geld dafür haben, besuchen private Ganztagsschulen, in denen sie einen guten Unterricht erhalten und mitunter auch verköstigt werden. Diese Schulen werden nach kommerziellen Prinzipien geleitet und kosten für nepalesische Verhältnisse eine Menge Geld. Bessere Lehrkräfte wollen deshalb nur an Privatschulen arbeiten. Sie entstammen meist den höheren Kasten und unterrichten in der offiziellen Sprache Nepals, dem Nepali, das starke Ähnlichkeiten mit dem Hindi in Indien aufweist, während beispielsweise die Magar einen eng mit dem Tibetischen verwandten Dialekt sprechen. Was sollten ihre Kinder auf einer Schule, wo sie kaum etwas verstehen? Diese Form der Diskriminierung verschließt den Armen die Schultore. Man wird als Sklave, als Dienender geboren, die Hände sind dazu da, für die höheren Kasten zu arbeiten, Verstand hat man nicht und wird man nie haben, und das Herz zählt nicht. Es ist nicht zum Fühlen da, sondern dazu, den Reichen zu Diensten zu sein. Die Seele wurde einem genommen. Man darf alles haben, nur kein Mitspracherecht, kein Geld und kein Gehirn, geschweige denn eine Seele. Ich kann diese Missstände nur schwer ertragen. Während meiner Radreise konnte ich jederzeit wieder weg, die Armut war mir nur lästig; jetzt aber geht sie mir unter die Haut. Keinen Tag, keine Stunde mehr kann ich mich dem Anblick von Armut und Unterdrückung entziehen.

Woher nehmen diese Menschen die Kraft, in diesem scheinbar friedlichen Paradies mit seinen herrlichen Blumen und grünen Reisfeldern durchzuhalten? Sie sind Lebenskünstler; sie überleben seit Jahrhunderten und bewahren sich ihre Lebensweisheit und Würde. Würden die Armen, Dienenden in Nepal nur eine Woche lang nicht arbeiten, würden die Reichen schnell verhungern.

»Sister make water«, sagt Jud. Er geht nach links in den Wald, ich nach rechts. Die letzte Möglichkeit, sich ungestört zu erleichtern.

Wir kommen Kumari von Minute zu Minute näher; es ist das zweite Mal, dass wir sie besuchen, seit ich bei Jud wohne. »Mummie*, Aama*, Mummie, Aama.« Kumari fliegt mir in die Arme. Wogen der Liebe überfluten mich. Ich schenke ihr ein kleines rosa Kuscheltier. Sie küsst es und nuckelt daran, legt ihr anderes Händchen in meine großen Hände und sieht mich unverwandt an. Außer dem Kuscheltier habe ich ihr zwei Mandarinen, eine Zahnbürste und einen kleinen Ball mit Sternen darauf mitgebracht, als Symbol unserer Verbindung. Wir rollen ihn eine Weile zwischen uns hin und her und lassen ihn dann kullern, wohin er will.

Kumari legt mir ein pechschwarzes Zicklein in den Schoß und beginnt es mit ihrer neuen Zahnbürste zu striegeln. Da wir bald wieder Abschied nehmen müssen, lasse ich sie keine Sekunde aus den Augen. Jetzt, da ich meine Liebe zu ihr offen zeige, blüht sie auf wie eine Blume, aber als ich aufbreche, schließen sich die Blütenblätter wieder. Jud verspricht, dass wir Kumari morgen noch einmal besuchen.

Als ich am nächsten Tag komme, strahlt sie vor Freude. Das Kuscheltier, den Ball, die Zahnbürste – alle ihre Besitztümer hat sie in den Stoff ihres Kleidchens gewickelt. Beobachtend bleibt sie neben mir sitzen. Von Zeit zu Zeit läuft sie weg, um mit anderen Kindern zu spielen, schaut aber jedes Mal nach ein paar Minuten um die Ecke, um zu sehen, ob ich noch da bin.

Das Abschiednehmen wird immer schwerer. Ich muss in nächster Zeit einiges für meinen längeren Aufenthalt hier in Nepal regeln, und Jud kann mich nicht immer begleiten. Er hält ein Gespräch mit dem Minister für Wasserwirtschaft für sinnvoll, zuvor aber sollten wir noch den Distriktoffizier aufsuchen, sagt er. Wir nehmen den schnellen Luxusbus nach Butwal. Mit fünfundzwanzig Stundenkilometern ist er tatsächlich schneller als der andere, und luxuriös ist er auch. Statt mehrerer Löcher hat er nur ein einziges großes Loch, durch das der aufwirbelnde Sand und die Abgase zu uns hereinwehen. Das Gerüttel und Geschüttel lässt die Läuse auf meinem Kopf kaum zur Ruhe kommen.

Jud meint, ich solle Schritte einleiten, um Kumari mit in die Niederlande zu nehmen. Ich sehe keine Möglichkeit, ihm meine Zweifel, was einen solchen Entschluss anbelangt, deutlich zu machen. Erst will ich über Kumaris Möglichkeiten und Unmöglichkeiten in Nepal Gewissheit haben.

Jud erzählt dem Distriktoffizier Kumaris Geschichte auf Nepali, und ich wiederhole sie noch einmal auf Englisch. Ich muss mich erst daran gewöhnen, dass hier jeder, der will, zuhören kann. Der Beamte hält meinen Vorschlag, zunächst einige Monate bei Kumari zu wohnen, für eine gute Idee und bittet mich, nach vier Wochen wiederzukommen. Es ist stockdunkel, als Jud und ich am Abend durch den Wald nach Hause wandern. Behutsam führt Jud mich am Arm. Die Kinder freuen sich, ihren Vater wieder zu sehen; meist bringt er ihnen Leckereien mit, diesmal Mandarinen und Bananen.

Am nächsten Morgen ist die Sonne noch kaum aufgegangen, da ruft Mina: »Große Schwester, komm schnell!« Im Handumdrehen bin ich angezogen. Von draußen ertönt der Todesschrei eines Schweins. Einige Männer haben ein Brett auf das Schwein gelegt und sich darauf gestellt. Sie suchen nach einem Messer und lassen das Tier unnötig lange leiden. Die Tränen laufen mir übers Gesicht, ich halte mir die Ohren zu und laufe in Juds Hütte zurück. Vom ersten Stock aus beobachte ich, wie die Männer das Schwein mit Stroh bedecken, das sie dann anzünden, um die Borsten abzusengen. Die Schreie des Tieres mischen sich mit denen der Kinder, die sich auf ein Stück Fleisch freuen.

Mina begleitet mich nach Arun-Khola, wo ich auf dem Basar ein Metallkügelchen für meinen Wasserfilter kaufen will. Als ich ihn gestern auseinander genommen habe, ist eine der Kugellagerkugeln zwischen Ziegenkot und Strohhalme auf den Boden gerollt. Eine mehrstündige Suchaktion blieb erfolglos. Es ist halb zwölf, und die Sonne steht senkrecht am Himmel. Erst ausruhen, dann lausen. Abwechselnd legen wir einander den Kopf in den Schoß, und zwei oder drei Kinder suchen ihn geschickt nach Läusen ab. Ich bekomme jedes Mal eine Gänsehaut, wenn die Kinderhände in meinen Haaren krabbeln, schäme mich aber überhaupt nicht dafür, dass auch ich Gastgeberin einer Läusekolonie bin. Das Einzige, was gegen diese Blutsauger hilft, ist Kahlscheren. Durch die Läuse fühle ich mich hier etwas mehr zugehörig.

Am Nachmittag erreichen Mina und ich Arun-Khola, wo die Leute uns mit ihren Fragen überfallen. Mina ist irritiert und macht ein böses Gesicht. Ich kann inzwischen etwas Nepali und sage zu ihr: »Sag einfach, ich sei ein Hund oder ein Schwein aus Holland.« Mina sieht mich verwundert an und muss dann lachen. Mich stören die Fragen nicht, ich freue mich einfach zu sehr, Kumari zu sehen.

Mina ist acht oder neun Jahre alt. In Nepal kennt niemand sein genaues Alter, denn Geburt, Tod und Eheschließung werden nicht registriert. Bei der Arbeit kann Mina sehr erwachsen sein, aber oft wirkt sie noch wie ein ganz kleines Kind. Häufig kuschelt sie sich an mich, oder sie klettert, sobald wir mit dem Essen fertig sind, mit ihrem Bruder Padom hinter mir her in den ersten Stock und nuckelt ungeniert an meinen Brüsten. Nach kurzer Zeit fühle ich mich bei Jud so zu Hause, als hätte ich Toilette, Wasserhahn und Dusche nie gekannt. Ich esse mit den Fingern, schlafe auf einer Strohmatte und verrichte meine Notdurft im Wald. Nach dem Essen räumt Juds Frau ab und spült mit Wasser und einer Hand voll Asche die Essschalen. Jud und Devi treiben die Ziegen für die Nacht in den unteren Raum, in dem auch gekocht wird. Nach einer Stunde sitzt die ganze Familie oben.

Manchmal kommt ein Nachbar oder eine Nachbarin zu Besuch. Dann wird geredet, gesungen und gelacht, und jede halbe Stunde fällt jemand auf den Strohmatten, auf denen später die ganze Familie schläft, in Schlaf. Mein Schlafplatz ist quer in der Ecke. Kein Zähneputzen, kein Händewaschen, kein Pyjama. Jeder behält die Sachen an, die er am Tag getragen hat, allenfalls zieht man, wenn es zu warm wird, etwas aus. Mit Bauchschmerzen und Durchfall wache ich auf. Die Parasiten auf meinem Kopf sind beseitigt, aber die im Bauch spüre ich umso mehr. Die Amöbenruhr lähmt mich.

Jud sitzt inmitten seiner Verhütungsmittel und sieht in seinem Heft nach, wen er besuchen muss. Wenn es nur ein Vehütungsmittel gegen meine Läuse und Amöben gäbe! Ich fühle mich zu krank, um ihn zu begleiten, und gehe nur bis Arun-Khola mit. Unterwegs begegnet uns eine weinende Frau. Sie ist so traurig, dass ich sie spontan in die Arme nehme.

»Mein kleiner Sohn ist tot.« Jud zieht mich von ihr fort und schlägt vor, einen anderen Weg zu nehmen, um den verunglückten Jungen nicht sehen zu müssen. Will er mir den Kummer der Frau ersparen, oder gehört sie einer Kaste an, die die Magar nicht berühren dürfen?

In Arun-Khola versuche ich Medikamente gegen die Amöbenruhr zu bekommen, aber leider vergeblich. Meinen Vorrat habe ich in Katmandu zurückgelassen, weil ich geglaubt hatte, mit meinem Wasserfilter ausreichend gegen die Parasiten geschützt zu sein. Mühsam überstehe ich den Tag und tröste mich mit dem Gedanken, dass hier viele Menschen Durchfall haben, ein Übel, das einfach zum Leben gehört.

Juds Nachbarn laden mich zu einem großen Essen ein. Auf einem Teller aus Blättern liegen allerhand Leckereien, und über dem Feuer, um das die Familienmitglieder und Nachbarn sitzen, brutzelt das Ziegenfleisch. Ich frage, ob es auch wirklich kein Schweinefleisch ist, denn ich habe mir vorgenommen, nie wieder welches zu essen. Ich möchte ja gern zu den Magar gehören, aber ohne Schweinefleisch. Mina ahmt die Schreie eines Schweins nach und lacht mich an. Jud sagt, jede Bevölkerungsgruppe habe ihre eigenen Nahrungsvorschriften. Die Magar essen Schweine-, Hühner- und Ziegenfleisch, die Tharu außer Schaf- und Hühnerfleisch auch Tauben, Schildkröten und Ratten. Padom demonstriert, wie man Ratten fängt. Er nimmt ein rauchendes Stück Holz aus dem Feuer und geht damit hinaus, sucht ein Loch im Boden, steckt das Holz hinein und sagt: »Ratten mögen den Rauch nicht, sie verlassen den Bau auf der anderen Seite, und dann kann man sie fangen.«

Manche Sitten und Gebräuche sind in ganz Nepal gleich. Kerzen oder Öllampen beispielsweise darf man nicht ausblasen, sondern muss sie mit einem Gegenstand löschen, weil sie Gott repräsentieren.

Man darf niemals mehr als zwei Leuten, die rauchen wollen, Feuer geben. Man darf weder über Essbares noch über Personen hinwegsteigen, man darf in Gesellschaft weder flüstern noch als Einziger essen. Man muss stets mit der rechten Hand essen, die linke ist anderen Bedürfnissen vorbehalten. Nach dem Tod eines Familienmitglieds nimmt man einige Tage keine Nahrung zu sich.

Zugleich hat jede Bevölkerungsgruppe auch ihre eigenen Traditionen. Die Frauen der Newar beispielsweise müssen ihrem Mann abends die Füße küssen und ihm damit ihre Ehrerbietung erweisen. Die verschiedenen Stämme üben spezifische Berufe aus. Die Thakali etwa, die den Tibetern sehr ähnlich sind, betreiben Hotels und Restaurants oder handeln mit Wolle, Salz und anderen Waren. Die Dom sind diejenigen, die seit Jahrhunderten Dokos*, Gunderies und andere Haushaltsgegenstände aus natürlichen Materialien herstellen. Magar und Gurung tragen enorme Lasten. Laut Jud sind sie ehrlich und zuverlässig. Jeder Händler wird einem Magar Waren mitgeben, auch wenn er keine Rupie in der Tasche hat, denn er wird stets bezahlen. Ihrer Kraft und Zuverlässigkeit wegen sind Magar und Gurung auch gern gesehene Soldaten in den indischen und den britischen Streitkräften. Tausende Gurung, Magar und Chetri leben in Militärstützpunkten in Hongkong, Indien und England. Eine nepalesische Familie, die einen Angehörigen in der Armee hat, kann sich glücklich schätzen, denn dann sind ihr ein Einkommen, das um ein Vielfaches über dem nepalesischen Durch-

*Erste Begegnung mit Kumari (1986)*

*Jud mit Kumari (1986)*

*Kumari*

*Auf dem Weg von der indischen Grenze nach Parasi*

*Kumaris Tante »Kaki« mit ihren Kindern (1986)*

*Der schwierige Weg zum »Dach der Welt« (Tibet)*

*Auf dem Yarle Shung La, 5214 m (Tibet)*

*Bei tibetischen Mönchen*

*Vor einer mongolischen Jurte*

Im Hintergrund »meine« Hütte, vorn Kumari mit zwei Nachbarskindern

Kumari (1988)

Der Basar von Arun-Khola

*Kumari, zwischen ihrem Onkel und ihrer Tante, schenkt ihrer Familie eine Ziege (1993)*

*Kumari und ich warten auf den Bus nach Tamsarya (1993)*

*Kumari-Schule mit Waisenhaus (1996)*

*Kumari mit der Bettelfrau Maya in Katmandu (1994)*

schnittseinkommen liegt, und später eine Pension sicher.

Mit jedem Tag lerne ich mehr über die Gewohnheiten und das tägliche Leben der einheimischen Bevölkerung. Oft aber ist mir ihr Denken und Fühlen auch sehr fremd. Die Magar beispielsweise wirken auf den ersten Blick recht nüchtern, und man hat nicht den Eindruck, dass sie an Feen und Zauberei glauben. Aber das täuscht, und inzwischen sehe ich die Dinge doch anders. Offiziell sind sie Hindus, aber im täglichen Leben dominiert der Animismus. Kinder dürfen nicht in roter oder weißer Kleidung in den Wald, sonst könnten sie von Geistern fortgelockt werden. Die Magar sind sehr direkt und spontan. Ich wurde sofort in Juds Familie aufgenommen, aber es dauert doch einige Monate, bis ich an intimen Familienangelegenheiten teilhaben darf und wirklich als Schwester akzeptiert werde. In dieser Zeit beginne ich auch mehr von ihrer Kultur und von Aussprüchen wie diesem zu begreifen: »Gott hat dich zur Mutter von Kumari bestimmt.«

Jud sagt: »Glaub nicht, dass wir den Touristen nachlaufen. Diese Begegnung hat mit Touristen nichts zu tun. Wir achten dich, und wir haben dich als Kumaris Mutter ausersehen. Gott hat dich geschickt.«

Jud macht sich Sorgen um mich, weil ich von Tag zu Tag dünner werde. So könne ich auf keinen Fall in die Niederlande zurück, meint er. »Wir müssen gut für dich sorgen, wir sind für dich verantwortlich.«

Er schickt eines der Kinder los, um irgendwo eine dicke Ente zu kaufen. Am Abend blicke ich voller Widerwillen auf die halbe Ente in meiner Essschale hinab. Die Kinder bekommen nur ein kleines Stück Fleisch, und als Jud hinuntergeht, teile ich schnell den größten Teil meiner Portion unter ihnen auf. Ich bitte sie, sich nicht anmerken zu lassen, dass sie etwas von mir bekommen haben, doch als Jud zurückkommt und meine fast leere Schale sieht, weiß er sofort Bescheid. Ich argumentiere damit, dass die Kinder noch wachsen müssen, aber er ist böse auf sie und sagt, sie hätten das Fleisch nicht annehmen dürfen.

Am nächsten Morgen gehe ich mit Juds Frau nach Arun-Khola, um Kumari zu besuchen. Sie kommt so schnell auf mich zugestürmt, dass die Hühner links und rechts aufflattern. Während der Stunden, die ich da bin, weicht sie nicht von meiner Seite. Gegen halb drei trifft auch Jud in Arun-Khola ein. Draußen vor der Hütte spricht er mit einigen der Bewohner und kommt dann mit guten Nachrichten herein. Man hat neben Kumaris Hütte eine Unterkunft für mich gefunden, die Miete beträgt vier Gulden im Monat.

Liebe Kumari,
morgen ziehe ich nach Arun-Khola. Dann wohnen wir ganz nahe beieinander, endlich. Ob das die glücklichste Zeit unseres Lebens wird?

Wir gehen zurück nach Tamsarya, um meinen Umzug vorzubereiten. Jud besorgt einen Träger. Mina und

Padom machen traurige Gesichter; wir werden einander vermissen, aber ich verspreche wiederzukommen. Zum Abschied wird ein Huhn geschlachtet. Jud, der Träger, Juds Frau, Mina, Padom, Baboo und ein streunender Hund, dem ich ab und zu heimlich etwas zu fressen gegeben habe, begleiten mich. An der großen Straße nimmt uns ein Traktor mit. Der Hund ist zu schwach, um schnell zu laufen, und bleibt zurück. Ich beiße die Zähne zusammen, um nicht zu weinen.

# Mit Kumari in Arun-Khola

Eine nicht mehr als dreieinhalb mal vier Meter große Hütte ist meine Wohnung. Ich kaufe ein Schloss für die Tür, und auf dem Markt erstehe ich meinen Hausrat: einen Wasserkanister und eine Öllampe. Für Kumari nehme ich ein Mützchen und Armbänder mit, womit ich sie für nepalesische Verhältnisse geradezu verwöhne.

Am ersten Tag bin ich zugleich froh und geschockt. Froh, dass ich endlich in Kumaris Nähe wohne – nur ein paar Meter von ihr entfernt –, geschockt von der furchtbaren Armut. In Tamsarya ist die Armut durch das schöne Grün und die Ländereien der Reichen kaschiert, hier aber wohnen alle Armen auf einem Fleck. Arun-Khola ist ein Handelsplatz am Fluss Arun. Lastwagenfahrer und Durchreisende auf dem Weg zur indischen Grenze machen hier Halt und drängen sich an den Verkaufsständen, um Bananen, Süßkartoffeln, einen Teller Dhal Bhaat oder Roti* zu kaufen. Das Viertel, in dem ich wohne, liegt fünfhundert Meter vom Zentrum entfernt und sieht aus wie ein Flüchtlingslager. Die meisten Männer und Frauen arbeiten als Saisonarbeiter für die Großgrundbesitzer, und viele Frauen und Kinder versuchen auf dem Markt noch etwas nebenbei zu verdienen. Die Hütten stehen aneinander gelehnt, und nachts werden illegal weitere Hütten gebaut. Das ist zwar verboten, aber es gibt keinerlei Kontrolle.

»Mummie, Mummie!«, ruft ein Stimmchen. Es ist Kumari. Sie will wissen, ob ich mitkomme. Wir gehen mit einigen Frauen in den Dschungel, um Zweige und Blätter zu schneiden, Baumaterial für meine Dusche. Auftraggeber und »Architekt« ist Jud, der meint, ich bräuchte mich nicht im Fluss zu waschen. Als wir mit unseren Bündeln zurückkommen, haben die Männer ein großes viereckiges Loch gegraben. Sie legen ein paar Bretter darüber und stecken die Zweige und Blätter ringsum in die Erde. Als Tür wird ein Gunderie vor den Eingang gehängt. Mein Badezimmer ist fertig, und noch am selben Abend schöpfe ich mit einem Aluminiumbecher kühles Wasser aus einem Tonkrug und übergieße mich damit. Ich bin sehr glücklich über diesen Luxus.

Am Morgen stelle ich nach einem herrlichen Frühstück mit Brot, Erdnussbutter und Wasser mein Tischchen nach draußen. Ich schreibe eine halbe Stunde, dann lugt Kumari um die Ecke. Wir behalten einander ständig im Auge. Sie will den Kugelschreiber halten und kritzelt begeistert den Brief voll, den ich gerade schreibe. Ich lege ihr Händchen auf ein weißes Blatt Papier und zeichne es mit Bleistift nach. Kumaris Enthusiasmus löst einen wahren

Ansturm von Kindern aus, die alle den Umriss ihrer Hand auf Papier haben wollen. So zeichne ich den ganzen Vormittag nepalesische Kinderhände, bis das Papier alle ist.

Und nun? Was soll ich hier den ganzen Tag machen? Wie kann ich die Zeit sinnvoll nutzen? Ich gehe von Hütte zu Hütte und mache Bekanntschaft mit meinem neuen Wohnviertel und meinen Nachbarn. Sie sind emsig dabei, die Speisen für ein religiöses Ritual zu bereiten, das nach Einbruch der Dunkelheit beginnt. In dem selbst gebauten Tempel liegen diverse Gaben: die zubereiteten Speisen, Stoffstücke und Obst. Räucherstäbchen und irdene Öllämpchen, deren Flammen wie die Sterne am Himmel aussehen, verleihen dem Ganzen eine mystische Atmosphäre. Wie alle anderen nehme ich im Lotossitz an der Opferstelle Platz. Der Brahmane* schlägt ein Buch auf und setzt seine Brille auf, deren dicke Gläser die heiligen Worte sichtbar machen. Allein schon die Tatsache, dass er lesen kann, nötigt den Zuhörern Respekt ab. Ich verstehe nur einzelne Wörter: Shiva*, Krishna*, Rupie. Geld scheint bei diesem Ritual eine große Rolle zu spielen. Von Zeit zu Zeit unterbricht der Priester die monotone Lesung und nimmt das Schälchen mit dem roten Tikapulver, drückt allen ein drittes Auge auf die Stirn und hält seine Brusttasche für die Spenden auf. Ich achte genau darauf, wie viel alle geben, denn daran lässt sich ablesen, was ihnen wichtig ist: die Götter milde zu stimmen und eine Gunst von ihnen zu erbitten.

Ich gebe etwas mehr als meine Nachbarn, aber der Priester ist nicht damit zufrieden. Das dritte Auge erlaubt mir einen entlarvenden Blick auf das Ganze. Es zeigt mir, dass hier Volksverdummung betrieben wird und nicht nur das: Ausbeutung der Armen noch obendrein. Männer, Frauen und Kinder nehmen eine Blüte oder ein Blatt zwischen die aneinander gelegten Hände und werfen es, wenn das Gebet endet, auf das heilige Buch, worauf der Priester wieder Geld einsammelt. So geht das anderthalb Stunden. Als der Brahmane genug eingenommen hat, ist auch das Buch zu Ende. Die Gläubigen stehen auf und gehen nach Hause. Ich bleibe noch sitzen, um alles bis zum Schluss zu beobachten. Die Frau des Priesters – sie sieht aus wie die Hexe im Märchen – nimmt einen Sack und rafft die Opfergaben zusammen. Ihre gierigen Hände zerquetschen die Blüten, knicken die Blätter und wühlen in der Erde, um noch mehr zu finden. Kumari ist während des Rituals eingeschlafen. Ich betrachte sie. Ihre Stirn ist so stark gewölbt, als säße dahinter ihr ganzer Kummer. Als ich mit ihr allein bin, gebe ich ihr einen lieben Kuss auf die Stirn und beruhige sie. Plötzlich beginnt vor meiner Hütte ein etwa dreizehnjähriges Mädchen zu singen. Ihre Stimme ist so klar wie die Nacht. Bald stimmen alle Frauen ein. Es ist spät, als ich meine drei Augen schließe.

Am nächsten Tag will Kumari nichts von mir wissen. Ich bin Luft für sie, und wenn ich mich ihr nähern will, schiebt sie mich weg. So haben andere

Kinder Gelegenheit, auf meinen Schoß zu klettern. Kumari kommt zwar immer wieder nachsehen, was ich mache, aber sobald ich sie anschaue, wendet sie sich ab. Ich verstehe das nicht, kümmere mich jedoch nicht weiter darum. Aber ein bisschen weh tut es schon.

Die Frauen von Arun-Khola drängen mich, auf dem Markt Armbänder zu kaufen, wie die verheirateten Frauen sie tragen. Ohne Armbänder hält man mich für eine Witwe. Die Größten sind immer noch zu klein für meine großen Hände, aber mit ein bisschen Drehen und Drücken geht es.

Während die Kinder mich lausen, schreibe ich Tagebuch. Tokornie, die Frau, bei der Kumari seit einigen Monaten wohnt, schlägt vor, von jetzt an in meiner Hütte zu schlafen, weil ihre eigene zu klein sei und sie ständig Streit mit ihrem Mann habe, der sie misshandle. Ich finde das eine ausgezeichnete Idee, denn so kann Kumari jede Nacht bei mir schlafen. Allerdings werde ich dann auch nie mehr allein sein, nicht einmal nachts. Wir schieben die beiden Holzbetten aneinander; Kumari kann in der Mitte zwischen uns schlafen. Sie kuschelt sich an mich, und ich male mir aus, wie sie bei mir wohnt, wie ich ein Zimmer für sie einrichte und wir mit einem Picknickkorb an den Strand gehen. Aber ich weiß, wie weit solche Träume von der Wirklichkeit entfernt sind.

Nach einigen Tagen wird sie wieder sehr anhänglich und lässt mich nicht mehr aus den Augen. Ich versuche mir ein Bild von ihrer Vergangenheit und den

Menschen zu machen, die bisher für sie gesorgt haben, aber ich erfahre nur, dass sie etwa ein Jahr alt war, als ihre ganze Familie starb, bis auf den Bruder ihres Vaters, bei dem sie ein halbes Jahr gewohnt hat. Seine Frau hat sie zusammen mit ihrem Sohn gestillt. Auf meine Frage, woran ihre Familie gestorben sei, strecken die Leute die Zunge heraus und lassen den Kopf hängen, und wenn ich wissen will, wie viele Personen gestorben sind, bekomme ich jedes Mal eine andere Antwort.

Als ich Kumari zum ersten Mal sah, wohnte sie bei den Nachbarn ihres Onkels, als ich aus Tibet zurückkam, bei einer alten Frau, und jetzt – anderthalb Jahre nach unserer ersten Begegnung – lebt sie bei Tokornie, die keine Kinder bekommen kann. Nachdem sie Kumari zu sich genommen hatte, ist sie mit ihr von Tamsarya nach Arun-Khola umgezogen. Bisher ist von einer engen Bindung zwischen ihr und Kumari wenig zu merken. Sie schlägt vor, wir sollten zu dritt nach Katmandu gehen, und zwei Tage später hat sie eine neue Idee: »Du kaufst ein Haus, und Kumari und ich wohnen dann bei dir.« Nach weiteren drei Tagen überfällt sie mich mit der Mitteilung, sie wolle mit Kumari und mir in die Niederlande. Ihre Fragen, Vorschläge und Forderungen erwecken den Eindruck, als ginge es ihr mehr um sie selbst als um Kumari. Meine Antwort auf das alles ist ein klares Nein. Ich wohne jetzt seit einigen Wochen in Arun-Khola, und wir kümmern uns gemeinsam um Kumari. Das klappt recht gut, aber ich werde nicht schlau aus dieser Frau. Dass sie sich unglücklich fühlt, verstehe ich allerdings. Tokor, ihr Mann, ist fast nie zu Hause, und wenn er da ist, trinkt er. Geht ihm das Geld aus, kommt er zu mir. Auch aus ihm werde ich nicht schlau.

Von Kumaris Onkel weiß ich, dass Tokornie und ihr Mann zu den Chetri* gehören, einer Bevölkerungsgruppe, die mit den Magar keinerlei Verwandtschaft aufweist. Es gefällt ihm nicht, dass Kumari bei ihnen aufwächst. »Aber«, sagt er, »ich habe da nichts zu sagen. Und ich selbst bin zu arm, um fünf Kinder großzuziehen.« Und ich? Ich bin doch auch nicht mit den Magar verwandt. Oder kommt das vielleicht noch?

Manchmal habe ich das Gefühl, zu reich zu sein. Ich gebe anderthalb Gulden am Tag aus, für die ich nicht einmal zu arbeiten brauche. Ein Landarbeiter verdient mit zehn Stunden Schwerarbeit pro Tag nur einen Gulden. Als ich heute einem mageren Hund ein Stück Brot gab, fingen einige Kinder an zu weinen. Brot, ein Leckerbissen, für einen Hund!

Kumari kritzelt in das Heft, das wir auf dem Markt gekauft haben. Sie bleibt am unteren Rand des Papiers, als hätte sie Angst vor dem vielen Platz. Nachts scheint sie schlecht zu träumen; sie schreit oft und wacht weinend auf. Sie spricht wenig, und wenn sie etwas sagt, redet sie wie ein anderthalbjähriges Kind. Was soll ich bloß tun? Was ist dieses Gefühl, diese Liebe? Kann ich die Verantwortung wirklich übernehmen? Kumari hat Würmer, Läuse, schlechte Zähne und einen schiefen Gang, sie ist unterernährt, hat überall entzündete Hautstellen und ist in keiner guten psychischen Verfassung. Aber vielleicht fühlt sie sich trotz allem hier zu Hause. Kann man sie aus dem Netz ihres Kummers überhaupt noch befreien? Wenn ich die Verantwortung für sie übernehme, muss ich dieses Netz ganz vorsichtig Fädchen für Fädchen von ihr lösen, denn auch der Kummer ist ein Teil von ihr, den ich nicht einfach wegnehmen oder übergehen kann. Ich werde versuchen, nach und nach mehr über ihren Hintergrund in Erfahrung zu bringen. Wenn ich über die Dörfer gehe, will ich mein Gefühl für sie auf andere Kinder übertragen, aber sosehr mich diese Kinder auch begeistern – mein Gefühl für Kumari ist etwas anderes, etwas Besonderes. Sie ist aus meinem Leben nicht mehr wegzudenken.

Überraschend kommen Jud und sein Nachbar mich abholen; Jud scheint der Meinung zu sein, ich sei zu lange weggeblieben. Kumari reagiert böse und traurig. Sie will mit. Ich halte es jedoch für gut, ein wenig Abstand zu gewinnen, und will sie auch nicht allzu viel herumschleppen, weil ich weiß, wie gering die Chancen sind, sie mit in die Niederlande nehmen zu können. Und doch sagt mir mein Gefühl, dass wir füreinander bestimmt sind. Aber welches Gesetz hat ein Gefühl für meine Zuneigung?

Als wir bei Jud anlangen, nimmt er als Erstes ein Kukhri* und schneidet die Armbänder von meinen Handgelenken. »Du bist keine Nepalesin«, sagt er. »Wir respektieren dich auch ohne nepalesische Kleider oder Armbänder.«

Als die Hähne krähen und das erste Tageslicht

durch das Laub sickert, brechen Jud und ich nach Katmandu auf, eine fünfzehnstündige Fahrt.

Jud weiß ein billiges Quartier. Die Laken, die Kissen, der Boden – alles sieht aus, als sei hier seit Jahren nicht mehr sauber gemacht worden. Am zweiten Abend sage ich Jud, dass ich in ein Hotel will. Er begreift nicht und sieht mich erstaunt und enttäuscht an. Ich fühle mich schrecklich, denn er scheint es persönlich zu nehmen. Die Nepalesen kennen keine Privatsphäre, und Jud ist so nett. Er ist ständig mit anderen zusammen, und ich kann ihm mein Bedürfnis, eine Weile allein zu sein, nicht begreiflich machen. Er ist auch ein Mensch, der überall gern ein Schwätzchen hält, doch nach den Reaktionen der Stadtbewohner zu schließen, interessieren sie sich nicht für seine Geschichten von gestohlenen Hühnern oder vom Dorfschullehrer, der ein Nashorn erlegt hat. Ein wenig Stille in meinem Leben tut mir gut. Auch Jud geht seinen Geschäften nach, und am nächsten Tag zeigt er mir stolz seine neuen Schuhe. In den Niederlanden würden wir sie Pantoffeln nennen.

In der Zwischenzeit habe ich an meinen Anwalt geschrieben. Welche Möglichkeit gibt es, in den Niederlanden für Kumari zu sorgen? Bei meinem Zwischenaufenthalt in den Niederlanden hatte ich ein Gespräch mit ihm. Eine Adoption komme für eine allein stehende Frau wie mich nicht in Betracht, hatte er gemeint, und er habe noch zu wenig Information, um mir helfen zu können. Kumaris Mutter werden – vergiss es, dachte ich.

Jud und ich fahren getrennt nach Tamsarya zurück.

Liebe Kumari,
ich bin wieder auf dem Weg zu dir, und ich sehne mich danach, dich wieder zu sehen. Im Grunde meines Herzens weiß ich, dass ich mich nicht mehr von dir trennen will. Ich wäre traurig ohne dich.

Und du?

Du sprichst kaum.

Du bist zerbrechlich und zugleich stark. Auf Liebe und Wärme reagierst du sehr empfindsam. Du bist böse, weil ich weggefahren bin, aber die Zeit wird kommen, da ich dir ganz viel Liebe geben werde. Ich habe dich zu lieb, um dich im Stich zu lassen. Wenn du groß bist, darfst du fortfliegen, wohin du willst. Du bist nicht mein Besitz. Jetzt, da du noch so klein und verletzlich bist, will ich für dich sorgen und ein Stück Leben mit dir teilen.

Auf halber Strecke muss der Bus anhalten, weil auf der Straße zwei Lastwagen umgestürzt sind. Die Leute aus der Umgebung freuen sich über den Unfall, denn aus den Säcken der Ladung rieselt herrlicher silberweißer Reis, den Frauen und Kinder bis aufs letzte Korn aufsammeln.

Nach zwei Stunden kommt das Leben auf vier Rädern wieder in Gang. Doch kaum haben wir unsere Geschwindigkeit von zwanzig Stundenkilometern erreicht, bleibt der Bus liegen, und es sieht nicht so aus, als würde das Vehikel je wieder fahren. Bis Narayangadh nimmt mich ein Auto mit, und dort dauert es noch mindestens eine Stunde, bis der Bus in das Dorf Surmara fährt, wo Juds Frau und die Kinder auf mich warten. Durch die verschmierten Scheiben sehe ich sie nach dem Bus Ausschau halten, und als Padom mich erspäht, macht er einen Luftsprung. Niemand beklagt sich über das lange Warten in der Gluthitze, alle freuen sich, mich wieder zu sehen, und ohne viele Worte zu machen, gehen wir nach Tamsarya. Die Familie ist zu einer Hochzeit eingeladen, zu der ich wie selbstverständlich mitgenommen werde. Jud lässt in das Trinkkännchen und die Essschale, die er in Katmandu gekauft hat, unsere Namen eingravieren. Ich frage ihn nach dem Grund.

»Das ist ein kostbares Geschenk, Schwester. So weiß man, von wem es ist, und dann wird es auch nicht gestohlen.« Wir brechen einen Tag vor dem Fest auf, denn wir haben einen weiten Weg vor uns. Bei Verwandten von Jud übernachten wir. Padom, der neben mir schläft, bekommt um zwei Uhr nachts plötzlich hohes Fieber und muss sich übergeben. Ein Lama wird aus dem Bett geholt. Er singt Mantras und streut Asche in eine Tasse Wasser, die Padom austrinken muss. Es ist so dunkel, dass ich kaum etwas sehe. Bald geht Padoms Atem ruhiger, und schließlich verschwindet das Fieber. Ein kleines Wunder mitten in der Nacht, und für mich meine erste Bekanntschaft mit einem Schamanen.

In wenigen Stunden soll das Fest beginnen. Braut

und Bräutigam haben einander höchstens drei Mal gesehen. Zum ersten Kennenlernen begibt sich die Familie des jungen Mannes ins Haus des Mädchens und bringt große Mengen Getreide und Rakshi mit. Man redet einen Tag lang miteinander, und wenn sich beide Familien einig sind, findet eine zweite Zusammenkunft statt, diesmal ohne Geschenke. Danach steht es dem Mädchen nicht mehr frei zu gehen, wohin sie will. Zum dritten Treffen bringt die Familie des jungen Mannes noch mehr Getreide, Rakshi, Zaat und eine Ziege mit, und man regelt die konkreten Details der Heirat. Der Hochzeitstag wird von einem Schamanen, der den astrologischen Kalender konsultiert – vorausgesetzt, er kann lesen –, genau festgelegt. Kann er nicht lesen, beobachtet er stundenlang den Himmel und zeichnet dann die maßgebenden Symbole in den Sand.

Am Morgen bereiten Männer und Frauen das Essen zu. Gegen halb neun kommt der Bräutigam mit seinem Tross von den Hügeln herab und nähert sich dem Dorf seiner zukünftigen Frau. Die fünf schwarzen Regenschirme, die über ihn gehalten werden, schützen den Achtzehnjährigen vor der Hitze und verbergen sein verlegenes Gesicht. An die Stelle der Maldas* ist ein Kassettenrekorder getreten, der einen unerträglichen Lärm macht. Die düster wirkenden jungen Mädchen, die dem Bräutigam folgen, tragen Samtkleider in dem für die Magar so typischen Tiefrot. Die Braut sitzt mit müdem Gesicht und ohne jede freudige Ausstrahlung vor dem Haus ihrer Eltern auf einem Gunderie und wartet mit gefalteten Händen auf ihren Zukünftigen. Als er kommt, lässt er sich einen halben Meter von ihr entfernt auf demselben Gunderie nieder. Man wäscht den beiden die Füße, und dann haben die Gäste Gelegenheit, dem Ehepaar Glück zu wünschen. Sie nehmen ein Gefäß mit trockenem und eines mit feuchtem Reis, streuen den trockenen Reis über Braut und Bräutigam und kleben ihnen den feuchten an die Stirn. Beide Rituale symbolisieren künftiges Glück.

Auf dem Boden stehen zwei Schälchen vor dem Paar, in die die Gäste Geld legen können; die Beträge sind gering. An der Hauswand nimmt ein Familienmitglied die Geschenke entgegen und notiert sie auf einem Blatt Papier. Das Gedränge ist groß, denn auch die Nachbarn wollen zuschauen. Männer und Frauen nehmen getrennt voneinander auf ganzen Reihen von Gunderies Platz. Aus einer improvisierten Küche steigt der Duft von Reis und Schweinefleisch auf. Das Essen wird, mit einer roten Paprikaschote verziert, auf dunkelgrün glänzenden Blättern serviert. Ein großer Becher Rakshi steigert die Feststimmung noch. Die Feier geht vonstatten, ohne dass sich das Paar offiziell das Jawort gegeben hätte, ohne Registrierung und ohne Pfarrer. Die Eltern haben sich während der drei vorausgegangenen Treffen mit der Heirat einverstanden erklärt. Sie haben Ehepartner mit gutem Charakter für ihre Kinder gesucht, denn auf das Geld brauchten sie nicht zu achten, einfach deshalb, weil – anders als bei den reichen Rana, Brahmanen und Chetri – ohnehin keines da ist. Morgen beginnt für das Brautpaar ein

Leben in eigener Verantwortung, ein Leben der Arbeit und des Kindergroßziehens, das zum Glück durch die vielen magischen Feste der Magar unterbrochen wird. Die Hochzeitsfeier geht zu Ende, und wir kehren nach Tamsarya zurück, von wo ich nach Arun-Khola weiterfahre.

Kumari läuft mir entgegen und kuschelt sich in meine Arme, aber die Atmosphäre hat sich verändert und überschattet unsere Liebe. Die Magar sind offen und direkt, andere Nepalesen nicht, schon gar nicht Chetri und Brahmanen. Erst denke ich, ich bilde es mir nur ein, denn alle sind freundlich zu mir und heißen mich willkommen. Aber irgendetwas stimmt nicht. Als Jud, der mich nach Arun-Khola begleitet hat, sich mit einem Nachbarn unterhält, verdüstert sich seine Miene. Er kommt auf mich zu und sagt, ich müsse nach Tamsarya zurück; man erzähle sich, ich gäbe ihm Geld, um Kumari mit in die Niederlande nehmen zu können. Ich erschrecke über diese böswilligen Unterstellungen, werde wütend und verlasse Arun-Khola für einige Tage. Aber ich darf Kumaris Interesse nicht aus dem Auge verlieren. An der Bushaltestelle fließen die Tränen. Jud ignoriert sie und sagt: »Vergiss Kumari, ich weiß ein anderes Waisenkind.« Ich muss noch mehr weinen; mein Gefühl, mein Herz, meine Liebe und Sorge – alles richtet sich auf dieses Mädchen. Ich kann sie nicht zurücklassen, mir liegt zu viel an ihr. Diese Geschichte, diese Liebe braucht Zeit, viel Zeit.

Liebe Kumari,
wie auch immer: Ich lasse dich nicht im Stich, niemals, auch wenn ich mein Leben vielleicht nicht mit dir teilen kann. Wo du auch aufwächst – ich werde dir Liebe schenken, und ich werde deine Zukunft sichern. Meine Gefühle für dich werden noch oft auf die Probe gestellt werden.

# Geldgier und Gemeinheiten

Als ich mit dem Rad durch Tibet gefahren bin, war mir kein Berg zu hoch. Und jetzt soll ich vor ein paar Leuten und ihren Klatschgeschichten kapitulieren? Nein, ich gehe zu Kumari zurück. Vollmond, halb zwei Uhr nachts. Es ist gut, dass ich wieder in Arun-Khola bin. Das Mondlicht gibt allem eine andere Dimension. Ich versuche mir den Gedanken, Kumaris Mutter zu werden, aus dem Kopf zu schlagen, aber vergeblich. Der Klatsch in Arun-Khola wuchert wie Unkraut, und Tokornie und ihr Mann mischen fleißig mit. Tokor bittet mich regelmäßig um Geld; diesmal sind es hundert Rupien, für nepalesische Verhältnisse eine ungebührlich hohe Summe. Tokornie kommt mehrmals auf ihren Vorschlag zurück, mit mir und Kumari in die Niederlande zu gehen.

Ich gehe zum Basar, wo ich mich mit den Besitzern des Thakali-Hotels angefreundet habe, in dem ich ab und zu ein paar Stunden verbringe, teils mit Kumari, teils allein. Um nicht ständig von Tokornie unter Druck gesetzt zu werden, esse ich auch öfter dort. Eines Tages lerne ich Kieshan kennen, der ein paar Häuser weiter wohnt. Er ist der Einzige in Arun-Khola, der Englisch spricht. Bescheiden stellt er sich vor und sagt, ich könne mich jederzeit an ihn wenden.

Geleitet wird das Thakali-Hotel von der etwa achtzehnjährigen Sanu. Ihr Vater leidet an schwerem Asthma und sitzt praktisch den ganzen Tag am Eingang des Familienbetriebs, wo er alles genau im Auge behält. Sanus Mutter ist eine liebe Frau, von früh bis spät damit beschäftigt, das Essen für die Gäste zu kochen. Sanu hat eine geistig behinderte Schwester. Wenn ich den Erzählungen glauben darf, hat sie an dem Tag, an dem ihr Vater ihr den Umgang mit einem Jungen, den sie sehr liebte, verbot, aufgehört zu sprechen und wurde verrückt. Sie starrt mich stundenlang an und stößt hin und wieder einen Laut aus. Bei Vollmond wird sie festgebunden, weil sie sonst wegläuft. Als ich sie eines Tages an eines der Holzbetten hinter dem Hotel gefesselt sah, erschrak ich und löste die Stricke von ihren Hand- und Fußgelenken, worauf sie augenblicklich Reißaus nahm. Zwischen Schweinen, Hühnern und Ziegen hindurch lief ich ihr auf den staubigen Wegen nach, und kaum hatte ich sie erreicht, warf sie mich mit ihrem kräftigen Körper fast um. Als ich jedoch freundlich mit ihr redete, kam sie lachend mit. Eine besondere Verbindung entstand zwischen uns. Wir haben etwas gemeinsam: Beide fühlen wir uns mit unserem Liebeskummer heimatlos.

Nach einiger Zeit offenbart mir Sanu ihre Geheimnisse. Auch sie war in einen Jungen verliebt. Er konnte wunderschön singen. Sie geht mit mir hinter das Hotel, und wir blicken von dort, wo die Hühner geschlachtet werden, über den Bretterzaun, der als Toilette dient, und den Schweinestall hinweg auf den Fluss. »Da hat mein Liebster jeden Tag am Ufer gesessen und für mich gesungen. Mein Vater war gegen eine Heirat, und wir sind durchgebrannt. Einen Tag und eine Nacht war ich weg, dann hat mein Vater gedroht, mich aus der Familie zu verstoßen, und ich bin wieder zurückgekommen. Ich denke noch oft an ihn.«

Nach dem Essen kehre ich in meine Hütte zurück. Die Frauen, die meine Wäsche gewaschen haben, berichten, sie sei so schmutzig gewesen, dass die Seife schon wieder alle sei. Eine gute Idee, mein Seifenstück unter sich aufzuteilen.

Um halb vier Uhr nachts klopft Tokornie an die Tür und fragt, ob ich mit tanzen komme. Es hat wieder ein Tempelritual stattgefunden, an das sich ein Fest anschließt. Aber der Reiz des Neuen ist dahin. Auf Tokornie ist kein Verlass mehr. Doch trotz allem Klatsch und aller Unsicherheit bleibe ich in Arun-Khola. Es geht um Kumari und nicht um Tokornie oder mich. Kumaris Interesse steht an erster Stelle, und ich beobachte sie so genau wie möglich, um mir ein klares Bild machen zu können. Es ist inzwischen ganz normal für sie, dass ich da bin. Ich wohne jetzt seit einigen Monaten in Arun-Khola und bin mir bewusst, dass ich eine große Verantwortung übernommen habe. Mute ich mir zu viel zu? Kumari ist in schlechter körperlicher Verfassung, und mir fällt auch auf, dass sie kaum mit anderen Kindern spielt. Einen großen Teil des Tages verbringt sie mit einem Huhn, einer Ziege oder einem Hündchen auf dem Schoß in einem Winkel zwischen den Hütten. Sie plappert in einer unverständlichen Sprache mit den Tieren oder sitzt in Gedanken versunken da. Sie wirkt, als hätte sie sich auf diese Welt verirrt. Tokornie oder anderen gegenüber zeigt sie wenig Zuneigung. Sie scheint sich sicherer zu fühlen, wenn sie sich an niemanden bindet. Nur von den Tieren wagt sie Liebe anzunehmen. Manchmal greift sie nach meiner Hand, und ich muss mit ihr zusammen die Tiere streicheln. Dann lacht sie mich an. Wenn ich sie zum Dorfbrunnen mitnehme, bekommt sie Angst. Sie sieht den Brunnen furchtsam an und verkriecht sich in meinem Rock. Ob der Brunnen etwas mit ihren nächtlichen Alpträumen zu tun hat? Vormittags, wenn ich meine Runde durch die Hütten mache, um die kranken Kinder zu versorgen, begleitet sie mich. Das interessiert sie, und zugleich passt sie auf, dass ich anderen Kindern nicht zu viel Liebe gebe. Wenn ich eines von ihnen streichle, wird sie eifersüchtig. So auch gestern, als ich den Nachbarsjungen ins Krankenhaus brachte. Schon seit mehreren Tagen lag er mit eiternden Brandwunden am ganzen Leib und von Fliegenschwärmen bedeckt auf einem Jutesack. Seine Mutter ist blind und konnte nicht sehen, wie ihr kleiner Sohn ins Feuer fiel. Da ich nicht mehr genügend Medikamente und Verbandszeug hatte, band ich mir das Kind auf den Rücken und fuhr mit ihm nach Butwal ins Krankenhaus. Der Junge konnte sich gar nicht satt sehen; eine ganz neue Welt tat sich für ihn auf, mit Bussen, Rikschas, Restaurants und Geschäften voller Leckereien. Im Krankenhaus wurden seine Wunden gesäubert und verbunden, und ich bekam Anweisungen, wie er weiter zu behandeln sei. Danach verwöhnte ich ihn mit Süßigkeiten, und am Abend auf dem Nachhauseweg schlief er in meinen Armen ein. Nachdem ich ihn zwei Wochen gepflegt habe, bedaure ich, dass die Nachbarin nicht sehen kann, wie schön ihr Söhnchen wiederhergestellt ist.

Die Tage vergehen ohne spektakuläre Ereignisse. Abends esse ich abwechselnd bei Tokornie oder bei meiner Thakali-Hotel-Familie. Einmal biete ich Tokornie an, Hollandse Pot zu kochen. Mehr schlecht als recht mache ich einen Auflauf aus Rührei und Kartoffelbrei, weiter reichen die Möglichkeiten holländischer Küche hier nicht. Die Sache geht schief. Ob es von dem Auflauf oder von etwas anderem kommt, weiß ich nicht, aber in der Nacht weckt mich ein Jucken. Im Schein der eilig angezündeten Öllampe sehe ich, dass ich am ganzen Körper fleckig und von Quaddeln bedeckt bin. Ich gehe hinaus, um mich abzukühlen und zu kratzen. Das Jucken macht mich schier verrückt; mir ist, als stünde ich in Flammen. Tokornie kennt einen Lama, und wir gehen mitten in der Nacht zu ihm. Er singt Mantras und bestreut mich mit geweihter Asche, und die Quaddeln verschwinden wie Schnee in der Sonne. Wieder in meiner Hütte, schlafe ich ein, als wäre nichts gewesen. Eine halbe Stunde später sind die Quaddeln und auch das Jucken wieder da. Tokornie schlägt vor, einen Arzt aufzusuchen. Sie kennt einen, der mehrere Gehstunden entfernt im Dschungel wohnt, und so brechen wir mitten in der Nacht von neuem auf. Lange wandern wir zwischen den tiefen Schatten der geisterhaften Bäume dahin, bis wir das Dorf des Arztes erreichen. Er diagnostiziert eine Allergie. Das Medikament, das er mir gibt, wirkt, bis mich das Jucken von neuem weckt. Inzwischen sind von den ersten Sonnenstrahlen alle Dorfbewohner aufgewacht, und ich statte dem nächsten Lama einen Besuch ab, der meinen ganzen Körper mit einem Kukhri bestreicht. Es hilft, aber mein tiefer Glaube an die magischen Kräfte der Schamanen schwindet, als einige Stunden später die juckenden Quaddeln von neuem erscheinen. Ich lasse mich ein letztes Mal von einem buddhistischen Lama behandeln. Da die Wirkung seiner Kräfte einige Stunden länger anhält, wähne ich mich schon geheilt und führe das darauf zurück, dass ich an die Lehren des Buddha glaube. Aber es zeigt sich, dass kein Schamane dem akuten, spontan wiederkehrenden Ausschlag gewachsen ist. Die Leute in meinem Viertel beginnen aufgeregt über die Lamas zu diskutieren. Der eine Lama ist Hindu, der andere Buddhist. Die Buddhisten halten nichts von dem Hindu-Lama, dic Hindus nichts von dem buddhistischen. Noch am selben Tag fahre ich in die Stadt, bekomme dort Medikamente und lasse die Bewohner in dem Glauben, alle Lamas zusammen hätten mich kuriert.

Tokornie drängt mich, in einigen Tagen nach Katmandu zu gehen. Sie verbietet mir, Jud und einige andere Leute noch einmal zu sehen, ich würde Jud ja nur Geld geben und ihm große Geschenke machen. Das ist der Auftakt zu einer neuen Serie widerwärtiger Klatschgeschichten, die mehrere Monate die Runde machen. Eines Tages kommen zwei unbekannte Männer ins Dorf und behaupten, Jud und ich würden Kumari eine Pille mit einem Diamanten darin schlucken lassen, wenn ich mit ihr in die Niederlande fliege. Kaum hat sich diese Geschichte totgelaufen, erzählt ein Junge, er habe mich Heroin nehmen und verkaufen sehen. Ich begebe mich an den Ursprung dieser Verleumdungen, und zum ersten Mal in meinem Leben beschimpfe ich einen Nepalesen. Aber der Junge ist ein notorischer Lügner, denn eine Woche später taucht er wieder auf und erzählt, ich wolle Kumari ihrem Onkel für fünfzigtausend Rupien abkaufen. Jetzt ist das Maß voll, zumal auch noch Kumaris Onkel betroffen ist.

Ich fordere den Lügner auf, mit mir zum Distriktchef zu gehen und seine Märchen zu Papier bringen zu lassen. Der Schreck fährt ihm in die Glieder. Es ist, als hätte man Wasser ins Feuer gegossen, und ich bleibe eine Zeit lang von weiteren Verleumdungen verschont. In Arun-Khola bekommt mein Bild von den netten Nepalesen einen Knacks. Mein Leben hier verliert an Kraft. Tokornie kommt täglich mit neuen Vorschlägen, Geboten und Verboten. Jetzt will sie wieder, dass ich noch vier Monate in Arun-Khola bleibe. Um meinem Leben und meinen Gedanken Struktur zu geben, gehe ich regelmäßig in den kleinen buddhistischen Tempel in Daunie, wo ich bei den singenden Mönchen meine reinen Gefühle wieder zu finden hoffe.

Es geht um Kumari. Ich ziehe alle Möglichkeiten, ihr eine bessere Zukunft zu verschaffen, in Betracht: Darjeeling, Dharmsala, Katmandu oder wieder ihr Onkel. Der aber hat selbst vier heranwachsende Kinder und kaum etwas zu beißen, sodass er Kumari nicht für längere Zeit bei sich aufnehmen kann. Doch auch er ist nicht glücklich darüber, dass Kumari in Arun-Khola aufwächst, weil sie dort schlechten Einflüssen ausgesetzt sei und ihrem Schicksal überlassen werde.

Gestern kam Kumaris Onkel ins Thakali-Hotel, denn nur dort können wir ungestört reden. Er schilderte mir, wie schwierig sein Leben ist: »Ich verdiene nur sehr wenig am Tag, und manchmal bekomme ich statt Geld nur ein Pfund Reis. Davon können wir mit unseren vier Kindern nicht leben, und deshalb müssen die Kinder mitarbeiten.« Er zeigt auf seine elfjährige Tochter und fährt fort: »Ich versuche auf dem Markt in Arun-Khola Arbeit für sie zu finden.« Kumaris schüchterne Kusine beäugt mich vorsichtig. Die traurige, fast unterwürfige Miene ihres Vaters weckt die Kämpferin in mir, und ich beschließe, den Problemen, die Kumari und ihre Verwandten am Glücklichsein hindern, zu Leibe zu rücken. Das Stück Seife und die fünfzig Rupien, die ich ihm geben will, lehnt er ab, um keinen Klatsch aufkommen zu lassen.

Ich versuche praktisch zu handeln und mache mich

daran, die Papiere zu besorgen, die Kumaris Leben eine Wendung geben können. Stunden, Tage und Wochen laufe ich von einem zum anderen, um alle möglichen Dokumente und die Sterbeurkunden von acht Familienmitgliedern zusammenzutragen: ihrem Vater, ihrer Mutter, ihren Brüdern, Onkeln und Tanten. Es wird der Grundstock zu einem halben Meter Papierkram. Eine neue Welt tut sich auf, ein schwerfälliger Behördenapparat, teils bürokratisch, teils freundlich, aber undurchsichtig. Telefon oder gar Faxgerät und andere Kommunikationsmittel sind nicht vorhanden. Alles geschieht aufs Geratewohl, und man kann nur hoffen, dass diejenigen, die offiziell etwas zu sagen haben, auch da sind. Die Chancen dafür stehen schlecht, denn meist ist der Pradhan Panch* auch Großgrundbesitzer. Am ehesten erreiche ich etwas, wenn ich selbst hingehe, auch wenn ich oft Tage, mitunter sogar mehrere Wochen auf Antwort warten muss. Manchmal muss Kumari mit, dann wieder ihr Onkel oder Jud.

Am späten Vormittag suche ich den Pradhan Panch von Arun-Khola auf. Er liegt noch im Bett und schickt mich weiter zum Pradhan Panch von Biruan. Da der Leichnam von Kumaris Vater am Flussufer des Dorfes Biruan verbrannt wurde, müssen wir die Sterbeurkunde dort holen. Kumari muss mit, und da sie nicht gern läuft, trage ich sie wie immer auf den Schultern. Wir sind mit ihrem Onkel verabredet, irgendwo am Waldrand, bei einem dicken Baum, dort wo der Fluss den Wald von Tamsarya verlässt. Als wir ankommen, hockt er auf den riesigen Wurzeln des Schatten spendenden Baumes. Erst trägt er Kumari ans andere Ufer, dann holt er mich. Ich steige auf seinen gekrümmten Rücken und lege meine großen Hände um seinen mageren, sehnigen Hals. So schmächtig, wie er ist, gebe ich mir alle Mühe, mich leichter zu machen. Eine halbe Stunde später treffen wir Jud in Biruan. Er lässt sich rasieren. Die meisten Männer hier haben kaum Bartwuchs und brauchen nur alle drei Monate eine Rasur.

Der Assistent des Pradhan Panch stellt die Sterbeurkunde aus, die Kumaris Onkel mit seinem Daumenabdruck versehen muss. Jud bittet ihn spontan, eine Bestätigung zu schreiben, dass ich ein guter Mensch sei, als eine Art Beweis meines Wohlverhaltens. Meine Papiersammlung wächst, und ihr Ende ist noch lange nicht in Sicht.

Liebe Kumari,
ganz allmählich lerne ich dich und deine Umgebung besser kennen. Ich habe dich zu lieb, um dich hier aufwachsen zu lassen, wo dein Leben viel zu sehr durch dein Schicksal und deine Zugehörigkeit zu einer niederen Kaste bestimmt ist, wo die Reichen die Armen unterdrücken und missbrauchen. Nur selten sehe ich eine andere Kumari, ein fröhliches Kind, das federleicht umherhüpft, das neugierig und gar nicht menschenscheu ist. Im nächsten Moment aber scheint es, als hätte ich das nur geträumt.

Werden wir unseren Traum verwirklichen?

Von Zeit zu Zeit lebt der Klatsch wieder auf. Diesmal ist es Tokornies Mann, der sich alle möglichen neuen Geschichten ausdenkt. Ich nehme ihn mit zum Pradhan Panch und fordere ihn auf, sie zu wiederholen. Der Junge, der Jud schon seit Monaten meine Briefe bringt, kommt dazu und verteidigt mich spontan. Er weiß genau, wie viele Briefe ich geschrieben habe, sogar in welchem Monat. Mitleid mit Tokornies Mann beschleicht mich, obwohl ich ihn nicht mag. Nach dem Gespräch lade ich ihn zu einem Bier ein, und dabei merke ich, dass der Mann unglücklich ist. Aber ich hüte mich, mir seine Geheimnisse erzählen zu lassen; mein Kopf ist auch so schon voll genug und mein Herz noch voller.

Immer öfter fliehe ich vor der düsteren, bedrückenden Stimmung in meiner Umgebung ins Thakali-Hotel. Die Kinder sehen so ungesund aus, und meine Hilfe ist nur ein Tropfen auf den heißen Stein.

Im Thakali-Hotel lerne ich Peter kennen, einen englischen Ingenieur, den Leiter eines Straßenbauprojekts. Endlich jemand, dem ich – teilweise zumindest – mein Herz ausschütten kann, besonders jetzt, da Tokornie mir so auf der Pelle sitzt. Außerdem können wir unsere Erfahrungen und Erlebnisse aus Arun-Khola austauschen. Aber so schwierig es auch ist, hier zu wohnen – ich bereue es nicht. Ich kann Kumari tagaus, tagein beobachten. Doch aus Angst vor der Zukunft versuche ich, mich nicht zu sehr an sie zu binden, und mische mich kaum noch in ihre Versorgung ein. Aber es ist schwer zu ertragen, wenn ich sie im Schweine- und Ziegenkot spielen sehe. Ungewaschen und in einem ehemals roten, jetzt aber schwarz verdreckten Kleidchen legt sie mir abends ihre schmutzigen Händchen um den Hals. Nachts kuschelt sie sich an mich. Gern geht sie mit auf den Markt, um Obst zu kaufen oder sich einfach nur umzusehen. Ich lasse ihr ein neues Kleid nähen. Am liebsten sitzt sie auf meinen Schultern, weil sie von dort einen guten Überblick hat. Sie legt die Hände auf meinen verlausten Kopf, und so spazieren wir über den Markt, bis ihr Kleid fertig ist. Gegen Abend kehren wir in unsere Hütte zurück. Neben uns sind neue Nachbarn eingezogen. Sie sind auffallend sauber und schicken ihre Kinder zur Schule. Rings um ihre Hütte ist der Boden gefegt, und die Töpfe stehen auf einem Bord. Die anderen ignorieren sie.

Im Thakali-Hotel kann ich ungestört schreiben und reden. Während Jud mir bei meinen Briefen an die Minister hilft, die inzwischen mit der Sache befasst sind, packt sein ältester Sohn meine Sachen, denn es wird wieder einmal Zeit für einen Besuch in Tamsarya. Als die Briefe fertig sind, brechen wir auf. Juds Frau empfängt mich mit einem Geschenk aus den Bergen, einem wunderschönen, von ihrer Familie gewebten Magarstoff. Die Kinder freuen sich riesig, dass ich wieder da bin.

Nach dem Essen gehe ich wie gewöhnlich mit den Kindern nach oben. Kaum haben sie mein Schamhaar entdeckt, sind meine Brüste nicht mehr interessant. Bis zur Pubertät ist Körperkontakt jeglicher

Art etwas ganz Normales, und die Kinder kennen kein Schamgefühl. Danach ändert sich vieles, und der Körperkontakt beschränkt sich auf das tägliche Lausen und – wenn noch Zeit dafür ist – Massieren. Die Kinder kennen sehr subtile Techniken; beispielsweise fassen sie die Haut mit Daumen und Zeigefinger, drehen sie ein wenig und lassen sie dann los. So wird der ganze Rücken bearbeitet. Die Beine werden geklopft, Zehen und Finger lässt man knacken. Nach einigen Monaten habe ich mich an alle möglichen nepalesischen Gebräuche gewöhnt. Und an die Unannehmlichkeiten: die Läuse und den Durchfall. Auch der Klatsch kann mir nichts mehr anhaben. Ich esse zweimal täglich Dhal Bhaat, und allmählich sieht es so aus, als würde ich nie mehr etwas anderes zu mir nehmen. Das Touristenessen in Katmandu vertrage ich nicht mehr und gehe deshalb meist in nepalesische Garküchen.

Liebe Kumari,
du schläfst neben mir. Zum ersten Mal sind wir allein in einer anonymen Umgebung. Du und ich im Hotel Riverview, wo ich bei meinem ersten Aufenthalt hier in Nepal mit einer Tanzgruppe aus Katmandu übernachtet habe. Damals habe ich zwischen Tischen und Stühlen auf dem Boden geschlafen. Jetzt haben wir ein richtiges Zimmer. Wir sind bei den Leuten, die neben dem Hotel wohnen, eingeladen. Deine braunen Augen werden größer und größer vor Staunen. Zum ersten Mal reagierst du mit Begeisterung auf eine neue

Umgebung. Immer wieder rufst du: »Abie*, abie, Mummie!« Das Haus ist schön und gepflegt, überall liegen selbst gehäkelte Deckchen. Nach einer Stunde gehen wir wieder auf unser Zimmer, und ich massiere dich, bis du einschläfst.

Am Vormittag kaufen wir auf dem Markt Schuhe und Söckchen für dich und lassen Passfotos machen, dazu eine normale Schwarzweißaufnahme von dir, denn Farbfotos sind hier unbekannt. Deine Armbänder koloriert der Fotograf von Hand.

In dem Touristenhotel gegenüber essen wir chinesisch. Kumari, du isst ja so viel, solche Mengen habe ich dich noch nie verzehren sehen. »Mieto*, mieto, Mummie«, und ich bestelle noch eine Portion Huhn süß-sauer, die du problemlos allein verdrückst. Wir haben es schön miteinander, ich genieße jede Minute mit dir, und am Nachmittag kehren wir nach Arun-Khola zurück. Was für ein herrlicher Tag!

Im Thakali-Hotel warten Jud und Kumaris Onkel auf uns. Wieder einmal muss ein Brief geschrieben werden. Darin steht, dass Kumaris Onkel finanziell nicht in der Lage ist, für Kumari zu sorgen, und dass er mich als Kumaris Mutter möchte. Er sieht mich strahlend an, als Jud das Papier vorliest, streichelt Kumaris Händchen und sagt: »Das ist deine Mutter, Kumari, nicht wahr?«

Kumari nickt. Sie denkt wohl eher an die Mandarinen auf dem Markt. Der Assistent des Pradhan

Panch öffnet ein Kästchen mit schwarzer Tinte, in das der Daumen des Onkels kaum hineinpasst, und Jud reicht ihm unter dem Tisch fünfzig Rupien. Die Linien in den Handflächen des Onkels sind wie ausgetretene Waldpfade: Breite, tiefe, mit der Erde des Großgrundbesitzers gefüllte Furchen saugen die Tinte aus dem Kästchen auf.

Auf dem Markt kaufe ich Obst und andere gute Sachen für die Familie des Onkels. »Was bin ich froh, dass du einen so lieben Onkel hast, Kumari.« Er bittet mich, ihn von jetzt an Kaka* zu nennen und seine Frau Kaki*.

Allmählich habe ich genug von Tokornie und ihrem Mann Tokor. Die beiden wollen mit mir und Jud nach Parasi, um mit dem Distriktchef zu reden, eine gute Idee, wie mir scheint. Jud und ich sind als Erste da. Während wir uns mit dem Distriktchef unterhalten, kommt Tokor wutschnaubend herein. Jud, so wendet er sich an den Distriktchef, habe seinem Sohn und Kumari ein Tika gegeben, in der Absicht, die beiden später zu verheiraten, und er, Tokor, wolle nicht, dass Kumari in die Niederlande gehe. Perplex sehe ich ihn an und frage ihn, wie er zu dieser Tika- und Heiratsgeschichte kommt. »Das hab ich gehört«, lautet seine Antwort. Der Distriktchef ignoriert seine Worte und teilt ihm mit, dass weder er noch Tokornie in dieser Sache etwas zu sagen hätten und dass nach nepalesischem Recht allein Kumaris Verwandte über sie entscheiden könnten. Dem Gesetz und Kumaris Wunsch entsprechend werde sie morgen zu ihrem Onkel zurückkehren, vorausgesetzt, ich verspräche, sie zu unterstützen. Ich erkläre mich schriftlich bereit, die wirtschaftliche Verantwortung für das Kind zu übernehmen, indem ich die Familie finanziell unterstütze. Und wieder werden Papiere ausgefertigt und mit Daumenabdrücken versehen.

Als ich nach Arun-Khola zurückkomme, fühle ich mich dort nicht mehr wohl. Gegen acht Uhr morgens kommt Kaka, um Kumari abzuholen, doch Tokornie ist mit ihr verschwunden, ohne irgendjemandem etwas davon zu sagen. Ich mache mich auf die Suche nach Kieshan, um ihn zu fragen, was ich tun soll. Vielleicht kann er mit seinem westlichen und östlichen Wissen einen guten Rat geben. Für Jud ist das Maß jetzt endgültig voll. Er hat unterdessen einen Jungen nach Tamsarya geschickt, um den Träger zu holen, der bei meinem Umzug von Tamsarya nach Arun-Khola mitgeholfen hat. Meine Zeit in der Hütte in Arun-Khola ist um. Als der Träger kommt, packen wir alle gemeinsam meinen spärlichen Hausrat zusammen. Frauen aus der Nachbarschaft sagen mir, wie sehr sie bedauern, dass ich weggehe. Bevor wir aufbrechen, versorge ich noch rasch zwei kranke Kinder. Ganz Arun-Khola ist über die neueste Entwicklung auf dem Laufenden und verfolgt das Geschehen aufmerksam.

# Mutter und Tochter in Not

Seitdem ich nicht mehr in meiner eigenen Hütte wohne, pendle ich zwischen dem Thakali-Hotel und Tamsarya hin und her. Die Sachen, die ich in Arun-Khola nicht mehr brauche, nimmt Jud mit. Fürs Erste quartiere ich mich im Thakali-Hotel ein und harre der Dinge, die da kommen werden. Ich höre von einem Jungen, der von der Brücke gestürzt und seinen Verletzungen erlegen ist. Es ist nicht der erste tödliche Unfall auf der Brücke, und ich frage Peter, ob er nicht ein Geländer anbringen lassen kann.

Weit draußen vor dem Ort suche ich mir in dem Fluss, der hinter dem Thakali-Hotel vorbeifließt, einen großen Stein mitten im Wasser, auf dem ich jeden Morgen meditiere. Meine Probleme und Gedanken um Kumari und unsere Zukunft fließen mit der Strömung mit. Frisch gewaschen und ausgeruht beginne ich den Tag. Im Thakali-Hotel kann ich mich entspannen. Die Familie umgibt mich mit ihrer Liebe und Fürsorge und lässt mich in Ruhe.

In der Abenddämmerung verfolge ich in Gedanken versunken das Geschehen am Fluss. Ein Bauer treibt seine Büffelherde ans andere Ufer, ein Fischer wirft sein Netz aus. Ein etwa siebenjähriges Mädchen schöpft mit einem Aluminiumbecher langsam den Mond aus dem Wasser, bis ihr Tonkrug mit goldenem Abendlicht gefüllt ist. Barfuß tastet sie sich über die Steine zu dem Teestand zurück, an dem sie von sechs Uhr morgens bis zehn Uhr abends arbeitet.

Vor dem Sherpa-Hotel, direkt gegenüber dem Thakali-Hotel, sitzt eine Mutter mit ihrem Baby auf dem Boden. Verzweifelt legt sie mir das magere, weinende, nackte Kind in die Arme. Meine Frage, was los ist, kann sie nicht beantworten; sie ist taubstumm. In ihren Augen spiegelt sich ihr Überlebenskampf. Von den Leuten in Arun-Khola erfahre ich, dass sie schon seit mehreren Monaten umherwandert. Sie ist krank und hat keine Milch für das Kind. Um am Leben zu bleiben, musste sie ihren Schmuck verkaufen. Ich bezahle fünf Tage im Sherpa-Hotel im Voraus, sodass sie dort essen und schlafen kann. Mit Vitamintabletten hoffe ich sie so weit zu bringen, dass sie wieder stillen kann, denn sonst wird das Kind sterben. Ich komme mir vor, als hätte ich mich von meinen Schuldgefühlen losgekauft. Normalerweise kann ich mich nachts, wenn ich allein bin, der nepalesischen Wirklichkeit entziehen. Jetzt aber denke ich die ganze Nacht an die Frau.

Einige Tage versorge ich sie, und als ich ihr hundert Rupien gebe, geht sie sofort auf den Markt, um Kleider für das Kind zu kaufen. Ich mache den Bewohnern von Arun-Khola einen Vorschlag: »Wenn ihr der Frau Arbeit gebt, bezahle ich eine Hütte für sie.« Aber sie erwidern: »Lass sie. Sie stirbt sowieso, und es gibt hier schon genug Armut.«

Trotz meiner Fürsorge hat sie noch immer kaum Milch, sodass ich, um das Baby zu retten, einen raschen Entschluss fassen muss. Für den Fall, dass Jud und Kaka nach mir fragen, sage ich im Thakali-Hotel Bescheid, dass ich Mutter und Kind nach Katmandu bringe. Bevor wir am nächsten Morgen aufbrechen, lasse ich die Frau ein paar Gläser Milch trinken, in der Hoffnung, dass die Milch direkt in ihre Brüste fließt, aber eine Stunde später muss sie sich im Bus übergeben. Unsere Kleider sind von Erbrochenem durchtränkt, und ich mache sie, so gut es geht, wieder sauber. Ich nehme das Baby auf den Arm, und die Mutter lehnt sich todkrank an mich. In Katmandu versuche ich so schnell wie möglich ein Hotel zu finden, aber niemand will uns aufnehmen. In aller Eile kaufe ich ein neues Umschlagtuch für die Mutter und ein großes Handtuch, in das sie das Baby wickeln kann, dann mache ich mich wieder auf die Suche nach einem Quartier. Zum doppelten Tarif bekomme ich schließlich ein Zimmer. Um noch ins Krankenhaus zu gehen, ist es zu spät. Ich lasse mir gekochte Milch bringen, die ich mit Wasser verdünne, und flöße sie dem Baby in kleinen Mengen ein.

Am nächsten Morgen fahren wir zusammen ins

Krankenhaus, wo die Mutter Spritzen und Tabletten bekommt. Dann bringt uns ein Taxi von einer Fürsorgestelle zur anderen, aber nirgends kann ich die beiden unterbringen. Entweder will man nur die Mutter aufnehmen, aber nicht das Kind, oder nur das Kind, aber nicht die Mutter. Schließlich sinke ich in Bal Mandir, einem Heim für Waisenkinder, erschöpft auf eine Bank. Die Direktorin, die mich zum Glück nicht wieder erkennt, sitzt noch genauso gleichgültig hinter ihrem Schreibtisch wie vor einem Jahr, als ich mich nach Unterbringungsmöglichkeiten für Kumari umschaute. Sie sagt: »Das Kind kann bleiben, die Mutter nicht.« Ich wende ein, dass man Mutter und Kind doch nicht trennen könne, und frage sie nach einer Möglichkeit, beide unterzubringen, aber sie zuckt nur die Schultern und wendet sich wieder ihrer Arbeit zu.

Ich sage: »Ihr seid Nepalesen, ihr müsst dieser Frau und dem Kind helfen.« Keine Reaktion. Doch ich bin entschlossen, hier nicht wegzugehen, bis uns jemand hilft. Eine Frau, die gerade vorbeikommt, fragt, was los sei. Meine Schilderung rührt sie, und kurz darauf erzählt sie mir im Taxi, dass sie als Kind dank der Hilfe anderer aus einer fast ausweglosen Lage gerettet wurde. Inzwischen ist sie verheiratet, hat Kinder und arbeitet in Bal Mandir als Sekretärin. Das Taxi schlängelt sich in Richtung Bhaktapur durch die Stadt, bis wir etwas außerhalb den Ashram* von Tulasi Meher Mahila erreichen, ein Zentrum für obdachlose Mütter und Kinder. Eine freundliche Krankenschwester nimmt mir das Baby ab. Die

Mutter setzt sich zu den anderen Frauen ins Gras, und ich gehe ins Büro, um mit dem Koordinator des Zentrums zu sprechen, der mir die Erlaubnis gibt, die Frau und das Kind hier unterzubringen. Als ich zu ihr zurückkomme und mich einen Moment auf die Wiese setze, fange ich an zu weinen. Alle Frauen außer der Mutter, die ich hierher gebracht habe, weinen mit, und als wir aufhören, fängt sie an zu weinen. Die nette Krankenschwester hat selbst ein Baby von wenigen Monaten, ihre Brüste sind voll Milch, und als sie den kleinen Neuankömmling anlegt, denke ich: gerettet.

Im Büro müssen die nötigen Formulare ausgefüllt werden. Da die Frau taubstumm ist, kann ich die meisten Fragen nicht beantworten. Aber ich habe die beiden hierher gebracht, also muss ich ihnen auch einen Namen und ein Geburtsdatum geben. Ich nenne die Mutter Kanchi und trage mein eigenes Geburtsdatum ein; so werde ich an meinem Geburtstag an sie denken. Die Sekretärin fragt, ob ich das Baby nicht nach ihr nennen möchte, und so bekommt es den Namen Rita. Im Schlafsaal wird ein Bett für Kanchi und Rita hergerichtet, und ich fahre schnell in die Stadt zurück, wo ein Paket mit gebrauchten Kleidern aus den Niederlanden eingetroffen ist. Am nächsten Tag kann ich Kanchi und das Baby mit den Sachen ausstaffieren. Rita liegt an der Brust der Schwester und sieht aus wie das glücklichste Baby der Welt. Ich besuche die beiden jetzt täglich, um zu sehen, wie es ihnen geht. Ich unterhalte mich auch mit Herrn Mulmi, dem Direktor des Zentrums, der sehr offen über sein Leben und die Ziele des Ashrams spricht.

»Als ich sieben war, kam regelmäßig ein gewisser Tulsi mit einem Tontopf zu meinen Eltern und bat um eine Hand voll Reis für unterdrückte und obdachlose Frauen. Ich wusste damals noch nicht, dass er ein großer Freund Gandhis war, aber dieser Mann hat mich so beeindruckt, dass ich mir schwor: So möchte ich später auch werden. Nach dem ›Marsch zum Meer‹, dem demonstrativen Durchbrechen des britischen Salzmonopols in Indien, kam Tulsi zusammen mit anderen Gandhi-Anhängern ins Gefängnis. Als Gandhi 1948 ermordet wurde, floh er nach Nepal, um sich dort für die Unterdrückten einzusetzen.

Mit zweiundzwanzig zog ich mit meiner Frau und meiner Tochter in den Tulasi Meher Mahila Ashram, um dort zu arbeiten. Abends studierte ich an der Universität Politologie und Geschichte. Nach meinem Abschluss bekam ich verschiedene erstklassige Jobangebote. Ich hätte sogar nach Amerika gehen können, aber ich wollte meinen Schwur nicht brechen. Und ich wollte mich weiter mit Tulsis Ideen befassen, die wiederum von den Ideen Mahatma Gandhis inspiriert waren. Wir setzen uns dafür ein, die Situation obdachloser Frauen und Kinder zu verbessern; Kaste, Klasse oder Herkunft spielen dabei keine Rolle. Selbstachtung und dic Achtung vor dem Nächsten und der Umgebung, das sind unsere wichtigsten Prinzipien. Wahrheit und Gewaltlosigkeit sind die Basis des Kampfes gegen Ausbeutung und Klassengesellschaft.«

Vierzig Frauen und zweihundert Kinder leben im Tulasi Meher Mahila Ashram. Die Frauen gewinnen ihre Selbstachtung zurück und können nach einer zweijährigen Berufsausbildung einen Neuanfang machen. Sie lernen weben, nähen, stricken und Teppiche knüpfen. Fünfzig Prozent des Umsatzes dürfen sie behalten, die andere Hälfte geht für die laufenden Kosten an das Zentrum.

Ich wandere durch das Schulungsgebäude und unterhalte mich mit einigen Frauen. Die siebenundzwanzigjährige Maya sitzt mit einem ihrer drei Kinder an einem Spinnrad und erzählt mir, dass sie nach dem Tod ihres Mannes nichts mehr außer einer Hütte und hundertzwanzig Rupien besaß. Niemand konnte oder wollte ihr helfen, bis sie hierher kam.

Abika ist erst seit vier Monaten im Ashram. Als ihr Mann vor einem Jahr starb und ihre Familie ihr nicht helfen konnte, kam sie hierher. Sie sagt: »Ich würde ja gern wieder heiraten, aber weil ich arm bin und drei Kinder habe, will mich niemand.«

Nachdem mir vierzehn Frauen ihre Geschichte erzählt haben, bin ich voll von ihrem Kummer und Schmerz. Sie haben keine Alternativen, keine Rechte, keine Freiheit. Ich durchquere den Garten und besichtige die Ambulanz, in die einmal pro Woche ein Arzt kommt. Außer einer Schule für die Kinder entdecke ich auch eine Bibliothek, in der weiße Ameisen die Hälfte von Gandhis Ideen aufgefressen haben. Man lädt mich zum Essen ein, aber nach einer halben Stunde höre ich, dass nicht gekocht werden kann, weil kein Wasser da ist.

Später liege ich vor dem Ashram im Gras und studiere die Grundrisszeichnungen des defekten Wasserleitungssystems. Es gibt einen sechs Meter tiefen Brunnen und nur eine einzige Pumpe für das ganze Zentrum. Der Brunnen ist regelmäßig leer. Es müsste doch möglich sein, Geld aufzutreiben und das Zentrum mit einer neuen Wasserquelle, mit Wasserhähnen und Toiletten auszustatten. Das Glück ist auf meiner Seite, denn ich lerne Bert van Ommen kennen, einen niederländischen Ingenieur, der sich bereit erklärt, mir bei der Abfassung eines Projektantrags zu helfen.

Heute Nacht bin ich mehrmals aufgestanden und an das Bett auf der anderen Seite meines Zimmers getreten, um mich davon zu überzeugen, dass Kanchi darin liegt. Aber sie ist nicht da, und um zur Ruhe zu kommen, lege ich mich schließlich selbst hinein. Was ist das zwischen ihr und mir? Eine unerklärliche Verbindung. Manchmal wecken solche Erfahrungen Angst und Einsamkeit in mir. Aber die Angst zieht mich auch an; ich verspüre das Bedürfnis, mitten in sie hineinzugehen und neue Erfahrungen zu sammeln.

Die Schwester erzählt, dass sie heute Nacht von mir geträumt hat. Seit sie Rita stillt, wird das kleine Mädchen zusehends kräftiger.

# Kumari wird entführt

Ich bewege mich ständig zwischen zwei Welten. Die eine Welt ist Katmandu, die andere Tamsarya und Umgebung. Ich besuche Banira Giri, die Frau, die Gedichte über die Unterdrückung nepalesischer Frauen schreibt. Ihre Adresse, die mir der indische Dichter Yuyutsu gegeben hat, liegt seit Monaten in meiner Tasche. Wir werden schnell miteinander vertraut und teilen unsere Gedanken und unsere Ohnmacht, während wir aus dem Fenster über ihre Blumenbeete und die Reisfelder Katmandus blicken. Banira ermuntert mich, über meine Erfahrungen in Nepal zu schreiben, aber mir kommt es vor, als würde ich dazu niemals die Zeit finden. Erst müssen eine ganze Reihe von Projekten durchgeführt werden. Meine Tagebücher kann ich später immer noch ausarbeiten. Banira schreibt außer Büchern und Gedichtbänden auch für Zeitungen und Zeitschriften, um das Thema Kinderhandel und die schwierige Situation der Frauen nicht in Vergessenheit geraten zu lassen.

Schöne junge Mädchen aus den Bergen, die auf dem Markt Mandarinen, Mangos und handgewebte Decken verkaufen, werden den Eltern mit dem Versprechen, sie würden in Indien eine gute Stelle bekommen und nach einigen Jahren mit viel Geld zurückkehren, von indischen oder nepalesischen Kriminellen abgekauft. Nach mehrtägiger Reise landen sie in den Bordellen von Bombay und Kalkutta, wo reiche Araber und Inder die Reinheit und Unbefangenheit dieser Kinder aus dem Himalaja zerstören. Ich weiß, dass auch in der Umgebung der Märkte von Arun-Khola Kinderhandel getrieben wird. Die Händler machen sich die Gutgläubigkeit der Frauen und Kinder zunutze. Kürzlich wagte sich keine Frau mehr im Dunkeln nach draußen. Einige Männer hatten Frauen, die im Dunkeln von den Feldern heimkehrten, wie Affen von den Bäumen herab angesprungen und ihnen ihren Schmuck geraubt.

Inder, die für ihre Geschäftstüchtigkeit bekannt sind, lassen nepalesische Familien im Urwald Früchte sammeln, aus denen Seife gemacht wird. Mit indischen Lastwagen werden sie säckeweise in die Seifenfabrik nach Indien gebracht, und die fertige Seife wird dann wieder nach Nepal transportiert, wo die Nepalesen sie zu einem saftigen Preis kaufen können, um ihre von der schweren Arbeit schmutzigen Hände damit zu waschen. Genauso wird mit Heilkräutern, besonderen Pilzen und Holz verfahren. Die Behörden sehen tatenlos zu und drücken auch bei Gesetzesbrüchen ein Auge zu.

Überraschend besucht mich Kaka im Thakali-Hotel. Zitternd nimmt er neben mir Platz, und ich wage gar nicht zu fragen, was er mir zu sagen hat.

Schließlich ergreift er meine Hand. »Kumari ist nicht mehr da. Tokornie hat sie mitgenommen. Ich bin zu arm, um für sie zu sorgen, aber dass sie bei Tokornie lebt, macht mich ganz unglücklich. Wenn sie etwas größer ist, will Tokornie sie verkaufen, habe ich gehört. Ich kann über mein und Kumaris Leben so wenig selbst bestimmen. Was soll ich machen? Manchmal bin ich so müde vom Leben. Die Reichen haben so viel Macht über mich. Aber ich habe immerhin gelernt, meinen Namen zu schreiben.«

Ich gebe ihm mein Tagebuch, und er schreibt langsam und sehr sorgfältig seinen Namen hinein. Ich nehme seine Hand und sage, dass ich alles tun werde, ihm zu helfen.

Was tue ich eigentlich in Nepal?

Ich will Kumari niemals verlieren. Ihr Verschwinden macht mir bewusst, wie groß die Liebe ist, die ich für sie empfinde. Ich versuche den Lauf des Flusses, mit dem ich mein Leben vergleiche, nicht zu steuern. Ein felsenfestes Selbstvertrauen gibt mir Ruhe. Ich werde vorläufig nicht in die Gegend und die Hütte, in der ich mit Kumari gewohnt habe, zurückkehren. Das alles ist viel zu sehr mit Kumari verbunden. Ohne sie wäre es nur ein schmutziger, trauriger Ort. Der Pradhan Panch unternimmt nichts, um Kumari aufzuspüren, und die Menschen, unter denen sie gelebt hat, meiden mich. Warum ist Tokornie ohne ein Wort mit Kumari verschwunden?

Die Straßenarbeiter, die im Hotel logieren, erzählen unglaubliche Geschichten. Noch vor fünfzehn Jahren, so berichtet einer von ihnen, kam es vor, dass schwangere Frauen sich nachts auf die Suche nach einem Kind machten, um es zu töten und sein Blut zu trinken. Das stärke das Ungeborene, glaubte man, es könne dann nicht sterben. Ich bekomme meinen Reis kaum noch hinunter.

Mitten unter den Arbeitern sitzt Peter, der nüchterne englische Ingenieur. Er seufzt und beginnt zu erzählen: »Ich mache abends oft noch einen Spaziergang. Es ist dann still, und man sieht so viele Sterne am Himmel. Vor vier Wochen, als ich auch wieder draußen war, sah ich einen alten Mann ohne Augen in einem weißen Gewand. Er forderte mich auf, mit ihm zu kommen, und rief die ganze Zeit leise: ›Komm mit, komm, komm doch … komm!‹ Ich sah auch große Ballons, die mich irgendwie mit sich fortziehen wollten. Der Angstschweiß brach mir aus, und ich habe mich mit aller Macht dagegen gewehrt und gegen diese magischen Kräfte angekämpft, bis ich ganz erschöpft an meiner Baracke ankam. Es war, als hätte ich dem Tod Auge in Auge gegenübergestanden.«

Der Schweiß rinnt ihm von der Stirn, und seine Haare stehen zu Berge. Die anderen lauschen mucksmäuschenstill, und ich fange schon an zu glauben, dass es den Kietskomnie* wirklich gibt, wie die Nepalesen diese Gestalt, die stets in Weiß erscheint, nennen.

»Und wenn Peter mitgegangen wäre?«, frage ich.

»Dann wäre er nie mehr zurückgekommen, man würde ihn nirgends mehr finden, und das Schlimmste von allem wäre, dass wir dann keine Arbeit mehr hätten, denn Peter ist ein guter Chef.«

Ich habe genug gehört.

Liebe Kumari,
fast einen Monat ist es her, dass ich dich zuletzt gesehen habe. Es gibt Tage, an denen ich kaum an dich denke, und dennoch bist du stets gegenwärtig. Wenn ich ein Kind sehe, das dir gleicht, beginnt mein Herz zu hämmern, und wenn ein Kind so ähnlich weint wie du, möchte ich es am liebsten trösten.

Manchmal werde ich böse auf dich und empfinde unsere Liebe als eine Belastung; du bist so plötzlich in mein Leben getreten und nicht mehr daraus wegzudenken. Was habe ich dir mehr zu bieten als jemand anderer? Wer bin ich, um über deine Situation zu urteilen oder sie zu verurteilen?

Ich weiß keine Lösung für deine Zukunft. Bedeuten all diese Probleme, dass ich von hier weg muss, oder sollen sie mich auf die Probe stellen, ob ich den Dingen auch realistisch ins Auge sehe? Ich weiß es nicht. Es scheint, als wäre ich seit dem Tag, da ich dich zum ersten Mal sah, keinen Schritt weitergekommen.

Als ich am nächsten Tag im Fluss bade, höre ich ein »Abie, abie, abie ...«. Die Stimmen kommen über die Wellen des schnell fließenden Wassers herangehüpft, und einen Moment lang denke ich, es ist Kumari. Aber es sind zwei Kinder, die ich hier häufig sehe; wir spielen miteinander und spritzen uns nass. Das tröstet mich.

Gegen elf kommt Kieshan; wir wollen zu meiner Hütte und mit den Nachbarn über Kumaris Verschwinden reden. Tokornie, so erfahren wir, hat sich mit ihrem Mann zerstritten und ist deshalb mit Kumari in ein Dorf bei Pokhara gezogen. Auch noch andere Konflikte scheinen im Spiel zu sein, von denen ich nichts begreife. Ich verteile die Kinderkleidung und ein paar Tüten Müsli, die ich aus Katmandu mitgebracht hatte. Aber so viel ich auch bringe, es ist nie genug. Und es ändert nichts am Schicksal dieser Kinder. Ich versorge die Kranken, so gut ich kann, aber auch das ist angesichts der Dutzende von Kindern, die krank und mit infizierten Wunden herumlaufen, nur ein Tropfen im Ozean.

Auf dem Rückweg frage ich Kieshan um Rat, wie ich mit Kumaris Verschwinden umgehen soll. Er ist ein integrer Mann und weiß als Nepalese besser, was in einer solchen Situation zu tun ist. Wir gehen zusammen zum Pradhan Panch, der in einem Brief an die Polizei darum bittet, Kumari zu suchen und zurückzubringen.

Um mir ein Bild von der schweren, aber für arme Frauen typischen Arbeit der Steinträgerinnen machen zu können, beschließe ich, ihnen einige Tage zu helfen. Um zwei stehe ich mit einem Doko auf dem Rücken bereit, und aus der Abfüllmaschine gleiten vierzig Kilo Steine in den Bambuskorb. Die Steine werden für den Bau einer neuen Straße von der indischen Grenze nach Katmandu benötigt. Es handelt sich um ein chinesisch-englisch-indisches Gemeinschaftsprojekt, doch nach einem Konflikt mit Indien haben die Chinesen die Arbeit der Inder übernommen. Arun-Khola fällt unter die Zuständigkeit der Engländer, die jährlich rund zweiundachtzig Millionen Pfund in Nepal investieren. Der Ausbau der Straße ist lebensnotwendig, denn jeden Tag kippen hier bei dem Versuch, aneinander vorbeizufahren, mehrere Laster um, ganz zu schweigen von den Bussen, die in die Schlucht stürzen. Das Flussbett liefert genug Steine für eine neue, sechs Meter breite Straße. Das Zerkleinern und Transportieren der Steine ist Schwerarbeit. Fünfunddreißig Menschen sind täglich von halb sieben Uhr morgens bis sechs Uhr abends damit beschäftigt, überwiegend Frauen und Kinder. Nachdem ich einen halben Nachmittag trainiert habe, fange ich am nächsten Morgen um halb sieben mit den anderen Frauen an. Wenn das Band, das über meine Stirn läuft, sich strafft und meine Beinmuskeln sich anspannen, weiß ich, dass der Doko voll ist. Fünfhundert Meter weiter muss ich die Steine auf einen großen Haufen kippen. Fünf Stunden schleppe ich mit zwanzig anderen vierzehn- bis vierzigjährigen Frauen ununterbrochen Steine. Um halb zwölf ist

Pause, Zeit, um Reis mit Linsen oder ein Chapati* zu essen. Eine Stunde später hänge ich mir den Doko wieder auf den Rücken und denke: Wie soll ich das noch den ganzen Nachmittag durchhalten? Nach einer knappen Stunde schleiche ich mich davon, um meine erhitzten Füße im Fluss zu baden. Ich verstecke mich vor dieser Sklavenarbeit, aber nach zehn Minuten packt mich das schlechte Gewissen, und ich gehe schnell wieder zurück, um weitere vier Stunden lang das Los dieser Frauen zu teilen. Wir lachen uns durch die dicke Staubschicht im Gesicht an, und aus unerfindlichen Gründen stecken mir einige von ihnen drei Ringe an den Finger. Die Hitze schaltet mein Denkvermögen aus, und ich überlasse mich dieser Sklavenarbeit, für die ein Hungerlohn gezahlt wird. Die Frauen haben keine andere Wahl. Um sechs werfen wir die Dokos ab, und die Steinträgerinnen gehen nach Hause, um ihre Kinder zu trösten und das Essen zu kochen. Die Blumen auf ihren zerschlissenen Lungis* sind verwelkt, ihre schwarzen Flechten vom Steinstaub grau. In den folgenden Tagen komme ich ihnen näher. Alle wollen mit mir fotografiert werden und erzählen mir, wie viele Kilo Steine eine Frau pro Tag schleppt: dreitausendachthundert im Durchschnitt, fast vier Tonnen; der Rekord liegt bei acht Tonnen. Müde, staubig und mit schmerzenden Knien komme ich am fünften Tag ins Thakali-Hotel zurück. In meinem Kopf ist ein Gedicht gewachsen.

Die Steinträgerin

Der Montag ist wie der Dienstag
Der Dienstag ist wie der Mittwoch
Der Mittwoch ist wie der Donnerstag, der Freitag
und der Samstag.

Die Steine sind mein Brot
Die Steine halten mich am Leben
Ohne die Steine kann ich nicht leben
Ohne sie sterbe ich
Sie sind meine Last und meine Liebe
Das Schicksal trage ich in meinem Doko mit
Für immer.

Montag, Dienstag, Mittwoch, Donnerstag
Welcher Gott hat mich in diese Wiege aus Steinen
gelegt?
Bis ein mitleidiger Gott diesen Ort erreicht
Sind wir nicht mehr
Dann tragen unsere Kinder die Steine
Groß, klein, weiß, schwarz, schön, hässlich, glatt
und rau.

Auf Kumari wartet ein ähnliches Schicksal. Mit fünf oder sechs Jahren sind Kinder, die halbwegs fest auf ihren Beinen stehen, halb erwachsen. Sie hüten Kühe und Ziegen, hacken Holz, passen auf ihre kleineren Geschwister auf und arbeiten außerdem für eine Mahlzeit pro Tag und – mit etwas Glück – ein bisschen Geld im Monat an einem Teestand, in einem Restaurant oder im Haus eines Großgrundbesitzers.

Ich denke an Sita, der ich mehrere Male in der Woche am Flussufer begegne. Sie wäscht Töpfe und Geschirr für den Besitzer eines Teestandes, sieben Tage in der Woche, von sechs Uhr morgens bis spätabends. Als ich sie einmal beim Wasserholen am Fluss treffe, frage ich sie, ob ich ein Foto von ihr machen darf. Sie verneint entschieden und erklärt: »Ich bin traurig und unglücklich, und deshalb darfst du mich nicht fotografieren. Ich muss hier arbeiten, weil meine Eltern arm sind und nicht genug zu essen haben. Manchmal gehe ich nach Hause. Ich muss wieder an die Arbeit, Didi.«

Mit sechzehn werden die Kinder verheiratet. Den Partner suchen die Eltern aus, meist einen Angehörigen derselben Kaste.

Der Polizeiinspektor hat vor kurzem damit begonnen, Unfälle und Selbstmorde zu registrieren. Ich erschrecke über die hohe Selbstmordrate unter jungen Mädchen und Frauen, die mit einem Mann verheiratet werden, den sie nicht lieben, der viel älter ist als sie oder der sie als Zweit- oder Drittfrau nimmt. Sie schlucken Rattengift oder erhängen sich. Zu rituellen Selbstmorden kommt es häufig, wenn ein Junge und ein Mädchen sich lieben, die Eltern aber einen anderen Partner für sie im Auge haben. Diese Dinge gelangen jedoch nicht an die Öffentlichkeit. Beim Steineschleppen habe ich oft gedacht: Wie kann ein vierzehnjähriges Mädchen sechs Tage in der Woche tagaus, tagein diese Arbeit tun?

»Kinder sind das Glück der Zukunft«, hat einmal jemand zu mir gesagt, eine Äußerung, die mich damals sehr berührt hat. Hier am Fluss in Arun-Khola haben die meisten Kinder keine Zukunft.

Kieshan kündigt an, dass wir morgen nach Dumkibas fahren. Es hat mit Kumaris Verschwinden zu tun. Die Begegnung mit Kanchi und Rita, das Zentrum für obdachlose Mütter und Kinder und meine diversen Ausflüge haben mich von den Gedanken an Kumari etwas abgelenkt. Doch wie auf meiner Radreise durch Tibet und China kommt sie mir genau dann, wenn ich sie zu vergessen drohe, plötzlich wieder in den Sinn. In Dumkibas treffe ich auf einen ausnehmend intelligenten und angenehmen Polizeibeamten, der mir sagt, dass Tokor gefunden sei, Tokornie und Kumari jedoch noch nicht. Er will die Suche fortsetzen, aber ich verspreche mir nicht viel davon.

Ich habe eine Plombe verloren und fahre nach Narayangadh, wo ich nach langem Suchen ein Schild mit der Aufschrift »Dentist« entdecke, das an einem rostigen Nagel hängt. Auf mein Klopfen öffnet ein verschlafener Zahnarzt die Tür. »Es tut mir Leid, aber ich kann Ihnen nicht helfen«, sagt er. »Ich habe keine Instrumente. Ich komme aus Katmandu und bin zwangsweise hierher geschickt worden. Und weil es mir hier nicht gefällt, habe ich keine Instrumente mitgenommen.«

Pech.

In Arun-Khola liegt ein Brief an Kieshan. Wir werden auf dem Polizeiposten in Kowasoti erwartet. Am nächsten Morgen sitze ich mit Kaka, Kieshan und Tokor bei dem Inspektor, der unverzüglich zwei Polizisten beauftragt, Tokornie und Kumari zu suchen. Tokor gibt Kaka eine Rupie und schickt ihn Tee holen, was bezeichnend für seine Selbstbezogenheit ist: gewöhnlich trinken die Nepalesen gemeinsam Tee. Kaka geht wie ein unterwürfiger Sklave mit gekrümmtem Rücken nach gegenüber und reicht dann Tokor, der auf einer Bank sitzt und keinen Zentimeter zur Seite rückt, um für ihn Platz zu machen, würdevoll, aber mit zitternden Händen den heißen Tee. Dieser kleine Vorfall ist für mich im Zusammenhang mit Kumari von großer Bedeutung. Ich sehe mit eigenen Augen, wie respektlos Tokor Kaka begegnet und wie er ihn herumkommandiert. Das Geschehen um Kumaris Verschwinden scheint, da so viele Menschen damit befasst sind, sozialen Charakter zu haben. Ergeben, mit dem festen Willen, Kumari wieder zu bekommen, lasse ich den Dingen ihren Lauf und mische mich nur dann ein, wenn ich etwas gefragt werde.

Aufgeregt erzählen mir ein paar Leute, dass Kumari gefunden sei, doch die gute Nachricht dringt kaum zu mir durch. Statt Erleichterung spüre ich nur Zweifel am Sinn meiner Anwesenheit hier. Greife ich nicht zu sehr in das Leben dieser Menschen ein?

Bei Sonnenaufgang kommen Kieshan und Kumaris Onkel mich abholen, und zum soundsovielten Mal fahren wir nach Kowasoti. Ich gebe Kaka fünfzig Rupien, zwei Stücke Seife und ein Päckchen Zigaretten, aber er will das Geld nicht nehmen, obwohl er mehrere Arbeitstage versäumt.

Auf dem Polizeiposten herrscht Hochbetrieb: Zwanzig Leute sind in Streit geraten und fordern Vermittlung durch die Polizei. Als Nächstes bittet eine Gruppe Bergbewohner um Hilfe; von ihren siebenunddreißig Hütten sind zweiunddreißig abgebrannt. Sie waren auf dem Feld, als das Feuer ausbrach, und jeder Versuch, noch etwas zu retten, kam zu spät. Mit drei Worten werden sie in ihr abgebranntes Dorf zurückgeschickt.

Auf einer Bank im Garten des Polizeiinspektors warten wir auf Tokornie und Kumari. Bestimmt fünfzehn Personen sind anwesend, die alle zu Wort kommen wollen. Für mich zählt nur das Wiedersehen mit Kumari. Vier Wochen haben wir uns nicht mehr gesehen, und doch war es, als wären wir einander immer nahe gewesen. Unbefangen kommt sie auf mich zugelaufen und fragt: »Mummie, hast du Mandarinen?« Ich hole ein paar Mandarinen aus meiner Tasche, und fünf Minuten nachdem sie sie verzehrt hat, ist sie wieder da: »Mummie, hast du noch mehr Mandarinen?« Die Früchte helfen uns, wieder Kontakt aufzunehmen. Ich unterdrücke meine Gefühle, sowohl die zärtlichen wie auch die zweifelnden.

Plötzlich ist auch ein neuer Onkel aufgetaucht. Kaka sagt ihm, er sei kein Blutsverwandter von Kumari und habe kein Recht mitzureden, weil er nach dem Tod von Kumaris Familie nichts getan habe, um Kumari zu helfen. Zum ersten Mal erlebe ich Kaka aufgebracht und emotional. Alle anderen sind von Tokornie zusammengetrommelte Chetri und Brahmanen. Sie tun, als wären sie der liebe Gott persönlich.

Hart und kalt sehen sie mich an. Sie fordern zwanzigtausend Rupien von mir, wenn ich Kumari mit in die Niederlande nehme. Doch auch jetzt lässt sich der Inspektor nicht vom arroganten Auftreten der höheren Kasten beeinflussen, die Kaka und mich in ein schlechtes Licht zu setzen versuchen. Nach kurzem Palaver wird entschieden, dass Kumari nach nepalesischem Recht wieder zu ihrem Onkel muss und dass nur er über ihre Zukunft bestimmen darf. Alles wird schriftlich festgehalten, und dann wird Kumari auf dem Rücken ihrer Tante zu ihrer Familie zurückgebracht. Ich bin erleichtert.

Bevor ich nach Katmandu fahre, besuche ich sie noch mehrmals. Sie spielt und lacht mit ihren Cousinen und ist sichtlich glücklicher und sicherer als zuvor bei Tokornie. Ich freue mich, ein fröhliches Kind zu sehen, das in liebevollen Händen ist und sich geborgen fühlt.

## Im Dschungel der Behörden

Der Innenminister, der Außenminister, der Verkehrsminister, der Minister für Wasserwirtschaft und die vielen Sekretärinnen – ehe ich michs versehe, befinde ich mich mitten im Dschungel der Behörden. Wird der Innenminister, auf den ich nun auch schon eine Stunde warte, Verständnis für meine Geschichte haben? Stimmt es, dass nepalesische Minister vor allem zur Selbsthilfe raten? Kürzlich beschloss ich, all die Probleme und vor allem die Minister für eine Weile zu vergessen und schön essen zu gehen. Auf der Straße klammerte sich ein kleiner Junge an mich und sagte: »Ich habe Hunger, meine Eltern sind tot, und ich habe noch zwei Schwestern, die auch auf der Straße leben.«

Ich dachte: Ich sollte lieber allen Kindern helfen, nicht nur Kumari. In einem einfachen Restaurant bestellte ich zwei Teller chinesische Nudeln. Ich hatte noch keine drei Bissen gegessen, da war der Teller meines kleinen Freundes bereits leer. Auch die zweite Portion verschlang er so gierig, dass ich schon daran dachte, noch eine dritte zu bestellen.

Ich fragte ihn, wo seine Schwestern die Nacht verbrächten, und er führte mich durch enge Gassen zu einem kleinen Tempel. »Hier schlafen wir«, sagte er. »Meine Schwestern sind gerade auf der Suche nach etwas zu essen.« Ich ging in den Laden gegenüber und erkundigte mich dort, ob mein kleiner Freund und seine beiden Schwestern wirklich in dem Tempel schliefen.

»Aber nein«, lautete die Antwort, »sie haben Eltern und ein Zuhause. Kommen Sie mit, ich zeige es Ihnen.«

Er verriegelte die Tür und die ockergelben Fensterläden, und wir gingen mit dem »obdachlosen« Jungen nach Hause. Durch die Türritzen drangen Essensgerüche und Stimmen. In einem kleinen Raum saßen die Eltern des Jungen bei einer üppigen Mahlzeit. »Sind Sie der Vater dieses Jungen?«, fragte ich den Mann.

»Nein.«

»Ist das dein Vater?«

»Ja.«

Ich wurde wütend und sagte dem Mann, er solle auf seine Kinder aufpassen, anstatt sie lügen und bis spätabends den Touristen hinterherlaufen zu lehren. Der Junge versank vor Scham fast im Erdboden, der Vater dagegen wäre mir am liebsten an die Gurgel gegangen. Vielleicht würde er seinem Sohn nun eine Tracht Prügel verpassen. Ich drehte mich um und lief ziellos durch die Nacht von Katmandu. In was hatte ich mich da eingemischt?

Kumari ist glücklich und wohlbehalten bei ihrem Onkel, das beruhigt mich. In den Touristenstraßen, wo die Händler mir ständig mit ihrem »You like carpet, change money, hashish?« in den Ohren liegen, teste ich meine Stimmung. Wenn ich mich schlecht fühle, werde ich aggressiv, wenn ich mich gut fühle, ignoriere ich sie und bleibe bei mir selbst.

Ich bereite mich darauf vor, nach Indien zu fahren, um mir von der niederländischen Botschaft einen neuen Pass ausstellen zu lassen. In dem alten ist vor lauter Stempeln kein Platz mehr, zum Glück, denn so bekomme ich an der Grenze problemlos ein neues Visum, weil es so aussieht, als wäre ich noch nie in Nepal gewesen. Mein altes Visum ist schon zweimal verlängert worden; eine dritte Verlängerung wäre wohl kaum möglich.

Um sechs Uhr morgens klopft es an meiner Tür. Als ich aufmache, stehen Jud und Kumaris Onkel vor mir, die gerade mit dem Nachtbus angekommen sind. Kaka ist zum ersten Mal in seinem Leben in Katmandu. Er hat noch den Geruch des Dorfes an sich. Er habe sich nicht waschen können, sagt er, weil er direkt vom Feld in den Bus gestiegen sei. Ich gebe ihm ein Handtuch und ein Stück Seife. Er muss auf die Toilette, weiß aber nicht, wie er sie benutzen soll, und so erklären Jud und ich ihm den Gebrauch eines westlichen WCs. Die beiden betrachten ganz erstaunt die Bücher und die anderen Sachen auf meinem Bett. Ich lasse Kaka Brot mit Jakkäse probieren, bezweifle aber, dass es ihm schmeckt. Als Erstes gehen wir zusammen auf den Markt und kaufen Sandalen für

Kaka, in Blau, der Farbe des nepalesischen Himmels. Sein kleiner Zeh steht über den Rand hinaus; er hat so breite Füße, dass keine Sandalen zu finden sind, in die seine Zehen komplett hineinpassen. Wir streifen durch die Stadt. Im Ratna-Park steht ein bronzenes Pferd. Langsam nähert sich Kaka dem lebensgroßen kalten Tier. Er betrachtet und befühlt es. »Abie, abie!«, ruft er, und sein schmächtiger Leib krümmt sich vor Schreck zusammen. Jud erklärt ihm, dass es kein echtes Pferd ist, sondern ein Standbild, doch weder er noch Kaka verstehen, wozu so etwas gut sein soll und welche Bedeutung es hat. »Mit so einem Pferd kann man doch nichts anfangen«, lautet ihr nüchterner Kommentar. »Es kann ja nicht mal arbeiten.«

Jud und ich passen gut auf Kaka auf, weil er sonst, ohne nach links und rechts zu schauen, über die Straße läuft. Als ein Flugzeug über uns hinwegfliegt, erschrickt er zu Tode und bleibt stocksteif mitten auf der Straße stehen, wirft die Arme hoch und ruft: »Abie, abie!« Fast überfährt ihn ein Auto, und Jud und ich ziehen ihn schnell auf die andere Straßenseite.

Im Zoo fühlen wir uns alle sehr wohl. Als wir die schönen Hühner betrachten, fragt Kaka, was aus Kumari werden soll. Ich schlage vor, dass sie bei ihm bleibt und ich für ihren Unterhalt aufkomme.

»Nein, nein, Schwester, ich habe selbst vier Kinder und kein Geld. Der Tod von acht Verwandten hat mir schon genug Kummer gemacht, ich kann die

Verantwortung nicht übernehmen. Meine Frau und ich sind den ganzen Tag auf dem Feld, und niemand kann auf Kumari aufpassen.«

Ich frage ihn, ob er es für eine gute Idee halten würde, Kumari auf ein Internat in Katmandu zu schicken, wo er sie regelmäßig besuchen könnte. »Nein, Schwester, ich kann nicht nach Katmandu fahren. Es ist das erste Mal, dass ich in der Stadt bin, und das reicht mir für den Rest meines Lebens. Ich möchte gern, dass du Kumaris Mutter wirst, dann ist sie glücklich und wir anderen auch. Jeden Tag fragt sie: ›Wo ist meine Mummie aus Holland?‹«

Doch die Chancen, Kumaris Mutter zu werden, sind so gering, dass ich versuchen muss, ihr auf andere Weise eine bessere Zukunft zu garantieren. Dennoch geht mir der Gedanke, dass unsere Liebe stärker ist als jedes Gesetz, nicht aus dem Kopf, und ich habe die Hoffnung, als ihre Mutter anerkannt zu werden, noch nicht ganz aufgegeben. Ich werde mir zunächst mehrere Internate ansehen und zugleich an der unmöglichen Aufgabe arbeiten, unserer Liebe Gestalt zu geben.

Bevor Kaka und Jud nach Tamsarya zurückkehren, kaufe ich zwei Essschalen für Kaka. Er wickelt sie aus dem Zeitungspapier, von dem uns die Gesichter von Ministern ansehen, die in der Presse das Blaue vom Himmel herunter versprechen.

Kaka will die Essschalen nicht annehmen und sagt: »Das geht nicht, Schwester, denn wenn ich damit in mein Dorf komme, werden die Brahmanen fragen, was ich da habe, und weil ich zu arm bin, um mir so etwas zu kaufen, werden sie denken, ich hätte die Schalen gestohlen.« Ich verspreche ihm, meinen Namen in die Schalen eingravieren zu lassen und sie ihm selbst zu bringen. Kaka und Jud fahren nach Tamsarya zurück, und ich stürze mich auf die Papiertiger der nepalesischen Bürokratie. Um mich aufzumuntern, besuche ich Banira Giri. Sie macht mir ein Geschenk, einen wunderschönen Anzug, die Hose in Gelb, der Farbe der Sonne, die Bluse in Rot, der Farbe des Glücks. Sehr passend für meine Besuche bei den Ministern. Ich schildere ihr Kumaris Situation, und sie erklärt sich bereit, sich um Kumari zu kümmern, falls sie in Katmandu auf ein Internat kommt. Noch am selben Tag beginne ich mit meinen Besichtigungen, und nach ein paar Tagen habe ich fünfzehn Schulen gesehen. Die Unterschiede sind groß: Von teuren, hauptsächlich den hohen Kasten vorbehaltenen Schulen bis hin zu billigeren, schlechten Schulen für die Mittelschicht ist alles vertreten. Ich komme zu dem Schluss, dass keine von ihnen gut genug oder für Kumari geeignet ist, und lasse den Gedanken, sie auf ein Internat zu schicken, wieder fallen. Kaka könnte sie dort nicht besuchen, andere Verwandte hat sie nicht, und zudem werden alle diese Schulen überwiegend von Kindern der höheren Kasten besucht. Nein, sagt die Mutter in mir.

Und irgendwo in meinem Hinterkopf keimt die Idee, selbst eine Schule zu bauen.

Beim Innenminister lerne ich einen jungen Mann namens Mohan kennen, der mir helfen will. Nachdem ich einen ganzen Tag gewartet habe, bekomme ich von der Sekretärin zu hören, dass der Minister keine Ausländer empfangen dürfe. »Morgen gehen wir zum Außenminister«, sagt Mohan. »Er ist ein Onkel von mir.«

Ich wage mir nichts mehr zu erhoffen. Seit über einem halben Jahr bin ich nun in Nepal und stehe immer noch ganz am Anfang mit meinen Bemühungen, Kumari eine Zukunft zu geben. Mit halbem Ohr höre ich die Gespräche der Touristen: »Great trip. Nice to do.« Am Montag um zehn sitze ich auf Juds Anraten beim Verkehrsminister, der mit einer Magarfrau verheiratet ist und deshalb Verständnis für die Problematik zeigen könnte. Er ist tatsächlich der erste sympathische Regierungsbeamte, dem ich begegne, und er macht einen hilfsbereiten Eindruck. Er sei einmal in Amsterdam gewesen, sagt er. »Amsterdam ist eine schöne Stadt, und die Niederlande sind ein hoch entwickeltes Land.« Er verschafft mir einen Einblick in die Struktur der nepalesischen Behörden und sagt mir, wer oder was für mich besonders wichtig ist. Er rät mir, in Parasi Kontakt mit M. J. C. aufzunehmen, einem Mann, der wesentlich mehr zu sagen habe als der Distriktchef. Dann ruft er im Waisenhaus Bal Mandir an, in dem ich auch mit Kanchi und Rita war. Er macht einen Termin für mich und telefoniert anschließend mit dem Innenminister. Nachdem ich mich von ihm verabschiedet habe, gehe ich zum Zahnarzt, um mir eine

Füllung für meinen Zahn machen zu lassen. Dort spricht mich ein Mann an: »Ich kenne Sie, ich arbeite im Innenministerium und habe Sie dort einmal gesehen, Sie hatten einen gelb-roten Hosenanzug an.« Dankbar denke ich an Banira Giri, die mir dieses wirkungsvolle Geschenk gemacht hat. Der Mann stellt mir tausend Fragen. Ich präge mir sein Gesicht gut ein, bin nett zu ihm, ohne mir etwas zu vergeben, und schaffe es, ihm zu imponieren. Seine Frau arrangiert die Fettwülste ihres umfangreichen Leibes sorgfältig in dem giftgrünen Synthetikstoff ihres Saris. Seufzend und über ihre Zahnschmerzen klagend betrachtet sie dann abwechselnd mich und ihre rot lackierten Nägel. Als sie ins Sprechzimmer gerufen wird, beenden wir unser Gespräch mit den Worten: »Vielleicht sehen wir uns mal im Ministerium.«

Für achtzig Rupien füllt der Zahnarzt das große Loch in meinem Zahn, während mir sein Assistent mit einer Taschenlampe von gewaltigen Ausmaßen in den Mund leuchtet. Erleichtert springe ich von dem uralten Stuhl und nehme eine halbe Stunde später das Spiel mit der Bürokratie wieder auf. Mohan begleitet mich zum Außenminister. Ich weiß nicht recht, was ich von Mohan halten soll. In einem Moment denke ich: Ich vertraue ihm, was für ein netter junger Mann, im nächsten verwischt sich dieser Eindruck wieder. Solche Menschen begegnen mir öfter. Ich tue mich schwer mit ihnen, weil sich mein Gefühl nicht auf eine gemeinsame Geschichte gründen kann. Es ist, als verfolgten sie irgendwelche Absichten, die ich nicht durchschaue, und das macht alles so ungreifbar und zweifelhaft. Mohan ist fünfundzwanzig. Mit dreizehn hat er ein elfjähriges Mädchen geheiratet. Aus der Ehe sind zwei Töchter hervorgegangen, und er hätte gern noch einen Sohn. Die Zeit vergeht schnell, während er erzählt. Der Minister begrüßt ihn ganz und gar nicht wie ein Onkel, und mir kommen Zweifel an Mohans Ehrlichkeit. Aber immerhin bekomme ich einen Brief an den Ortsvorsteher von Nawal-Parasi, wo Kumari wohnt. Ich verstehe nichts vom Inhalt des Briefes, und auch die Funktion dieser Menschen bleibt mir verborgen. Vielleicht mache ich ja einen riesigen Umweg. Das Ganze erinnert mich an meine Fahrt durch die Innere Mongolei, wo ich immer wieder in eine andere Richtung geschickt wurde, nach langen Irrfahrten aber doch an meinem Bestimmungsort ankam. Jedenfalls sind der Verkehrs- und der Außenminister bereit, die Prozedur zu unterstützen. Aber wie viele Minister gibt es noch, und wie lang wird der Weg sein, den ich gehen muss? Es wird Zeit, Kumari wieder einmal zu besuchen, denn ich sehne mich nach dem Kind, und ich besorge mir so schnell wie möglich ein Busticket, um aus Katmandu wegzukommen. Als ich spätabends in Arun-Khola aus dem Bus steige, bin ich froh, im Thakali-Hotel Peter anzutreffen, dem ich Käse, Schwarzbrot und Karotten aus Katmandu mitgebracht habe.

Vor dem ersten Hahnenschrei bin ich schon in Tamsarya. Die Regenzeit hat begonnen und damit die Zeit der Krankheiten und Furunkel. Mit einem neuen Vorrat an Medikamenten versuche ich die eiternden Wunden der Kinder so gut wie möglich zu versorgen. Bei Juds Nachbarn wird gefeiert. Ihr Sohn ist fünf geworden, zum ersten Mal werden ihm die Haare geschnitten, und das wird mit Huhn und Rakshi begangen. Noch am selben Abend fahre ich nach Parasi weiter, um M. J. C. zu treffen und ihm den Brief zu geben. Wie sich herausstellt, sind sowohl der Verkehrs- als auch der Außenminister Freunde von ihm. Das scheint mir ein guter Anfang, auch wenn nicht klar wird, welche Rolle die beiden in der ganzen Sache spielen.

Liebe Kumari,
dass du mir wichtig bist und ich dich sehr liebe, daran zweifle ich nicht mehr. Oft träume ich ganz detailliert von dir. Ich sehe deinen Blick, ich sehe, wie du läufst, wie du isst. Du bist mir so nah, so vertraut, mein Liebes. Ich bin froh, dass du noch Verwandte hast. Dein Onkel ist so arm. Wer weiß, vielleicht können wir irgendwann gemeinsam etwas für deine Familie tun.

Eine Fliege summt um mich herum und lenkt meine Aufmerksamkeit wieder auf den neuen Ortsvorsteher in Parasi, mit dem ich ein nicht sehr angenehmes Gespräch führe. Er sieht mir nicht in die Augen und redet undeutlich. Menschen, aus denen ich nicht schlau werde oder mit denen etwas nicht stimmt, sehen mich nie an. Ohne die Anweisung des Ministers wäre er wohl kaum bereit, einen Brief zu schreiben. Manchmal habe ich das alles gründlich satt.

Eines ist sicher: Während meines Aufenthalts in Nepal habe ich einen sehr viel schärferen Blick auf die Menschen und auf mich selbst gewonnen.

Um einen Brief reicher fahre ich nach Tamsarya zurück, und als ich im ersten Stock mit Juds Tochter Mina plaudere, fragt sie plötzlich: »Was passiert mit Kumari, wenn du stirbst?« Ich kann ihr keine Antwort geben. Sie verbirgt ihr Gesicht hinter einem Tuch, und als sie mich durch den dünnen Stoff hindurch ansieht, merke ich, dass sie weint. Sie sagt, sie sei unglücklich, wisse aber nicht, warum. Und dann fährt sie fort: »Wenn du traurig bist, werde ich auch traurig.« Für Mina habe ich eine besondere Vorliebe. Sie ist lieb, einfühlsam, spontan und intelligent. Ich würde sie gern auf kleine Ausflüge mitnehmen, aber sie muss den ganzen Tag arbeiten. Meine Freunde schicken regelmäßig Kleiderpakete aus den Niederlanden, und ich freue mich jedes Mal, wenn etwas Schönes für Mina dabei ist.

Ich folge einer Ziegenherde auf einem Waldweg zu Kumari. Ihr Onkel wohnt anderthalb Gehstunden von Jud entfernt am Rand der Reisplantagen. Auf der anderen Seite ist ein dunkler Wald – eine Art gemeinschaftliche Vorratskammer –, in dem die Leute Holz sammeln und ihre Kühe und Ziegen weiden. In schlechten Zeiten liefert der Wald den Armen Nahrung.

Seit Kumari bei ihrem Onkel wohnt, geht es ihr viel besser. Am liebsten würde ich sie jeden Tag besuchen. Hinter Kakas Hütte erleben wir unsere glücklichsten Stunden. Sie schiebt mir kleine Happen Essen in den Mund, nimmt mich an der Hand und führt mich an einen schattigen Platz, wo sie sich den Schweiß und die Sonnenstrahlen vom Gesicht wischt und aus Sand und kleinen Steinen Dhal Bhaat für mich macht. Ich sage: »Mieto, mieto!«, und noch ehe ich den grünen Blätterteller leer gegessen habe, kommt sie schon mit der nächsten Portion. Ihr fröhliches Lachen macht mich so glücklich. Zum ersten Mal werde ich in Kakas Hütte eingeladen. Ein Dieb müsste hier lange suchen, um etwas zum Stehlen zu finden. Eine Art Gang führt zur Feuerstelle, das Kücheninventar besteht aus einem Kochtopf und drei Essschalen (zwei davon sind von mir), einer Wasserkanne und einem Trinkbecher aus Metall. Ein Baumstamm mit eingekerbten Stufen bringt uns in den ersten Stock. Hier sind Maiskolben gestapelt, ein halber Sack Reis und eine Metallkiste stehen da, auf dem Boden liegen vier Strohmatten und an einem Stock hängen drei Kleidungsstücke. Ich wage nicht zu fragen, ob das alles ist und wo die Decken sind oder etwas anderes, womit man sich nachts zudecken kann.

Beim Abschied gebe ich Kumari ein paar Küsschen und verspreche ihr, bald wiederzukommen. Sie nickt verlegen, und ihre Augen lassen mich nicht los, bis die Bäume des Waldes uns trennen. In Arun-Khola erreiche ich gerade noch den Nachtbus nach Katmandu. Um etwas auszuspannen, miete ich mir ein Rad und fahre nach Bhaktapur. Unterwegs begegnet mir ein alter Mann mit zerfurchten Zügen. Er fasziniert mich, und ich frage ihn, wo er wohnt. »Überall«, lautet die Antwort. Ich sehe ihn verwundert an. Er lacht. »Ich wohne überall, denn ich habe kein Zuhause.« Am nächsten Tag besuche ich ihn. Es dauert eine Weile, bis ich den höchstens vier Quadratmeter großen Schuppen finde, in dem er mit seiner Frau und seinen vier Kindern wohnt. Das imposante Haus der Besitzerin steht nebenan. Die Familie kann in dem Schuppen wohnen, solange eine der Töchter Tag und Nacht für die Besitzerin arbeitet, und das bedeutet: putzen, kochen, die Frau massieren und stets zur Verfügung stehen. Da in dem Raum kaum Platz ist, setze ich mich auf das Bett, in dem die ganze Familie schläft. Die Tochter schaut kurz herein. Sie wirkt krank, und ich verspreche den Eltern, sie morgen abzuholen und mit ihr zum Arzt zu gehen.

Ein nepalesischer Arzt, der im Westen studiert hat, stellt sie als Erstes auf die Waage: sechsunddreißig Kilo. Die Diagnose lautet Gelbsucht und Übermüdung. Ich beschreibe dem Arzt die Lebensumstände der Familie und bitte ihn, einen Brief an die Arbeitgeberin des Mädchens zu schreiben, dass es schwer krank sei und vorläufig nicht arbeiten dürfe. Die Frau wird sich damit abfinden müssen. Die Geschichte dieser Familie ist die Geschichte vieler Familien. Der Mann war dreizehn und die Frau neun, als sie verheiratet wurden. Ihr Hochzeitsgeschenk hieß chronische Armut. Jahrelang haben sie im Freien geschlafen; jetzt haben sie zum ersten Mal ein Dach über dem Kopf. Der Mann ist fröhlich und mager, die Frau lieb und um die Zukunft ihrer Kinder besorgt. Beide arbeiten als Lastenträger, die älteste Tochter macht den Haushalt, und die beiden Jungen können von dem Geld, das sie verdienen, zur Schule gehen. Die Armut und die Lebensbedingungen dieser Familie beschäftigen mich noch tagelang. Als Anita, eine Angestellte des niederländischen Konsulats, mir sagt, dass sie jemanden sucht, der auf ihre Kinder aufpasst, nehme ich sie mit zu der Familie. Eine Woche später arbeitet die älteste Tochter als Babysitterin bei Anita, wo sie gut zu essen bekommt, anständig bezahlt und eingekleidet wird und sogar Englisch lernt. Später erfahre ich, dass Anita und ihr Mann ein kleines Haus für die Familie gebaut haben.

Liebe Kumari,
du und dein Onkel, ihr erkennt mich als deine Mutter an, und ich bin bereit, die Verantwortung zu übernehmen und dir eine liebevolle Mutter zu sein. Wenn ich den Gedanken an diese Mutterschaft zulasse, werde ich unruhig und mein Herz schlägt schneller. Ich möchte gern für dich sorgen. Dich abends ganz fürsorglich ins Bett bringen. Und dir Blumen kaufen, die magst du doch so. Es liegt mir viel an dir, mein Liebes. Liebe, Wärme, Sicherheit und Trost für deinen Kummer werde ich dir geben. Ich werde dich niemals im Stich lassen.

Die Liebe wird stärker sein als das Gesetz. Jetzt, da ich es akzeptiere, dass ich als Kumaris Mutter ausersehen bin, werde ich die Bürokratie überzeugen. Ich habe meinen Anwalt in den Niederlanden angerufen und ihn gebeten, einen Brief an den nepalesischen Innenminister zu schreiben, zu dessen Inhalt ich ihm genaue Instruktionen gegeben habe. Zwei Tage später erhalte ich den gewünschten Brief per Fernschreiben.

Mohan taucht wieder auf. Er will sich Geld von mir leihen. Ich gebe ihm welches und fordere ihn auf, mich künftig in Ruhe zu lassen. Ein beginnendes Furunkel am Po und die Mücken bereiten mir schlaflose Nächte. Mohan kommt weiterhin fast täglich und bietet mir seine Hilfe bei meinen Behördengängen an, doch statt dann auch wirklich zu helfen, verlangt er nur wieder Geld.

Der zunehmenden Schmerzen und des Fiebers wegen kann ich die Kleiderpakete aus den Niederlanden nicht abholen. Zum Glück kommt Jud nach Katmandu, wir fahren mit dem Taxi zur Post, und er kann die Sachen gleich mit in sein Dorf nehmen. Das Furunkel nimmt die Form eines Tennisballs an, die Schmerzen werden unerträglich, und das Fieber steigt. Ich komme kaum noch vor die Tür und reagiere meine ganze Wut und Ohnmacht an dem Furunkel ab. Ich kneife so heftig in die rot geschwollene Beule, dass ein halber Liter Eiter herausfließt, und als Mohan kommt und mich erneut um Geld bittet, würde ich ihn am liebsten genauso behandeln. Er behauptet, Bauer zu sein, doch nachdem er sich zwei Minuten mit meinem Wasserfilter zu schaffen gemacht hat, ist er schon müde. Er nutzt mich aus, aber ich kann es nicht beweisen. Meine Wut geht in Traurigkeit und Resignation über. Was kann ich tun?

Nach einer knappen Woche kommt Jud mit guten Nachrichten wieder. Er hat die Kleider verteilt, und Kaka und Kaki haben sich sehr darüber gefreut. Kumari fragt jeden Tag nach mir. Und plötzlich kommt die Wende: Mein Furunkel schrumpft, das Fieber sinkt, und ich fasse neuen Mut.

Ich fahre nach Indien, um bei der niederländischen Botschaft in Neu-Delhi einen neuen Pass zu beantragen. Jud bringt mich zum Bus. Dummerweise kommt auch Mohan mit. Ohne ihn näher zu kennen, sagt Jud: »Der Junge taugt nichts, das ist ein Windbeutel.«

# Ein Angebot in Delhi

Alles, was ich anfasse, ist heiß. Die Zeitungen melden fünfzig Grad Celsius. Es herrscht Wassermangel. Im Restaurant Potpourri ist es noch auszuhalten: Klimaanlage, kalte Salate, Eis. Die Nacht vor meinem Geburtstag verbringe ich auf dem Hoteldach. Am nächsten Morgen fahre ich mit dem Taxi zur niederländischen Botschaft. Die Kühle in dem Gebäude klärt meine Gedanken, und nachdem ich kurz meine Geschichte erzählt habe, frage ich, ob man nicht einen Brief schreiben und damit einen kleinen Beitrag dazu leisten könne, dass ich Kumaris Mutter werde. Der Brief mit dem Briefkopf »The Royal Netherlands Embassy« wird geschrieben; ich betrachte ihn als mein Geburtstagsgeschenk. Von den Marmorstufen aus fahre ich weiter durch die Stadt zu den einfachen, unprätentiösen Botschaften Indiens und Nepals, um ein neues Visum zu beantragen. Innerhalb eines Tages ist alles geregelt.

In der indischen Botschaft lerne ich einen bemerkenswerten Mann kennen. Er ist dick und freundlich, kommt aus Afghanistan und heißt Alibaba. Er weiß ein gutes Hotel mit kühlen Zimmern, und zum Geburtstag leiste ich mir diesen Luxus. Zusammen mit Alibaba hole ich meine Sachen aus dem anderen Hotel. Als der Rikschafahrer uns am Ziel absetzt und ich gerade eine Tasche ausgeladen habe, fährt er plötzlich mit der anderen Hälfte meines Gepäcks davon. Benommen und empört schaue ich ihm nach. Auf meinen Wasserfilter, diesen Schutzengel gegen Bakterien, kann ich nicht verzichten.

Alibaba erinnert sich noch an den Teestand, an dem der Rikschafahrer Pause gemacht hat, und der Teeverkäufer weiß, wo der Mann wohnt. Seine Frau behauptet, er sei nicht zu Hause. Alibaba droht, die Polizei zu rufen, wenn meine Sachen nicht auf der Stelle zurückgegeben werden. Da schiebt sich ein gesenkter Kopf um die Ecke, und ein scheues Männchen übergibt mir mit niedergeschlagenen Augen mein Eigentum.

Ich vermisse Kumari.

Um die Zeit herumzukriegen, gehe ich schlafen.

Sieben Uhr abends. Es klopft an meiner Tür. Alibaba fragt, ob ich mit nach unten komme.

Im Garten des Hotels sitzen Musiker, und aus einem Auto werden Instrumente und Töpfe mit Essen ausgeladen. Alibaba beginnt zu singen. Zu meinem Geburtstag. Ich bin gerührt. In einer Pause fängt er an zu weinen. Er schmiegt sich an mich, und aus den Tiefen seines Herzens bricht der Schmerz seines Lebens hervor: »Ich bin Multimillionär, ich bin dick, hässlich und emotional, und niemand will mich heiraten. Ich bitte dich, meine Frau zu werden. Ich kann dir überall ein Haus kaufen, eines in Goa, eines in Nepal, eines in meiner Heimat Afghanistan und eines an einer Gracht in Amsterdam. Mein Vater war auch Multimillionär, aber er war krankhaft geizig und muss darunter sehr gelitten haben. Ich habe Gott versprochen, anders zu werden als er. Ich verschenke viel an Menschen, die es nötig haben.«

Ich kann leider nicht auf seinen charmanten Vorschlag eingehen.

Als ich am nächsten Morgen die Rechnung verlange, stellt sich heraus, dass Alibaba sie schon bezahlt hat.

Als die ersten Straßenkinder von Delhi wach werden, fahre ich mit dem Bus nach Simla in Nordindien, wo die Eltern meiner tibetischen Freundin in den Niederlanden in einem Flüchtlingslager leben. Um halb elf Uhr abends komme ich in Simla an. Ich trotte von Hotel zu Hotel, aber alle sind ausgebucht, und um zu den Eltern meiner Freundin zu gehen, ist es zu spät. Ein Mann bietet mir seine Hilfe an und sagt, er habe ein großes Haus, in dem ich übernachten könne. Er macht einen vertrauenswürdigen Eindruck, aber dann wird er zudringlich, und ich packe schleunigst meine Sachen und laufe geradewegs zur Polizei. Die Beamten lachen nur und begleiten mich zu einem Hotel, wo doch noch ein kleines Zimmer für mich frei gemacht wird.

Es ist eine Wohltat, bei den Eltern meiner Freundin zu Gast zu sein. Ich händige ihnen das Geld und den Brief aus, den ihre Tochter mir für sie mitgegeben hat. Wir unterhalten uns mit Hilfe eines Dolmetschers. Sie wollen in allen Einzelheiten wissen, wie es ihrer Tochter geht. Schon vier Jahre haben sie sie nicht mehr gesehen. Das Zimmer, in dem sie wohnen, ist höchstens zwanzig Quadratmeter groß. In der Mitte steht ein kleiner Tisch, links und rechts davon je ein Bett. In dem Schrank an der Wand befindet sich der ganze Besitz des Paares. Auf einem Bord steht eine Buddhafigur, die unter Schmuck und Opfergaben fast verschwindet. Neben dem Zimmer ist eine kleine Küche. Die Gemeinschaftstoilette wird von allen Bewohnern des Wohnblocks benutzt, der etwa dreißig Familien beherbergt. Das Wasser muss von draußen geholt werden. In der Küche sitzt traurig und schüchtern ein vierjähriger Junge. Er hat keine Eltern mehr und lebt bei seinen Großeltern. »Wir werden alt – wer soll für Puntsok sorgen, wenn wir nicht mehr da sind?« Ich will versuchen, in Nepal jemanden zu finden, der sich um ihn kümmert. Wir besuchen eine tibetische Schule und ein Kloster, und dann fahre ich wieder nach Nepal, nach Tamsarya, zurück zu Kumari.

Kumari ist voller Furunkel und hat eine dicke Beule am Kopf, doch sie springt mir in die Arme. »Schau doch mal nach, Mummie, mir tut alles weh.« Als ich das rote Jod auf die Wunden tupfe, fragt sie, ob es Tikas sind.

Widerstrebend fahre ich nach ein paar Tagen nach Katmandu weiter, um dafür zu sorgen, dass auch die Minister Kumari nicht vergessen.

Liebe Kumari,
du schläfst auf deiner Strohmatte und weißt nicht, dass sich dein Leben vielleicht bald von Grund auf ändern wird. Jedes Mal wenn wir uns sehen, zeigst du mir, wie sehr du mich liebst und dass du mich vermisst, wenn ich nicht da bin. Dein Verhalten mir gegenüber bestärkt mich in meiner Entschlossenheit, deine Mutter zu werden, auch wenn ich noch nicht weiß, wann. Ein langer Weg liegt noch vor mir, aber ich weiß, dass ich mein Ziel erreichen werde. Ich vergleiche diese Schwierigkeiten oft mit meiner Fahrradreise, die trotz aller Hindernisse so schön war. Ich glaube, ich habe dabei viel gelernt, was mir jetzt zugute kommt.

Ich bin froh, dass ich mich mit deiner Kultur verbunden fühle. Dein Leben ist scheinbar sorglos, doch Armut und Tod liegen immer auf der Lauer. Friede und Zeitlosigkeit, alles scheint in deinem Land in Harmonie, diesem drittärmsten Land der Welt, dem man auf den ersten Blick die Unterdrückung durch das Kastensystem, das vor etwa fünfhundert Jahren aus Indien herübergeweht ist, nicht ansieht.

Außer den Läusen gibt es nichts, was die höheren und die niederen Kasten gemeinsam haben. Selbst das Wasser holen die Brahmanen an einer anderen Quelle, weil deine Kaste in ihren Augen unrein ist. Geld, Land, Macht, alles liegt in Händen der höheren Kasten. Wie Blutsauger kriechen sie überall herum und saugen die Armen aus. Parasiten sind sie. Die Reichen halten ihre Macht für gerechtfertigt. Sie kennen keine Loyalität den Armen gegenüber, die dem Land Nahrung liefern. Farbe und Duft der Papayas verschleiern die bittere Armut.

Zorn erfüllt mich und zugleich eine ungeheure Kraft, diese Ungleichheit zu bekämpfen. Wie könnte ich dich hier zurücklassen, Kumari? Ich werde nicht zulassen, dass auch du Gefahr läufst, missbraucht zu werden. Erst jetzt verstehe ich, warum alles so mühsam geht, und beginne den Sinn meines langen Aufenthaltes in deinem Land zu begreifen.

Als deine Mutter muss ich wissen, woher du kommst, ich muss Freude und Leid mit dir teilen, ich muss in einer Hütte wohnen, Reis pflanzen, Steine tragen, tagaus, tagein Reis mit Linsen essen, die Vögel kennen lernen. Später, wenn du größer bist, werde ich dir von all dem erzählen. Wir werden ein großes Paket Magar-Kultur mitnehmen, denn du stammst aus einem armen und zugleich reichen Volk.

Mein Herz ist groß und stark genug, um all die Kämpfe für deine Zukunft und unser Glück durchzustehen. Wie herrlich wäre es, eines Tages hierher zurückzukommen und dann ein Land zu sehen, in dem Demokratie und Gleichheit in jedem Reiskorn zu spüren sind.

# Ministertrekking

Der Außenminister, der Innenminister, der Verkehrsminister, der Minister für Wasserwirtschaft, Distriktchefs, Ortsvorsteher, die Mitarbeiter von Bal Mandir und nicht zu vergessen Dutzende von Sekretärinnen – ich wandere von einem zum anderen, von einer Behörde zur nächsten. Bei Banira Giri komme ich wieder ein wenig zu Atem. Wir philosophieren über das Leben, und ich lese ihre anrührenden Gedichte. Mit ihrem Einverständnis schicke ich einige der Bände in die Niederlande, und ein Jahr später liegt eine Auswahl ihrer Gedichte in den niederländischen Buchhandlungen. Abends ruhe ich mich aus. Ich habe mir vorgenommen, erst dann nach Tamsarya zurückzukehren, wenn ich die ganze Prozedur besser überblicke. Auch wenn mir die Trennung schwer fällt.

Mohan hat sich inzwischen mindestens zweitausend Rupien von mir geliehen, und mit seiner Unschuldsmiene hat er sogar dem Konsulat auf meinen Namen Geld abgeluchst. Der Junge muss aus meinem Leben verschwinden, denke ich, als ich zum soundsovielten Mal bei Bim Pr., dem Sekretär des Innenministers, sitze.

Es ist elf Uhr vormittags. Bim Pr., bei dem jetzt alle wichtigen Papiere in der Schublade liegen, beginnt mit seiner Arbeit, wann er Lust dazu hat. Man serviert uns Tee mit Zitrone, und um das Gespräch wieder in Gang zu bringen, frage ich, warum im Ministerium nicht der typisch nepalesische Tee mit Milch getrunken wird.

»Nach dem Reaktorunglück in Tschernobyl hat einer der Minister ohne unser Wissen kontaminierte Milch importieren lassen, und die haben wir die ganze Zeit ahnungslos getrunken. Als die Sache aufkam, wurde der Minister entlassen. Seitdem trinken wir nur noch Tee mit Zitrone.« Stundenlang sitze ich geduldig wartend im Innenministerium, und gegen fünf sagt Bim Pr.: »Kommen Sie morgen um zehn wieder.«

Nachdem ich zwei Wochen gewartet habe und von Pontius zu Pilatus geschickt worden bin, habe ich das Gefühl, keinen Schritt weitergekommen zu sein. Aber immerhin weiß ich jetzt, dass ich zweigleisig fahren muss: einmal über das Waisenhaus Bal Mandir, zum anderen über verschiedene Ministerien und andere Stellen, deren Genehmigung ich brauche. In Bal Mandir hat man mir ein Formular gegeben, in dem sieben Forderungen aufgeführt sind, die ich erfüllen muss – ein hoffnungsloses Unterfangen, wie es scheint. Ich komme mir vor, als stünde ich am Fuße des Himalaja und müsste zwei Berge gleichzeitig besteigen. Entgegen meinen Plänen fahre ich hin und wieder nach Tamsarya, um Kumari zu sehen. Fünf Minuten genügen, um mir wieder Kraft für den langen Marsch durch die Bürokratie zu geben.

»Kumari, Mummie ist da!« Aus dem Wald gegenüber Kakas Hütte kommt Kumari angerannt. Sie rutscht auf dem vom Monsunregen aufgeweichten Weg aus. Ich hebe sie aus dem Matsch auf und drücke sie an mich. Ein Regenschauer klatscht auf uns herab und spült uns sauber. Einen Moment lang sind wir allein. Kumari will wissen, warum ich so lange weggeblieben bin. Ich kann es ihr nicht erklären, aber vielleicht wird sie ihre Geschichte später einmal selbst lesen und es dann verstehen.

Ich hätte immer noch die Möglichkeit, bei der Stichting Nederlandse Vrijwilligers, der Stiftung Niederländischer Freiwilliger, anzufangen. Zweimal hat diese Entwicklungshilfe-Organisation schon bei mir angefragt, ob ich nicht Interesse hätte, in Nepal zu arbeiten. Kumari könnte dann eventuell auf eine internationale Schule gehen, und ich hätte eine Stelle, die ich aber gar nicht will. So wie es jetzt ist, kann ich jederzeit Reis pflanzen oder Steine tragen; mit dem Status einer Entwicklungshelferin wäre das schwieriger. Außerdem müsste ich dann stundenlange Sitzungen über mich ergehen lassen, während ich mich doch am liebsten immer gleich ans Werk mache. Ich ziehe es vor, mit Kumari in den Niederlanden ein normales Leben zwischen Windmühlen, Blumenzwiebeln und den Launen des niederländischen Wetters zu führen. Ich werde einfach zwei bürokratische Berge gleichzeitig besteigen.

Erst hake ich die einfachen Dinge auf meiner Liste ab: das Gesundheitszeugnis und den Nachweis, dass ich keine Kinder bekommen kann. Ich gehe dazu ins Bir-Krankenhaus, eine gute Klinik, die von Durchschnittsnepalesen, aber auch von höheren Beamten in Anspruch genommen wird. In der Notaufnahme frage ich, in welche Abteilung ich muss, aber ich brauche nicht weit zu gehen: Ich kann mich gleich auf die nächstbeste Liege legen. Der Arzt, der mich untersucht, wirft einen Blick auf das Formular, fühlt mir den Puls, hört mich ab und erklärt mich dann für kerngesund. »Und meine psychische Verfassung?«, frage ich leichthin.

»Ach, ich sehe auch so, dass Sie intelligent und psychisch kerngesund sind.«

Und so bescheinigt mir der nette Arzt auch meine psychische Gesundheit. Jetzt fehlt nur noch die Bestätigung, dass ich keine Kinder bekommen kann. Ich muss mich wieder hinlegen und bin sehr gespannt, was er als Nächstes tun wird. Als ich meinen Bauch entblöße, sieht er die große Narbe, die mir von einer Nabelbruchoperation als Fünfjährige geblieben ist.

»Oh, I see big marks, you can't get children.«

Ehe ich irgendetwas sagen kann, schreibt er auf ein rosa Papier, dass ich keine Kinder bekommen kann und dass die Operationsnarben deutlich zu sehen sind. Er verlangt vier Gulden für die Konsultation, und schon stehe ich völlig perplex wieder auf der Straße. Nie hätte ich gedacht, dass meine Nabelbruchoperation dreißig Jahre später einmal eine so große Rolle in meinem Leben spielen würde.

Da ich auch nachweisen muss, dass ich Geld habe – was nicht der Fall ist –, schreibe ich an einen guten Freund und bitte ihn, mir etwas zu leihen. Das Durchschnittseinkommen in Nepal liegt bei 345 Gulden im Jahr, mit tausend Gulden bin ich also schwerreich. Als Nächstes mache ich mich daran, eine Eingabe abzufassen, und schreibe einen langen Text über meine Herkunft, meine Ausbildung, die Achtung vor meinen Eltern und den Grund, warum ich Kumari adoptieren möchte.

Es klopft. Mohan steht vor der Tür, mit übel zugerichtetem Gesicht. Er sagt, er habe einen Unfall gehabt, und bittet mich um Geld fürs Krankenhaus. Ich bringe ihn mit dem Taxi selbst hin; die Rechnung wird man ihm bei seiner Entlassung geben. Als ich ihn am nächsten Tag besuche, ist er ans Bett gefesselt. Ihm fehle nichts, sagt der Arzt auf meine Frage, aber er sei so aggressiv, dass man ihn habe festbinden müssen. Mohans Augen sprühen zornige Funken, und erst jetzt merke ich, wie unangenehm, ja fast unheimlich er im Grunde aussieht. Ich bezahle die Medikamente; den Rest muss er, wenn er entlassen wird, selbst zahlen. Als ich ihn zwei Tage später wieder besuchen will, ist er weg. Er hatte einen falschen Namen angegeben.

Jetzt ist für mich das Maß voll, und ich bin mir sicher, dass man ihm nicht trauen kann. Ich muss sehen, dass ich ihn loswerde und das geliehene Geld zurückbekomme. Dem Besitzer meines Quartiers gebe ich Anweisung, ihn nicht mehr hereinzulassen. Einige Tage später steht er trotzdem wieder vor meiner Tür. Ich sage ihm, dass dies unser letztes Gespräch ist, dass er, wie ich inzwischen erfahren habe, gar keinen Unfall, sondern eine Schlägerei gehabt hat, und dass er mir innerhalb von vierzehn Tagen das ganze Geld zurückzahlen muss. Ich reibe ihm alle seine Lügen unter die Nase und fordere ihn auf zu verschwinden.

Der Innenminister will seine Zustimmung geben, wenn der Außenminister seine Zustimmung gibt, und so radle ich wieder einmal zum Außenministerium nach Sital Nivas. Die Zeit verstreicht, ich schlafe fast ein, und nach fünf Stunden ziehe ich unverrichteter Dinge wieder ab. Zutiefst deprimiert sitze ich in meinem Zimmer, doch dann kommt Jud und muntert mich wieder auf. Er kommt immer im richtigen Moment. Ich sei jetzt schon so lange weg, meint er, in Tamsarya und Arun-Khola würden alle nach mir fragen. Einmal sei Tokornie zu Kaka gekommen und habe Kumari mit Fleisch wegzulocken versucht. Kumari fing an zu schreien, rannte in den ersten Stock und ließ sich drei Tage nicht mehr draußen blicken. Ich versuche Jud zu erklären, wie mühsam hier alles vonstatten geht. Er begreift und kehrt nach Tamsarya zurück. In meinem Zimmer gehe ich alles noch einmal der Reihe nach durch und nehme mir vor, eisern weiterzumachen.

Ein Unbekannter klopft an meine Tür und bringt mir eine Ausgabe der Zeitung, die überall in Katmandu vor den Haustüren liegt. Ich achte nicht weiter darauf und mache erst einmal meine Eingabe für

Bal Mandir fertig. Der Brief der niederländischen Botschaft in Neu-Delhi muss als Schreiben der Justizbehörden herhalten, denn eine der sieben Forderungen betrifft eine Genehmigung der niederländischen Justiz. Jetzt ist alles für Bal Mandir bereit, und ich stecke die kostbare Sammlung in eine Plastikhülle. Bevor ich das Zimmer verlasse, um essen zu gehen, werfe ich einen Blick auf die nepalesische Zeitung. Auf der Titelseite prangt in riesigen Lettern die Schlagzeile TERESA VAN RIJSEWIJK FROM HOLLAND mit einem Foto des Außenministers. Surya, ein freundlicher Nepalese, übersetzt mir den dazugehörigen Artikel ins Englische. Ich sei eine neue Freundin des Außenministers, heißt es da, ich würde Kinderhandel treiben und die Kinder an meinen Anwalt in den Niederlanden verkaufen, dessen Büro sie dann putzen müssten. Sofort kommt mir Mohan in den Sinn. Surya weiß, wo die Zeitung gedruckt wird, und am nächsten Tag bringt er mich zu einem Haus, vor dem vier junge Männer auf einer Bank sitzen.

»Ja, die Zeitung wird hier gedruckt, aber Mohan kennen wir nicht.«

Ich erkläre, dass ich nicht weggehen werde, bis sie die Wahrheit gesagt haben. Langes Warten bin ich inzwischen gewöhnt, und so setze ich mich in aller Ruhe auf eine Haustürstufe gegenüber. Die vier verschwinden einer nach dem anderen nach drinnen, wo alsbald ein so heftiger Streit ausbricht, dass das Ungeziefer aus seinen Schlupflöchern hervorkommt. Nach Suryas Worten leben diese Zeitungen von Klatschgeschichten. Gegen Bezahlung – es geht dabei um Beträge zwischen tausend und zweitausend Rupien – veröffentlichen sie positive Artikel über die jeweiligen Auftraggeber, meist Politiker. Die Titelseiten sind voll von diesen Artikeln und den dazugehörigen Fotos. Ein Bericht wie der über mich, den Minister und den Kinderhandel steigert die Auflage. Ich warte geduldig, bis einer der Jungen wieder herauskommt. Er sagt mir, dass der Artikel tatsächlich von Mohan stammt, und schließlich erfahre ich alles über Mohan, was ich wissen will. Ich rufe auch die anderen drei heraus und drohe ihnen, jeden Einzelnen von ihnen vor Gericht zu bringen, wenn so etwas noch einmal vorkommt. Der Bluff wirkt, sie entschuldigen sich und machen sich davon.

Zwischen meinen Besuchen bei den verschiedenen Ministern gehe ich zu Kanchi und Rita. Rita ist kaum wieder zu erkennen; ein richtiges Prachtkind ist aus ihr geworden. Die anderen Frauen im Ashram sagen, Kanchi sei faul und versorge ihr Kind nicht. Schade, dass ich nicht mit ihr reden kann.

In der Stadt habe ich endlich Glück: Ich erreiche den Außenminister und sage ihm, dass der Innenminister seine Genehmigung erteilt, wenn er, der Außenminister, eine Einverständniserklärung abgibt. Doch der Außenminister verlangt eine Einverständniserklärung des Ministers für Wasserwirtschaft, weil dieser aus dem Distrikt Nawal-Parasi stammt, in dem Tamsarya liegt. Manchmal blicke ich wirklich nicht mehr durch. Was für ein Chaos – jeder will sich vor der Verantwortung drücken.

Ich fahre für ein paar Tage nach Tamsarya, um Kumari zu sehen und mich der lähmenden Wirkung der Bürokratie zu entziehen. Kumari macht mir Sorgen: Sie sieht schlecht aus und will wie schon einmal in Arun-Khola nichts von mir wissen. Ich lasse sie in Ruhe und dränge mich nicht auf. Kaka und Kaki pflanzen Reis, und ich helfe ihnen ein paar Stunden. Dass es eine körperlich so strapazierende Arbeit ist, war mir vorher nicht bewusst.

Liebe Kumari,
heute bin ich genau neun Monate in Nepal. Deine Zukunft wird weitgehend von den kommenden Entscheidungen abhängen. Manchmal frage ich mich, was in deinem Köpfchen vorgeht. Ich will nicht, dass in deinem Leben Milch und Mandarinen zu teuer sind. Und dich in einer Schule für die höheren Kasten unterzubringen scheint mir auch nicht das Richtige. Wenn mir nicht so viel an dir liegen und ich mich nicht für dich verantwortlich fühlen würde, könnte ich diesen Kampf nicht durchstehen. Dein Leben ist zu einem Teil meines Lebens geworden.

Heute habe ich viel Zeit darauf verwendet, Schuhe für dich zu kaufen. Mit einer Umrisszeichnung deines Fußes ging ich von Geschäft zu Geschäft. Ich sah ein Paar sehr schöne blaue, aber die waren zu klein. Jetzt habe ich rotgelbe; hoffentlich gefallen sie dir.

Liebe Kumari, ich bin so allein mit meinen Gefühlen für dich.

Ich bin wieder auf Ministerjagd. Der Minister für Wasserwirtschaft unterschreibt alle Papiere, die ich ihm vorlege, und drückt alle seine Stempel darauf. Ich gehe wieder zum Außenminister, aber der ist nicht zufrieden und schickt mich zum Minister für Wasserwirtschaft zurück, mit einem Schreiben, in dem er anfragt, ob Letzterer bereit sei, die ausschließliche Verantwortung für Kumaris Schicksal zu übernehmen. Von dessen Sekretär erfahre ich, dass das nicht möglich ist. Wieder einmal trete ich auf der Stelle, doch jetzt begreife ich immerhin, worum es geht, denn eines ist klar: Niemand will Verantwortung übernehmen. Man schlägt mir vor, eine größere Summe lockerzumachen, dann gehe wahrscheinlich alles schnell über die Bühne. Aber das lehne ich ab. Ich will eine ehrliche Liebe, einen ehrlichen Weg, und wenn er noch so schwer ist. Wenn ich gerade nicht an meiner Zukunft mit Kumari arbeite, fühle ich mich nicht wohl in Katmandu. Aus Langeweile gehe ich aufs niederländische Konsulat, um die Zeitungen der letzten Wochen zu lesen, und rufe im Singha Durbar an, dem Verwaltungszentrum Nepals, wo man mir sagt, dass ein Brief für mich da sei.

Der Brief stammt vom Minister für Wasserwirtschaft. Ich radle sofort zu dem großen weißen Gebäude, in dem die Ministerien untergebracht sind, und stürme an den Polizisten vorbei hinein. Sie holen mich zurück, und ich muss erst einmal nachweisen, dass ich berechtigt bin, das Gebäude zu betreten. Ich halte ihnen meinen Pass und einige andere Papiere unter die Nase und renne dann die Treppe zum linken Flügel hinauf. Ich öffne hier und da eine Tür, aber die Räume sind leer, nur verstaubte Schreibtische sind zu sehen. Nach etlichen weiteren Versuchen treffe ich einige schlafende Beamte an. Da ich sie nicht direkt zu wecken wage, räuspere ich mich nur bescheiden. Einer von ihnen fährt hoch, wirft einen Blick auf meine Dokumente und bringt mich in eine andere Abteilung, wo der bewusste Brief liegt. Er geht von Hand zu Hand, wobei ich ihn nicht aus den Augen lasse, dann wird er mir ausgehändigt. Ich schwinge mich wieder aufs Rad und fliege förmlich nach Sital Nivas, dem Außenministerium, um ihn dem Minister zu übergeben. Der Sekretär, der mich empfängt, sagt, er könne nichts mehr für mich tun, er sei entlassen worden; nein, der Minister selbst sei nicht da. Was für ein Durcheinander!

Fast vier Wochen bin ich nun in Katmandu. Jeden Tag bin ich mit dieser aufreibenden Prozedur beschäftigt, und wenn mich jemand fragt, was ich hier mache, antworte ich: »Ministertrekking«. Am Montag stehe ich in aller Frühe auf und radle zur Residenz des Außenministers. Als er um sieben vom Tennisplatz kommt, spreche ich ihn an, und er unterschreibt den Brief.

Froh und erschöpft radle ich ins Hotel zurück. Ich habe zu wenig getrunken, sinke zusammen und verliere das Bewusstsein. Der Hotelbesitzer ruft ein Taxi und bringt mich ins Krankenhaus. Eine Infusion und andere Medikamente bringen mich wieder auf die Beine.

Als Nächstes muss ein Pass für Kumari besorgt werden. Auf der Passstelle übergebe ich einem Mann an einem großen Schreibtisch alle einschlägigen Dokumente. Er unterschreibt und schickt mich dann zum Abteilungsleiter. »Hinaus!«, schreit der mich an. »Ich akzeptiere nur Unterlagen des Innenministers.« Ich werde kreidebleich vor Schreck. Er wirft die Papiere auf den Schreibtisch, und ich kann sie gerade noch auffangen, bevor sie auf dem Boden landen. »Für mich ist nur der Innenminister maßgeblich, haben Sie das verstanden?«

Auf dem Konsulat schütte ich Anita mein Herz aus. Von einigen Nepalesen, die dort arbeiten, erfahre ich, dass der Beamte, der mich so angeblafft hat, an Bluthochdruck leidet. Je wärmer es draußen ist, desto lauter schreit er. Ihr Rat: »Nur bei kühlem Wetter hingehen.«

Anita begleitet mich zur Passstelle zurück, und wir zeigen dem Assistenten einen Brief des Außenministers, der mich berechtigt, einen Pass für Kumari zu beantragen. Aber der Mann sagt, sein Chef führe nur Aufträge des Innenministers aus.

Ich muss nach Hause, nach Tamsarya, ich habe solche Sehnsucht nach Kumari. Als ich in Arun-Khola aus dem Bus steige, empfangen mich die Bewohner mit Limonade, Ananas, Tee, Eiern, getrocknetem Reis, Rakshi und Hühnerfleisch. Ich verteile zwei Taschen voll Kleider aus den Niederlanden. Zum ersten Mal fühle ich den Abschied nahen. Trotz aller Schwierigkeiten habe ich dieses Land und diese Menschen lieb gewonnen. Hier in Arun-Khola tauche ich wieder in den Alltag ein und habe keine Zeit zum Grübeln.

Ich will gerade nach Tamsarya aufbrechen, da kommt eine Mutter mit ihrem kleinen Sohn ins Thakali-Hotel. Der Junge hat eine große Platzwunde am Kopf, und keine zwei Stunden später bin ich schon wieder unterwegs, um ihn ins Krankenhaus zu bringen, wo die Wunde gesäubert und genäht wird. Mit dem Nachtbus fahren wir zurück, und um sieben Uhr morgens bin ich wieder im Thakali-Hotel, wo Jud mich erwartet. Ich komme mir vor wie im Urlaub. Ich vergesse die mühsame Prozedur und die Minister, ich schwimme wieder im Fluss und gehe mit Juds Frau in den Wald, um Blätter und Holz zu schneiden. Juds Nachbarn haben Streit, der eine beschuldigt den anderen, fünf seiner Hühner vergiftet zu haben. Der Streit wird mit den Fäusten ausgetragen, und die Leute schauen lachend zu.

Heute geht Jud mit mir Kumari besuchen. Im Wald klärt er mich über die Heilpflanzen auf, die dort wachsen. Wir kommen am Haus eines kürzlich verstorbenen schwerreichen Brahmanen vorbei. Weiße Tücher in den Bäumen künden von seinem Tod. Seine Familie hat zwei Lakh* unter den Leuten verteilt, und der Verstorbene gibt noch sieben Kühe dazu, einen Sack Gold und jeweils drei Teile Hausrat: drei Betten, drei Regenschirme, drei Wasserkrüge und allerlei Gerät.

Wir nähern uns Kakas und Kakis Hütte. Eine glückliche Kumari nimmt alle Aufmerksamkeit für sich in Anspruch. Ich muss mir ihre Wunden ansehen, ihr die Nägel schneiden und die Haare bürsten. Sie weicht mir nicht von der Seite. Ständig bin ich von mindestens zwanzig Kindern aus der Nachbarschaft umringt, und wenn es ihr zu viel wird, nimmt sie mich an der Hand und zieht mich mit sich fort, bis sie mit mir allein ist. Kaka und Kaki sind wie immer auf dem Feld. Viele der Kinder und auch einige Erwachsene sind krank, und so fahren wir noch am selben Abend zu neunt nach Parasi zum Arzt. Ich nutze die Gelegenheit, um den neuen Distriktchef aufzusuchen, der mich außerordentlich freundlich empfängt. »Wir sind Freunde«, sagt er. »Mein Vorgänger, der Ihnen nicht helfen wollte, sitzt wegen Diebstahls im Gefängnis.« Er fordert mich auf, am nächsten Tag mit Kumari wiederzukommen, damit er ihre Fingerabdrücke nehmen kann. Außer in Katmandu habe ich auch in Parasi, dem Sitz der Distriktbehörden, noch einiges zu regeln und bleibe deshalb nach dem Besuch im Krankenhaus noch da, während die anderen nach Hause zurückkehren.

Am nächsten Tag bringt Kaka Kumari nach Parasi. Es entsteht eine längere Diskussion, weil niemand weiß, ob ein Abdruck ihres linken oder ihres rechten Daumens benötigt wird. Ich schlage vor, beide Abdrücke zu nehmen, damit sie nicht noch einmal wiederkommen muss. Das Ganze zieht sich so lange hin, dass wir in Parasi übernachten müssen. Ich finde ein Zimmer, und wir schieben die Betten mit den Strohmatten aneinander. Das Essen lasse ich aufs Zimmer bringen, und zum ersten Mal bin ich mit

Kaka und Kumari allein. Kaka nennt mir die Namen seiner vier Kinder, und ich schreibe sie auf: Siti Sárà, Bumi Sárà, Naramaya und Prem. Wir gehen früh schlafen; Kumari liegt zwischen Kaka und mir, und jeder von uns streichelt eines ihrer Händchen. Drei Menschen, die sich lieben, liegen auf zwei aneinander geschobenen Strohmatten und sind glücklich. Meine Tränen rollen über Kumaris Ärmchen und werden von den Strohhalmen langsam aufgesogen. Kaka schließt die Augen, aber ich sehe, dass er nachdenkt. Eine Fliege krabbelt über Kumaris Hand.

> Tausende von Tagen will ich bei dir sein, Tausende von Nächten will ich über dich wachen und deinen Lebensweg mit kleinen Sternen erleuchten.

Kaka sagt: »Ich wäre so glücklich, wenn du ihre Mutter würdest.« Dann streicht er Kumari übers Haar und sagt: »Kumari, das ist deine Mutter.« Schade, dass diese traute Nacht in dem kargen Zimmer so schnell vorbei ist. Auf der Rückfahrt sitzen wir wieder in einem Wrack von Bus. Kumari sieht sich neugierig um und stellt tausend Fragen. Zu Hause muss Kaka sofort wieder auf die Felder des Großgrundbesitzers. Ich sage ihm, dass ich höchstwahrscheinlich noch einmal nach Katmandu muss, bei meinem nächsten Besuch Kumari aber hoffentlich mitnehmen kann. Am liebsten würde ich hier bleiben und mich all den Problemen entziehen. Wer weiß, vielleicht wartet schon wieder ein neuer Berg von Schwierigkeiten auf mich. Aber es geht nun einmal nicht anders, und bald darauf sitze ich wieder im Innenministerium, wo man mir mitteilt, dass Bal Mandir sich mit der Sache zu befassen habe. Zu meiner Überraschung treffe ich im Ministerium den Mann, der mich beim Zahnarzt wieder erkannt hat. Ich wage nicht zu fragen, ob ich es ihm zu verdanken habe, dass ich nun doch mit dem Innenminister sprechen darf. Der Minister schreibt einen Brief an Bal Mandir, doch als ich dort hinkomme, heißt es: »Wir haben nur eine Sitzung im Jahr, und die ist schon vorbei.« Ich muss also noch über ein halbes Jahr warten, und dann ist immer noch fraglich, wie die Entscheidung ausfällt. Von den dreißig Mitarbeitern müssen fünfzehn zustimmen, sonst kann ich nicht Kumaris Mutter werden. Immerhin sind alle meine Dokumente akzeptiert worden, das Gesundheitszeugnis ebenso wie der Brief der niederländischen Botschaft in Neu-Delhi. Jemand rät mir, einen Anwalt zu nehmen. Ich folge dem Rat, und der Anwalt empfängt mich bei sich zu Hause, doch als ich ihn nach seinem Honorar frage, erfahre ich, dass ein Besuch bei ihm mindestens zweitausend Rupien kostet und ich insgesamt zwischen zehn- und fünfzigtausend Rupien berappen müsste. Ich verschlucke mich fast an meinem Tee. Als ich mich wieder gefasst habe, sage ich dem Mann, dass Kumaris Onkel dreiundzwanzig Rupien pro Tag verdient und mehr als zweitausend Tage schwer arbeiten müsste, um fünfzigtausend Rupien zusammenzubekommen, dass ich zu viel Armut gesehen habe, dass ich seine Hilfe nicht brauche und dass es mir in der Seele wehtut, wenn ich sehe, wie ungerecht es in der Welt zugeht. Daraufhin bietet er mir an, mich unentgeltlich zu vertreten. Ich weise das Angebot zurück, und weg bin ich. Jud hatte Recht, als er mir davon abriet, zu diesem Anwalt zu gehen. Ich bin zu vertrauensselig; Jud dagegen hat ein feines Gespür dafür, wer etwas taugt und wer nicht.

Als Jud wieder nach Tamsarya abgefahren ist, lege ich alle meine Dokumente in meinem Zimmer aufs Bett. Ich kaufe eine Mappe mit Plastikhüllen und versuche den Stapel zu ordnen. Ich habe das Gefühl, den Gipfel des Berges fast erreicht zu haben. Soweit ich es überblicke, habe ich alles getan, was man von mir verlangt hat. Der Innenminister hat Bal Mandir beauftragt, eine Sondersitzung einzuberufen und deren Ergebnis direkt ans Ministerium zu melden. Sagt Bal Mandir ja, wird auch er zustimmen. Zufrieden betrachte ich die säuberlich sortierten Papiere und räume mein Zimmer auf.

Mit Bert van Ommen, dem niederländischen Ingenieur, lege ich letzte Hand an die Ausschreibung für das Wasserversorgungsprojekt im Tulasi Meher Mahila Ashram, dem Zentrum für obdachlose Mütter und Kinder. Das Geld dafür habe ich inzwischen über meinen Vater und das Missionskomitee meines Heimatdorfes gesammelt. Nachts radle ich durch die stille Stadt in mein Hotel zurück. Ich schlafe tief und fest, bis mein Bett plötzlich zu zittern anfängt. Ich fasse mir an die Stirn – ein Alptraum. Das Bett zittert weiter. Auch der Buddha an der Wand bewegt sich, und als er herunterfällt, wird mir klar, dass es ein Erdbeben ist. Ich flüchte auf die Straße hinaus, laufe aber noch einmal zurück, um die Mappe mit den Dokumenten zu holen. Nach zehn Minuten kehrt wieder Ruhe ein. Wo ist Kumari? Bilder von eingestürzten Häusern kommen mir in den Sinn, und ich beginne am ganzen Leib zu zittern. Schweißnass stolpere ich in mein Zimmer zurück. Die Erdstöße mit einer Stärke von 6,7 auf der Richterskala haben, wie ich später erfahre, erhebliche Schäden angerichtet und viele Menschenleben gefordert. Doch Tamsarya lag weit außerhalb des Epizentrums, und ich bin mir nun so gut wie sicher, dass Kumari nichts passiert ist.

Ich sitze in der Morgensonne und schreibe Tagebuch. Ich fühle mich behaglich und unbehaglich zugleich. An einem Tag wie diesem bin ich für niemanden zu sprechen. Stundenlang betrachte ich in meinem Zimmer Kumaris Bild. Neben der Dokumentenmappe liegen ein Paar neue Schuhe und ein rotes Kleidchen.

> Liebe Kumari,
> ich liebe dich. Was auch geschieht, ich fühle mich für deine Zukunft verantwortlich. Ich hoffe, ich habe mich nicht geirrt und wir können gemeinsam einer besseren Zukunft für dich entgegengehen. Mach's gut, mein Schatz, wahrscheinlich schläfst du längst auf einer Strohmatte zwischen deinen Cousinen.

Ich nehme mir die Zeit, endlich einmal ein tibetisches Krankenhaus aufzusuchen. Unter meiner rechten Achsel habe ich einen seltsamen Geruch festgestellt, den ich mir nicht erklären kann. Keine Seife bringt ihn zum Verschwinden. Ein tibetischer Arzt fühlt mir den Puls und verschreibt mir einen Puder, doch statt sich abzuschwächen, verstärkt sich der Geruch noch. Schließlich kaufe ich mir ganz gegen meine sonstige Gewohnheit ein Parfüm.

Da mein Visum bald abläuft, bereite ich mich wieder einmal auf einen Ausflug nach Indien vor. Vielleicht kann ich die Zeit abkürzen, denn die Zollbeamten kennen mich inzwischen, und für eine Flasche Coca-Cola oder Limonade sind sie zu vielem bereit.

Norbu, ein ehemaliger Lama, den ich vor kurzem beim Stupa von Bodnath kennen gelernt habe, klopft an die Tür. Er möchte ein Schwätzchen halten und zeigt mir mehrere kleine Buddhaskulpturen. Wir unterhalten uns über Tibet und über die Bücher von Alexandra David-Neel. Ich frage ihn, ob er wirklich glaubt, dass manche Lamas magische Kräfte haben, wie es in diesen Büchern beschrieben wird. Statt einer Antwort setzt er sich in die Mitte des Zimmers, sein Bauch spannt sich und wird hart, sein Körper und sein Geist konzentrieren sich. Und plötzlich erhebt er sich einen halben Meter über den Boden. Ich starre ihn mit offenem Mund an, jede Frage erübrigt sich, und Norbu schwebt langsam wieder auf den eiskalten, steinharten Zementboden herab.

»Ich dachte, so etwas geht nur im tibetischen Hochland, weit weg von den Menschen, in der mystischen Atmosphäre der tibetischen Schneelandschaft.«

Es handle sich um Energien in Kombination mit Konzentrationsübungen, sagt Norbu, nicht mehr und nicht weniger. An einer Straßenecke trinken wir zusammen Kaffee, und ich frage ihn wegen eines Thangkas* um Rat. Schon länger trage ich mich mit dem Gedanken, eine solche handgemalte buddhistische Darstellung eines Gottes zu kaufen, die eine symbolische Bedeutung für die Beziehung zwischen Kumari und mir und die Wende in unserem Leben haben soll. Norbu rät mir, nicht einfach in ein Souvenirgeschäft zu gehen, sondern mir erst Bilder, Karten und Fotos verschiedener Buddhadarstellungen anzusehen. Früher oder später werde mir ganz von selbst eine begegnen, die mich anspricht.

Ich folge seinem Rat, und tatsächlich finde ich »den« Buddha, der mir etwas sagt und der mir wohlgesinnt ist: Kuru Kulla*, den Buddha der positiven Gefühle. Das Bild wird von tibetischen Mönchen nach einer Vorlage gemalt. Nach drei Wochen ist es fertig, und ich radle mit Kuru Kulla nach Bodnath, um dem Thangka von Lama Nyima Rinpoche, der bei den Tibetern wegen seiner Weisheit und seiner Kenntnis des Buddhismus allseits bekannt ist, ein Ramè* geben zu lassen. Mantras und Reis spielen dabei eine Rolle, und zum Schluss erhält der Thangka noch einen rotseidenen Rahmen und zwei orangefarbene Bänder, die ein durchsichtiges Tuch festhalten, das ich herablassen kann, wenn ich Kuru Kulla vor negativen Einflüssen oder Energien schützen will. Der Buddha kommt in eine feste Papphülle, die er erst in den Niederlanden wieder verlassen wird.

Immer begegnen mir die richtigen Menschen im richtigen Moment, und ich bedaure es sehr, dass ich Norbu wieder aus den Augen verliere.

Bevor ich nach Indien fahre, erlebe ich noch eines der eindrucksvollsten Feste der Stadt, Gai Jatra oder das Fest der Kühe. Familien, die im vorangegangenen Jahr einen Todesfall zu beklagen hatten, schicken eine Kuh oder auch ein oder mehrere als Kühe verkleidete und geschminkte Kinder auf die Straße, um dem Toten Ehre zu erweisen. Aus allen Winkeln, Gassen und Straßen kommen Kühe, Kinder und Erwachsene herbei. Die bunten Prozessionen, die Musik, die Tänze und Rituale verwandeln Katmandu und Bhaktapur in einen karnevalistischen Hexenkessel. Die Wohlhabenderen verteilen Leckereien wie Pfannkuchen und Bananen oder stehen mit einer Milchkanne am Straßenrand, um den geschminkten Kindermündern Milch einzuflößen. Die meisten Kinder tragen einen Sack oder einen Beutel um den Bauch oder über der Schulter, in dem sie die gesammelten Leckereien bis zum Abend aufbewahren. In Bhaktapur tanzen als Geister und Dämonen verkleidete Erwachsene durch die Straßen. Das Spektakel erreicht seinen Höhepunkt, wenn die Dämonen von den guten Geistern herausgefordert und schließlich vertrieben werden. Andere Gruppen bewegen sich rhythmisch durch die Straßen, und zu ihrem Gesang schlagen sie mit den Stöcken, die sie bei sich haben, gegeneinander. Der Stocktanz ist der Überlieferung zufolge vor einigen Jahrhunderten auf dem Land entstanden, wo die Arbeiter hin und wieder ihre Arbeit unterbrachen, auf den Feldern zu singen und zu tanzen begannen und die hölzernen Griffe ihrer Geräte gegeneinander schlugen. Gegen fünf geht das Fest zu Ende. Viele Kinder ziehen sich dann mit oder ohne Kuh in irgendeinen Winkel zurück, öffnen ihren Sack und naschen von den geschenkten Leckereien. Dann kehren sie nach Hause zurück, wo alle Familienmitglieder weinend um den Verstorbenen trauern.

Neu-Delhi

Liebe Kumari,
ich bin traurig, weil du mir fehlst. Sieben Tage muss ich in Indien bleiben, erst dann darf ich nach Nepal zurück. Ich gehe ins Nehru-Museum und kaufe mir Bücher über das Leben Mahatma Gandhis. Auf dem Markt entdecke ich ein Micky-Maus-Kleidchen für dich und noch ein anderes mit schöner Stickerei am Oberteil.

Kumari, wenn du groß bist, werde ich dir alles über dein Land erzählen. Dann zeige ich dir den Himalaja, und wir steigen auf die Berge. Vielleicht schreibe ich auch ein kleines Buch über unsere Begegnung.

Wir werden versuchen, deinem Onkel zu helfen. Und vielleicht können wir irgendwann mit deinem Cousin Briefe wechseln, vorausgesetzt, dein Onkel ist damit einverstanden, dass er zur Schule geht.

Mir wird langweilig in Indien, und ich fahre einfach schon früher nach Nepal zurück. Achtzig Kilometer trennen mich noch von Tamsarya und Kumari. Am nächsten Tag nehme ich Kumari auf den Arm, und ich freue mich, dass sie ein paar Gramm schwerer geworden ist. Ihre Augen strahlen, als sie mich wieder sieht. Sie ist schmutzig vom Spielen, aber sie riecht schön frisch, und sie wird immer hübscher. In letzter Zeit kann ich es so viel mehr genießen, wenn wir zusammen sind. Ich gebe ihr das Micky-Maus-Kleidchen, und sie läuft damit sofort in den ersten Stock der Hütte. Begeistert von den beiden Taschen an dem Kleid dreht sie sich im Kreis. Tränen treten mir in die Augen angesichts ihrer Freude. Sie gibt mir einen Kuss und ruft: »Mummie, Mummie!« Nicht der leiseste Zweifel an unserer Liebe kommt mehr in mir auf. Ich rechne damit, dass Kumari schon bald mit mir kommen wird.

Mit Kaka gehe ich nach Arun-Khola, um von dort nach Katmandu weiterzufahren. Im Thakali-Hotel können wir ungestört reden. In Kakas Hütte kommen Angehörige der höheren Kasten einfach hereinspaziert und hören mit, hier dagegen interessiert sich niemand für Kakas Geschichten. Im vergangenen Jahr hat er durch eine Überschwemmung sein ganzes Land verloren. Er erzählt mir von den Sorgen, die er hatte, als seine und Kumaris Verwandte alle innerhalb eines einzigen Jahres starben, doch in seinem zerfurchten Gesicht sehe ich einen Hauch von Hoffnung. Ich sage ihm, dass ich ihn als meinen Verwandten betrachte, und frage ihn, ob er nicht seinen jüngsten Sohn zur Schule schicken möchte. Das Angebot scheint ihn ein wenig zu überrumpeln, und ich schlage ihm vor, erst einmal in Ruhe darüber nachzudenken.

Als der Bus kommt, muss ich schnell sein, um noch einen Platz zu ergattern. Gelingt das nicht, darf ich oft neben dem Fahrer sitzen. Dort vorne habe ich einen herrlichen Blick: der dunkelgrüne Dschungel auf der einen, das frische Grün der Reisfelder auf der anderen Seite. Wie oft ich diese Fahrt wohl noch machen werde? Ich habe ein gutes Gefühl. Alle Dokumente, die ich gesammelt habe, liegen jetzt bei den richtigen Leuten, und bei den Justizbehörden wird alles aus dem Nepali ins Englische übersetzt, denn nur solche Übersetzungen werden anerkannt. Bestimmt werden die Papiere auch wieder mit den prachtvollen neuen Stempeln versehen, auf die man hier so scharf ist.

Liebe Kumari,
wenn ich nicht auf Ministertrekking bin, schlendere ich durch die Straßen von Katmandu und verbringe die Zeit mit den Straßenkindern, die die Mülltonnen nach brauchbaren Plastiktüten und Essbarem durchsuchen. Mit dreien von ihnen bin ich dick befreundet, und sobald ich zu Fuß oder mit dem Rad ankomme, rufen sie: »Wir haben Hunger, große Schwester, wir wissen ein billiges Restaurant!« Dann gehen wir in eine kleine Garküche, wo die drei einen Teller voll Essen bekommen.

Heute war ich in einer Buchhandlung, Kumari, und weißt du, was ich da gesehen habe? Ein Buch in einem verschossenen roten Umschlag mit dem Titel *Life among the Magars*. Ohne lange zu überlegen, habe ich es gekauft und schnell nach Hause getragen, so gespannt war ich, mehr über die Bevölkerungsgruppe zu erfahren, zu der du gehörst. Der Autor heißt Gary Sheperd, ein Amerikaner, der sieben Jahre in dem Gebiet gelebt hat, aus dem du stammst. Ich lese da und dort ein wenig in dem Buch und merke, dass Sheperds Erfahrungen großenteils mit meinen übereinstimmen, zumindest, was seine Beschreibung des Charakters der Magar betrifft, die er als spontan und zuverlässig schildert.

Später erzähle ich dir alles, mein Schatz, oder du liest das Buch selbst.

Jud überrascht mich wieder mit einem Besuch, und ich zeige ihm das Buch. Strahlend erzählt er mir, dass er dem Autor einmal begegnet ist. Mit wachsender Begeisterung blättert er in dem Buch, denn die Fotos zeigen Leute, die er kennt oder früher einmal gekannt hat. »Das ist mein Bruder, und der Mann da ist schon lange tot, der da hat einmal einen Bären erlegt und der einen Tiger.« Dann erkundigt er sich nach dem Stand der Dinge. Ich berichte, dass ich alles getan habe, was man von mir verlangt hat, und dass nun ein halber Meter Papier beim Innenminister liegt und Kopien davon zur Übersetzung bei den Justizbehörden. Mit einem Bescheid rechne ich in etwa zwei

Wochen. Um daran zu erinnern, dass ich auf Antwort warte, gehe ich in den Singha Durbar, wo man mir sagt: »Kommen Sie in fünf Tagen wieder!« Auf meinen Einwand, ich ginge nun schon neun Monate mit der Sache schwanger, höre ich zum ersten Mal ein Lachen: »In Nepal dauert eine Schwangerschaft zehn Monate, Sie müssen also noch einen Monat warten. Aber Sie sind ja eine starke, kluge Frau.«

»Sie haben Macht, und die können Sie positiv einsetzen.«

Das schmeichelt dem Sekretär, und zum zweiten Mal seit neun Monaten lächelt er. Ich hätte mir früher klarmachen müssen, wie wichtig auch die Menschen am unteren Ende der Hierarchie sind. Deshalb gehe ich noch auf einen Plausch zu Bim Pr. Wir unterhalten uns über Gott und die Welt, und zum Schluss fragt mich der Mann, der die Papiere unterzeichnen lassen muss, weshalb die Niederländer bei Fußballspielen immer einen orangefarbenen Regenschirm bei sich hätten.

Ich beschließe den Tag mit zwei Tombas* im Lhasa-Restaurant. Normalerweise macht mich dieser warme tibetische Schnaps träge und entführt mich aus der Wirklichkeit, heute aber sehe ich alles viel klarer, und es ist, als würden sich mein Bewusstsein und mein Unbewusstes zu einem prächtigen Gemälde zusammenfügen.

Ich wache von einem Jucken am Kopf auf, und nach langem Kämmen krabbeln mehrere Dutzend große und kleine Läuse über das gräuliche Laken auf meinem Bett. Ich gehe nur zum Essen aus dem Haus und schlafe praktisch zweimal vierundzwanzig Stunden durch. Ich träume, dass Kaki und Kaka mit Kumari nach Katmandu kommen und dass Kaki Kumari die Haare geschnitten hat. Wir gehen in eine Tanzvorstellung, in der Kumari ununterbrochen »Abie, abie!« ruft.

Schade, dass ich aufwache – fast alle meine Träume sind so schön, und sie befreien mich für eine Weile von der Realität.

Nach zwei Tagen Schlafen und Träumen gehe ich ins Justizministerium, um die Übersetzungen abzuholen. Auf jeder Seite prangen vier Stempel.

Noch am selben Tag radle ich zu Joshi, einem berühmten Astrologen des Königs von Nepal. Im ersten Stock eines alten Hauses in Patan stellt er mit Hilfe meines Namens, meines Geburtsortes und Geburtszeitpunktes komplizierte Berechnungen an und liest mir dann, ohne aufzublicken, meine Lebensgeschichte vor. Alles stimmt, und zum Schluss sagt er: »I see that very soon, within one month, you will be the mother of a small girl. She loves you and you love her and you will take care of her as if she is your own child.«

Singend kurve ich auf meinem Fahrrad durch die Gassen. Immer wieder gehen mir Joshis Worte durch den Kopf. Vor meinen Quartier liegt ein Hund mit offenen Wunden, die ihm sichtlich Schmerzen bereiten. Meine Medikamente sind so gut wie aufgebraucht, aber ich habe noch eine teure Augensalbe, die ich für Notfälle aufbewahrt habe. Ich schmiere die Salbe, die auch schon bei anderen Infektionen hervorragende Dienste geleistet hat, auf die Wunden und kaufe ein gekochtes Ei für das arme Tier, um das sich niemand kümmert.

Wenn ich es mir recht überlege, glaube ich nicht, dass ich in Nepal leben könnte; ich könnte mich niemals an das Leiden von Mensch und Tier gewöhnen. In Büchern über den Buddhismus versuche ich Näheres über den Sinn oder die Bedeutung des Leidens, eines der Hauptthemen des Buddhismus, zu erfahren, aber eine befriedigende Antwort finde ich nicht. Manchmal glaube ich zu verstehen, doch das mindert nicht meinem Zorn über all die Ungerechtigkeit. Ich bin ein praktisch denkender Mensch, und es erscheint mir sinnvoller, von den Niederlanden aus Menschen und Projekte zu unterstützen, als stundenlang in Büchern nach Antworten auf die Frage nach der Entstehung des Leidens der Menschheit zu suchen.

Die Sonne kommt hinter dem Himalaja hervor, Tempelglöckchen bimmeln, Frauen opfern den Göttern Blumen, und ich gehe in meinem rot-gelben Anzug mit Meelan in den Singha Durbar. Meelan ist ein junger Nepalese, der als Siebenjähriger bei einer Überschwemmung seine Familie verloren hat. Mit neun kam er zu Fuß nach Katmandu. Er kümmerte sich um Touristen und wurde später Führer in den Bergen. Jetzt betreibt er eine eigene kleine Agentur. Er begleitet mich zum Zweiten Sekretär des Ministeriums für die Region Panchayat.

Als ich Adhikari, dem Sekretär, meine Geschichte

erzähle, fragt mich der freundliche Mann, warum ich nicht schon früher zu ihm gekommen sei, er habe einigen Einfluss. »In zwei Tagen ist alles erledigt«, sagt er. Auf dem Rückweg will mir ein Wahrsager aus der Hand lesen. »Something will happen to you very soon and this will make you very happy. You will write a book.« Wahrscheinlich meint er mein Tagebuch.

Vor meinem Zimmer wartet eine Frau. Sie ist eigens aus Arun-Khola nach Katmandu gekommen, um mit mir zu reden. Unter Tränen erzählt sie mir, dass sie seit vierzehn Jahren von ihrem Mann misshandelt wird, und bittet mich um Rat. Bevor sie wieder geht, legt sie mir ein selbst gewebtes Tuch um die Schultern. Mein kleines Zimmer ist eine Art Treffpunkt, an dem Geschichten erzählt, politische und soziale Gedanken ausgetauscht werden. Wenn ich allein bin, muss ich diese Geschichten beiseite schieben, um Platz für das Ziel zu schaffen, das ich vor Augen habe. Und um zärtliche Briefe an Kumari in mein Tagebuch zu schreiben.

Liebe Kumari,
»Mummie, wo bist du?«, wirst du jeden Tag fragen.

Ich habe ein schönes Bild für uns beide gekauft. Der Besitzer meiner Unterkunft hat es von einem Künstlerfreund bekommen, der nur malen kann, wenn er einen besonderen Traum gehabt hat. Ich habe mich auf den ersten Blick in das Bild verliebt, und da der Besitzer mehr an Geld als an Kunst interessiert ist, habe ich es ihm abgekauft. In herrlichen blauen, roten und gelben Farbtönen zeigt es eine Frau und ein Kind, die aufs Meer hinausblicken. Es kommt mir vor, als wäre auch unsere Begegnung ein besonderer Traum, den der Künstler für uns auf die Leinwand gebannt hat. Er selbst war noch nie am Meer. In meinem kleinen Zimmer mit den grauen, leblosen Wänden erwacht das Bild zum Leben. Es symbolisiert unsere Liebe und unsere Zukunft.

Vor über anderthalb Jahren haben wir uns kennen gelernt, Kumari. So oft habe ich seitdem geschrieben, dass ich dich liebe. Warum unser Weg so weit ist, weiß ich nicht. Ein heimatloses Kind wie du müsste längst irgendwo zu Hause sein.

## Eine Geburt

Zum x-ten Mal fahre ich ins Innenministerium. Wie immer ignoriert mich der Zweite Sekretär erst einmal eine Viertelstunde lang. Das bin ich gewöhnt. Doch da er das nicht ewig tun kann, schickt er mich nach genau fünfzehn Minuten zum Ersten Sekretär, der inzwischen weiß, weshalb ich hier bin. Ich erfahre, dass alle Dokumente nach Bal Mandir geschickt worden sind, wo man in einer Woche darüber beraten wird. Wenn die Mehrheit der dreißig Mitarbeiter zustimmt, wird auch der Innenminister eine Einverständniserklärung abgeben.

Mit Kumari und dem Buddha Kuru Kulla im Kopf fahre ich nach Bal Mandir und begegne dort S. L., den ich vor einem Jahr kennen gelernt habe, als ich noch daran dachte, Kumari hier unterzubringen. Er erkennt mich wieder und weiß auch, weshalb ich hier bin. Alle Papiere liegen jetzt auf seinem Schreibtisch. Ich frage ihn ganz vorsichtig, wie er die Sache einschätzt, und er sagt: »Ich denke, Kumari wird Ihre Tochter.« Aber ich wage noch nicht, mich zu freuen.

Um meine Unruhe zu vertreiben, gehe ich zu Kanchi und Rita in den Tulasi Meher Mahila Ashram. Kanchi gibt mir zu verstehen, dass es ihr im Ashram nicht gefällt, aber nach Arun-Khola will sie auch nicht zurück. Zum letzten Mal bespreche ich mit den Mitarbeitern des Ashrams das Wasserversorgungsprojekt.

Drei Tage später will ich mit Bert in den Ashram, um konkrete Pläne für die Durchführung des Projekts zu machen, doch um sechs Uhr morgens wache ich mit einem komischen Gefühl auf. Ich versuche mich aufzuraffen, fühle mich aber von Minute zu Minute schlechter. Schließlich schaffe ich es gerade noch ans Telefon, um Bert mit zittriger Stimme abzusagen. Ich glaube nicht, dass ich jemals so krank gewesen bin.

»Ich komme gleich mal vorbei.«

Kaum bin ich wieder in meinem Zimmer, überfallen mich heftige Bauchkrämpfe, ein Stechen im Rücken und Schmerzen im Unterleib. Weinend, wimmernd und schreiend wälze ich mich am Boden. Es ist, als würde mir ein Kukhri mitten durch den Leib gestoßen. Bert ist entsetzt, als er mich sieht. »Das ist ja wie eine Geburt. Ich kenne das, ich war bei den drei Entbindungen meiner Frau dabei.« Ich wische mir den Schweiß von der Stirn, und Bert tupft mir mit feuchten Tüchern das Gesicht ab. Allmählich lässt der Schmerz nach. Erschöpft lasse ich mich aufs Bett fallen. Ich weiß nicht, wie lange Bert noch geblieben ist, aber am Nachmittag klopft jemand an die Tür: »Kommen Sie schnell, ein wichtiger Anruf für Sie!« Benommen steige ich Stufe für Stufe die Treppe hinunter. S. L. aus Bal Mandir ist am Apparat.

»Hallo? Sind Sie da? Wir haben ein positives Gutachten für den Innenminister. Sie werden Kumaris Mutter sein.«

»Ja, wirklich?«

»Ja, ganz bestimmt.«

Die Worte wollen einfach nicht zu mir durchdringen. Ich bin krank, ich habe geträumt, ich bin wie betäubt. Erschöpft schlafe ich mich aus. Am nächsten Tag suche ich in mehreren Geschäften nach Parker-Füllfederhaltern und finde schließlich die beiden einzigen, die es in ganz Katmandu zu geben scheint – Geschenke für die beiden Sekretäre des Innenministers. An beiden hängt ein Preisschildchen: fünfhundert Rupien.

Jetzt stehen noch einige Radfahrten an, die erste nach Bal Mandir, wo man mir den Bescheid in einem Umschlag aushändigt. Im Ministerium überreiche ich den beiden Sekretären außer dem bewussten Brief ihr Geschenk. Die einzige Reaktion ist ein müdes Lächeln. Haben sie denn die ganze Schublade voller Parker-Füller? Sie wollen wissen, warum ich ihnen dieses Geschenk mache, und ich erkläre ihnen, dass morgen Durga*-Tag sei, der Tag der Göttin der Güte, und dass es sich um eine symbolische Geste handle. Nicht zufällig würden die letzten Unterschriften am Tag des Festes zu Ehren dieser Gottheit geleistet. Die beiden akzeptieren meine Erklärung, und mit den Füllfederhaltern werden nun die Unterschriften, die den Abschluss des Verfahrens in Nepal markieren, unter die wichtigen Papiere gesetzt. Nach zehnmonatiger Schwangerschaft bin ich endlich Kumaris Mutter.

Liebe Kumari,
unsere Liebe ist anerkannt worden. Jetzt, da die ganze Spannung von mir abfällt, bin ich so müde, so müde. Durch dich ist mir das Leben lieb. Ich bin so glücklich. Ich kann an nichts anderes mehr denken als an dich. Ich werde für dich sorgen, dir nepalesisches Essen kochen, dir Kleider nähen, Lieder singen, Geschichten vorlesen, mit dir im Wald spazieren gehen, im Frühling, Sommer, Herbst und Winter.

Das Meer, die Welt werde ich dir zeigen, aber ich werde dich auch lehren, die kleinen Dinge im Leben zu sehen. Den Marienkäfer beispielsweise und dic Nachtkerze, die abends aufgeht, wenn die anderen Blüten ihre Blätter schließen. Ich werde dich vor Schmerzen bewahren.

Es ist Abend, Katmandu verändert sich. Die Fensterläden der Geschäfte werden geschlossen, Scharniere quietschen und knarren, Hunde suchen sich einen Schlupfwinkel, die Kinder verschwinden von den Straßen, die Marktgeräusche verstummen, die kleinen Tempel erwachen zum Leben, und die Flammen der Kerzen und Öllampen darin bewegen sich hin und her, als würden sie von den Glöckchen des Priesters gesteuert, der aus seinem Gebetbuch vorliest. Mit zwei Kerzen, einer Flasche Limonade und einem Foto von Kumari verbringe ich den Abend. Ich kann mein Glück kaum fassen.

# Der Abschied

Die Ratten im Thakali-Hotel sind still. Aama verstreicht frischen Lehm auf dem Boden, und durch ein Loch im Dach fällt ein Lichtstrahl in meinen Schoß. Ganz allmählich werde ich wach. Ich bin zum letzten Mal hier. Der nahende Abschied von dem Ort und den Menschen, mit denen ich mich über lange Zeit verbunden gefühlt habe, überschattet meine Freude. Als ich Sanus Vater die gute Nachricht erzähle, öffnet er eine Flasche Bier und fordert seine Frau auf, mir eine Schale Hühnerfleisch zu bringen. In zwei Tagen erwartet mich die Familie des Thakali-Hotels zum Dasain-Fest* zurück. Sanu bestreicht das Haus innen und außen von oben bis unten mit rotem und grauem Lehm, um es von allem Vergangenen zu reinigen. Ich bin froh und erleichtert, dass ich jetzt offiziell als Kumaris Mutter anerkannt bin.

Zusammen mit Jud besuche ich Kaka und Kaki, um ihnen die frohe Botschaft zu überbringen. Kumari hütet mit anderen Kindern im Wald die Ziegen. Sie wird gerufen, ich breite die Arme aus, und sie rennt lachend auf mich zu. Ich kann ihr nicht erklären, was alles passiert ist, aber um meiner Freude Ausdruck zu verleihen, schenke ich ihr eine Puppe. Sie lässt mich los und läuft damit nach drinnen, um sie im ersten Stock zusammen mit ihrer Cousine zu untersuchen. Ich wandere ein wenig umher, weil ich weiß, dass es das letzte Mal ist und ich nun von dieser Umgebung Abschied nehmen muss. Gefühle, die mich vor anderthalb Jahren, als ich Kumari kennen lernte, bewegt haben, kehren zurück. Ich schaue den Weg hinab und sehe zu meiner großen Überraschung, dass die beiden toten Bäume, die für mich Kumaris Eltern symbolisierten, gefällt worden sind.

Die Puppe verursacht einen Menschenauflauf. Kumari wird traurig und bekommt Angst. Einige Kinder beruhigen sie, und sie kommt zögernd mit ihrer neuen Puppe aus der dunklen Hütte. Jud gibt Kaka und Kaki Bescheid, dass ich Kumari nach dem Dasain-Fest abholen werde. Ich finde es schön, dass sie dieses große, fröhliche Fest noch mit ihrer Familie feiern kann. Ich frage Kaka, ob er mit mir nach Katmandu fahren will. »Nein, Schwester, das kann ich nicht. Aber sieh doch bitte zu, dass ein Polizist mitkommt, wenn du Kumari abholst, zum Schutz gegen schlechte Gedanken der Brahmanen.«

Am Waldrand und den Reisfeldern entlang gehen Jud und ich zur großen Straße, wo ich den Bus nach Arun-Khola nehme. Jud ist enttäuscht, versteht aber, dass die Thakali-Familie es mir sehr übel nähme, wenn ich Dasain nicht mit ihnen feiern würde.

Am Spätnachmittag komme ich in Arun-Khola an. Im Thakali-Hotel treffe ich mich mit dem Polizeiinspektor und dem Pradhan Panch und gebe jedem eine Kopie des definitiven Bescheids. Mit dem Inspektor vereinbare ich, dass er in sechs Tagen einen Polizisten schickt, der mit mir zusammen Kumari abholt.

Das Thakali-Hotel erstrahlt in frischem Glanz, alle Familienmitglieder haben im Fluss gebadet, und auf dem Tisch warten leckere Sachen auf den großen Festtag.

Das Dasain-Fest beginnt am Morgen. Sanu, Didi, Aama und ich sitzen auf Gunderies am Boden nebeneinander. Sanus Vater sitzt uns gegenüber und spricht eine Reihe Mantras, klebt uns feuchten Reis an die Stirn und wünscht jedem Familienmitglied mit einem Geldgeschenk Glück. Ich kann es kaum fassen, dass die Schlacht geschlagen ist und ich Kumari nun wirklich mitnehmen darf. Aama tischt Reis, Huhn, Krupuk und Speisen auf, die ich noch nie gesehen habe. Kieshan kommt vorbei und bittet mich, die Familienrituale in seinem Haus zu fotografieren. Das ist eine große Ehre für mich: Zum ersten Mal darf ich eine Newar-Familie besuchen. Die Newar bleiben im Allgemeinen für sich und sind, insbesondere was ihr Familienleben anbelangt, äußerst zurückhaltend. Nur selten werden Angehörige anderer Bevölkerungsgruppen in ein Newar-Haus eingeladen. Ein saubereres Haus habe ich in Nepal noch nicht gesehen. Feierlich wartet die Familie auf mich. Ich bin froh, endlich etwas für Kieshan tun zu können, nachdem er mir ein ganzes Jahr lang so wunderbar geholfen hat. Sein Bruder, der in der Familie eine besondere Stellung einnimmt und mit großem Respekt behandelt wird, sitzt auf dem Boden, und die anderen Familienmitglieder nehmen eines nach dem anderen vor ihm Platz, um seinen Segen zu empfangen. Konzentriert berührt er mit beiden Füßen die Stirn seines Gegenübers, steckt ihm je ein Bund gekeimte Gerstenkörner hinter die Ohren und klebt ihm eine dicke Schicht rot gefärbten Reis an die Stirn. Nachdem nach einer Stunde alle Kinder und Erwachsenen auf diese Weise gesegnet und mit Glückssymbolen versehen worden sind, wird im Familienkreis gefeiert. Ich kehre ins Thakali-Hotel zurück, wo ich den Rest des Tages mit Essen verbringe.

Zur Freude von Sanus Vater fahre ich mit Sanu für einen Tag nach Daunie, um die buddhistischen Mönche zu besuchen. Zum letzten Mal lausche ich den Trommeln, dem monotonen Gesang, den Mantras und den hohen Tönen, die ein junger Mönch einer riesigen Muschel entlockt. Und zum letzten Mal betrachte ich voll Rührung diese jungen Klosterinsassen, Mädchen und Jungen zwischen fünf und sechzehn Jahren, die eine Ruhe ausstrahlen, dass man meinen könnte, sie alle seien erleuchtet. Draußen durchqueren wir ein kleines Waldstück, und dann sehe ich etwas, das ich noch nie gesehen habe. Ein schmaler, etwa einen Kilometer langer Pfad bildet eine Spirale, in deren Mitte ein Steinhaufen liegt. Ich komme nicht dahinter, was das bedeutet.

Im Thakali-Hotel geht das Leben nach dem Fest

wieder seinen gewohnten Gang. Eine Gruppe von Bergbewohnern isst Reis mit Linsen. Einer der Männer versucht an einer Glühbirne seine Zigarette anzuzünden. Es ist eine von fünf Lampen in Arun-Khola, die Kieshan mit einem Generator zum Leuchten bringt. Der Mann zieht an der Zigarette, sieht die Lampe erstaunt an und versucht es noch einmal. Ich muss lachen, und plötzlich bricht auch er in lautes Gelächter aus. Beim Essen lässt er den wundersamen Lichtpunkt nicht aus den Augen: »Das versteh ich nicht.« Für diese Menschen hängt an dem braunen Balken über ihren Reistellern noch immer ein großes Wunder. Und eines ist sicher: Die Glühbirne lockt Kundschaft an. Wenn sie brennt, bleiben die Familien, die aus den Bergen herabkommen, um gewebte Tücher, Mangos, Hühner und anderes mehr zu verkaufen, in Gruppen vor dem Thakali-Hotel stehen, um den ungewohnten Gegenstand zu betrachten.

Für mich ist das Ende der wundersamen Ereignisse hier in Nepal gekommen, und schweren Herzens besuche ich zum letzten Mal Juds Familie. Padom und Baboo weinen, und entgegen nepalesischen Gepflogenheiten gebe ich Juds Frau einen Kuss. Sie wendet sich ab, um ihre Tränen zu verbergen. Auch Mina und Devi unterdrücken ihre Gefühle. Ich habe vieles mit dieser Familie geteilt und doch nie begriffen, wie sie mit Emotionen umgehen. Nur einmal hat Juds Frau ihre Gefühle gezeigt: Als sie wehmütig von ihrer Heimat in den Bergen sprach, wo es Mandarinen in Hülle und Fülle gab und man nachts am Feuer tanzte und sang. Auf Geheiß ihres Mannes musste sie sogar ihren Schmuck verkaufen, um ins Terai ziehen zu können, wo den Armen eine goldene Zukunft versprochen wurde, die dann nie kam. Damals sah ich zum ersten Mal Tränen der Trauer in ihren Augen. Für sie wie für viele andere Bergbewohner wurde das Leben in der Terai-Ebene eine Enttäuschung.

Ich pflücke ein Blatt und lege es mit der Spitze zu Juds Hütte auf die Erde. Das Gepäck, mit dem ich gekommen bin, ist zu einem kleinen Bündel zusammengeschrumpft. Was ich entbehren kann, lasse ich zurück. In Arun-Khola wartet ein Polizist auf mich. Er fragt, ob wir Fahrräder mieten können, und dann machen wir uns zusammen auf den Weg zu Kaka, um Kumari abzuholen. Ein Mann aus dem Basar läuft hinter mir her, um mir zu sagen, dass die Schuluniformen für Kumaris Cousin und Juds Sohn Padom, deren Schulbesuch ich finanzieren werde, fertig sind. Ich befestige die Uniform für Kumaris Cousin auf dem Gepäckträger. Unterwegs verabschiede ich mich von vielen Menschen, und im letzten Moment ist noch alles Mögliche zu regeln. Der Weg ist so schlecht, dass wir mehr laufen als fahren. Die Affen im Wald erschrecken vor dem lauten Geklapper unserer Mietfahrräder und ergreifen kreischend die Flucht.

Mein Blick fällt auf ein kleines Mädchen, das vor der Hütte spielt. Sie hat ein Micky-Maus-Kleidchen an. Sie weiß nicht, dass sie in einer Stunde in ein neues Leben aufbrechen wird. Kaka und Kaki kommen vom Feld. Ich mache die letzten Fotos. Um einen Menschenauflauf vor Kakas Hütte zu verhindern, aber auch um Kumari und mir allzu viele Emotionen zu ersparen, machen wir uns bald auf den Weg. Kumari nimmt spontan meine Hand und setzt sich auf den Gepäckträger. Ich verspreche Kaka und Kaki, sie nie zu vergessen und alles zu tun, um Kumari eine gute Mutter zu sein. Kaki steigt in den ersten Stock hinauf, holt ein Familienfoto, eine Schwarzweißaufnahme, und drückt sie einen Moment an uns. Wir sagen nichts mehr. Ruhig fahren wir entlang der Reisfelder zurück. Kumari sitzt verlegen, aber auch triumphierend hinten auf dem Rad.

Vor dem Thakali-Hotel wartet Jud auf uns, und wir essen noch einmal Huhn und trinken Tee. Und ehe ich weiß, wie mir geschieht, sitzen wir schon im Bus, der uns nach Narayangadh bringt, wo Bert van Ommen uns mit dem Auto abholen will. Während wir auf ihn warten, essen wir in einem kleinen Restaurant Dhal Bhaat. Vor der Abfahrt muss Bert noch tanken. Kumari schaut erstaunt zu und sagt: »Hat das Auto Durst? Das trinkt aber viel!«

Zum letzten Mal – für Kumari ist es das erste Mal – fahren wir am Fuß des Himalaja entlang. Kumari fühlt sich rundum wohl und hat die ganze Fahrt über den Kopf in meinem Schoß. Ich sehe die Läuse in ihren Haaren herumkrabbeln, aber ich brauche gar nicht erst zu versuchen, sie mit den Fingern zu fangen. Gegen Abend kommen wir in Katmandu an, und ich empfinde es als Erholung und Luxus, mich endlich wieder in einem geräumigen Haus mit westlichem Komfort aufzuhalten. Bert und seine nepalesische Frau bieten mir an, einen Monat bei ihnen zu wohnen. Gerne nehme ich das freundliche Angebot an.

Kumari und ich fallen sofort in tiefen Schlaf, doch bei Tagesanbruch bin ich schon wieder auf den Beinen, um eine Zahnbürste, Läuseshampoo, Wurmmittel und neue Kleider für meine Tochter zu besorgen. Als ich zurückkomme, hat Berts Frau schon das Badewasser eingelassen, und gemeinsam waschen wir Kumari. Ihre Augen werden riesengroß, als sie den Seifenschaum sieht. Sie genießt das warme Wasser und ruft wie ihr Onkel unaufhörlich »Abie, abie!«. Sie will das Wasser mit beiden Händen greifen und sagt: »Mama, das Wasser ist warm. Wie kann das sein? Was ist das für Wasser?« Ich beobachte sie und sehe das Wunder geschehen: Wie durch Zauberhand verwandelt sie sich. Sie lacht und plappert in einem fort, sieht sich mit großen Augen um und befühlt alles – ein spontanes, fröhliches, unendlich neugieriges Kind. Nach dem Waschen spielt sie mit Berts Kindern im Garten. Die große Veränderung in ihrem Leben und der Luxus, der sie plötzlich umgibt, scheinen ihr keinerlei Probleme zu bereiten. Ich gebe ihr einige Teelöffel von dem wohlschmeckenden rosa Wurmsaft. Zwei Tage später ruft sie: »Mama, Mama, komm schnell!«, und ich laufe zur Toilette, wo auf dem Boden sechs dicke rosa Spulwürmer durcheinander kriechen. Ich muss mich fast übergeben bei diesem widerlichen Anblick. Ein Blick in den Medizinschrank zeigt mir, dass die Flasche mit dem Wurmsaft leer ist. Kumari fand ihn so lecker, dass sie ihn heimlich in einem Zug ausgetrunken hat – kein Wunder, dass die Würmer in Massen herauskommen. Von da an isst sie ungeheure Mengen. Doch als Bert uns eines Abends in eine Eisdiele führt, will sie ihr Sahneeis zur allgemeinen Verwunderung nicht essen. Es schmeckt ihr überhaupt nicht. Wenn Kumari nicht im Garten spielt, ist sie meist im Badezimmer und spielt dort endlos mit dem Wasserhahn oder lässt die Toilettenspülung rauschen. Abends, wenn Berts Kinder fernsehen, sucht sie unter und hinter dem Apparat nach den Personen, die auf dem Bildschirm zu sehen sind. Die Bilder scheinen ihr nichts zu sagen, auch nicht, als ich sie eines Tages rufe: »Sieh mal, Kumari, im Fernsehen gibt's leckeres Essen.« Sie kommt, schnuppert und sagt dann: »Das ist kein Essen, ich rieche nichts.«

Als mich nach einigen Tagen eine Erschöpfung überfällt, die mich depressiv macht, bin ich froh, dass ich bei Bert wohnen kann. Auf dem flachen Hausdach, wo eine kühle Brise weht, schlafe ich ein paar Tage rund um die Uhr. Von Zeit zu Zeit kommt Kumari herauf, schmiegt sich voll Sehnsucht nach Körperkontakt an mich und saugt wie ein Neugeborenes stundenlang an meinen Brüsten. Sie möchte ein Loch in die Brustwarzen bohren, damit Milch herauskommt, aber das kann ich ihr gerade noch ausreden. Vor dem Schlafengehen massiere ich ihren kleinen braunen Körper mit duftendem Öl. Noch nie habe ich sie so hübsch gesehen. Sie plappert ununterbrochen, ihre hochgezogenen Schultern entspannen sich, und ihr rechtes Bein, von dem ich geglaubt habe, es sei schief, steht jetzt ganz gerade. Wir genießen unser Zusammensein, und nach einer Woche fühle ich mich wieder fit und verlasse mein »Wochenbett«. Bert rät mir, noch eine Woche Urlaub zu machen, bevor ich in die Niederlande zurückkehre.

Ich schicke Jud Nachricht, dass wir am Fuße des Himalaja, wo wir vor einem halben Jahr zu einer Hochzeit eingeladen waren, auf ihn warten, um eine Trekkingtour durch das Gebiet der Magar zu machen. Ich besorge Flugtickets, Reisedokumente für Kumari und Taschen voller Mitbringsel für meine Freunde, ich backe einen Apfelkuchen für einen der Minister und gebe ein kleines Abschiedsfest. Dann ziehen wir in die Berge und machen den Himalaja zum Zeugen unserer Liebe.

# Das Land der Magar

Jud, Devi und ein Lama mit seinem Sohn warten am Fuße des Himalaja auf uns. Ausgeruht und munter brechen wir am Morgen auf. Die ersten Stunden wandern wir einen gut begehbaren, von blühenden Winterblumen gesäumten Weg entlang, von dem wir eine herrliche Aussicht über das Tal haben. Doch als wir in die Berge kommen, wird es schwieriger: Wir müssen steile Hänge hinaufsteigen und reißende Flüsse durchqueren. Oft geht der Lama ein Stück voraus, stellt seine Last ab – er bringt für die Unicef Medikamente in die Bergdörfer – und kommt dann zurück, um Kumari durch einen gefährlichen Fluss zu tragen oder sie sicher an einem Abgrund entlangzuführen. In solchen Momenten wage ich gar nicht hinzuschauen und spüre bis in die Fingerspitzen, wie sehr ich sie liebe und wie viel Angst ich um sie hatte.

Wir gehen, klettern und kriechen ohne Zwischenfälle bergauf und erreichen guter Dinge die ersten Höhen. Jud und ich tragen Kumari abwechselnd, aber oft will sie auch laufen. Wir pflücken Blumen, singen und lassen es uns gut gehen. Ich denke mir ein kleines Lied mit dem Titel »Himalaja« aus, das wir später in den Niederlanden noch oft singen werden.

Nach mehreren Stunden kommt meist ein Chautara*, wo wir uns unter den herrlichen Pipalbäumen eine Weile ausruhen und von dem Proviant essen können, den uns die Dorffrauen mitgegeben haben.

Wir nähern uns den ersten Magardörfern.

»Kumari, du wirst Hunderte, Tausende von Magar sehen«, sagt Jud, »so viele wie in deinem ganzen Leben noch nicht.« Wir sind gespannt. Bald hören wir Schweinegrunzen, Kuhglocken und das Geräusch der Haumesser, und in dem Wald, der das Dorf umgibt, singen Frauen. Jud setzt sich einen Moment hin, um mir etwas ans Herz zu legen. »Weißt du noch, Schwester, was ich dir einmal über die Namen bei den Magar gesagt habe? In dem Magardorf, in das wir jetzt kommen, sprichst du Kumari besser nicht mit ihrem Namen an, sondern nennst sie ›Nani‹ oder ›Kanchi‹.«

Als ich Kumari das zu erklären versuche, ist sie empört: »Ich bin Kumari, und ich heiße Kumari, und ich höre nicht auf ›Kanchi‹ oder ›Nani‹!« Ihre Reaktion erstaunt mich, denn bei Tokornie und ihrem Onkel hat man sie auch Nani genannt. Vielleicht hängt es mit dem Abschied von ihrer Vergangenheit zusammen.

»Ich muss dir noch etwas sehr Wichtiges sagen«, fährt Jud fort. »In Kumaris Papieren ist ›Bhim Kumari Dega Magar‹ als Name eingetragen.« Bhim spricht sich wie Vim. Ich muss Jud den vollen Namen ein paar Mal vorsagen, und er ist sichtlich erleichtert, als ich ihn schließlich korrekt aussprechen kann.

Jud zeichnet mit einem Stock ein kompliziertes Geflecht von Linien und Symbolen auf die glatt gestrichene Erde und hält mir dann einen astrologischen Vortrag, von dem ich kein Wort verstehe. Die Materie ist so komplex, dass sie sich mir nicht einmal in den Grundzügen erschließt. Wieder einmal überrascht mich Juds umfassendes Wissen über Nepal und die jahrhundertealten Traditionen, die hier eine so wichtige Rolle spielen. Ich wünschte, mein Nepali wäre besser und ich könnte ihm Fragen dazu stellen.

Zwischen schwarzen Schweinen hindurch gelangen wir ins Dorf, wo wir Rast machen. Mir ist, als hätte ich ein Buch aus dem Mittelalter aufgeschlagen. Es ist ein altes Dorf mit solide gebauten Hütten aus Lehm und Holz, viele davon rund, mit einer Veranda aus denselben Materialien. Vor den Hütten liegen Maiskolben zum Trocknen. Die Kinder haben Angst vor mir und laufen davon. Kumari hört nicht auf den Namen Nani und will wissen, ob ich die Kinder genauso lieb habe wie sie. Ich muss mich an ihre Eifersucht erst gewöhnen, die sofort erwacht, wenn ich begeistert auf andere Kinder zugehe.

In Nepal ist es üblich, den Namen der Kaste, der man angehört, an den Familiennamen anzuhängen. In Katmandu habe ich versucht, den Zusatz »Magar« aus Kumaris Papieren streichen zu lassen, weil er diskriminierend wirken kann. Ich sah darin einen Brauch, der die Vorrangstellung der höheren Kasten und die Unterdrückung der niederen zementiert. Hier aber, mitten unter den Magar, erscheint mir der Kastenname geradezu wie ein Ehrentitel. Ich bin stolz darauf, dass Kumari eine Magar ist und dass sie zu diesen Menschen gehört, die so natürlich, aufrichtig und herzlich sind. Auf unserer Wanderung gebe ich ihr einen niederländischen Kosenamen und nenne sie zärtlich »Magartje«.

Wir ziehen weiter und begegnen, wie Jud es uns versprochen hat, Hunderten von Magar. Ich bin froh, kurz vor der Abreise in die Niederlande noch diese entspannte Trekkingtour in jenen Teil Nepals machen zu können, in dem Kumaris Eltern gelebt haben.

Dörfer, Felder, Esel, Ziegen, Blumen, Berge, Bäche, Himmel, Vögel, Schmetterlinge – irgendwo im Herzen Nepals tanzen im glitzernden Morgenlicht die Magarmänner zum Rhythmus der Maldas. Sie schütteln Kopf und Körper, bis sie in Trance fallen und Gott in sich aufnehmen, denselben Gott, dem das geköpfte Huhn geopfert wird, das nun zuckend seinen Geist aufgibt. Mehrere wohlwollende Götter – im Grunde aber ein und derselbe Gott – werden an dieser im Grün versteckten, reichlich mit Reis, Gerste, Bananen, Süßkartoffeln und Waldfrüchten bedachten Opferstätte angebetet.

Schon seit Jahrhunderten bestimmt der Animismus das Leben in den Magardörfern. Gott ist überall: in den Wäldern, den Bergen, den Tieren und im Feuer.

Neben der Feldarbeit und der täglichen Nahrungsbeschaffung wird ein Teil des Lebens darauf verwendet, Gott und die Götter zu ehren und günstig zu stimmen und die bösen Geister zu bannen.

Ein Magar muss bei allem, was er tut, darauf achten, dass er Gott nicht erzürnt. Auch die Öllampe ist Gott und darf daher nicht ausgeblasen werden. Schafzucht missfällt Gott ebenso wie das Töten von Affen, das Verunreinigen des Feuers und das Kämmen der Haare im Stehen – man darf sich nur im Sitzen kämmen.

Wie verzaubert wandern wir von einem paradiesischen Dorf zum nächsten, in Harmonie mit der Natur und dem einfachen Leben der Bergbewohner. Jedes Dorf gleicht dem vorhergehenden, überall wühlen Schweine in der Erde, überall haben die Menschen mongolische Gesichtszüge, und überall tragen die Frauen einen goldenen Nasenring, der teilweise bis auf die Oberlippe herabhängt. Überall auf den Feldern sieht man auch das fein gewobene Umschlagtuch, die traditionelle Tracht der Männer wie der Frauen. Und überall hört man schon von fern das rhythmische Geräusch des Holzstampfers, mit dem das Korn gedroschen wird, ein langer Hebearm, der mit den Füßen oder der Hüfte bewegt wird und einen Holzblock in das Loch mit dem Getreide herabsausen lässt. Und überall trocknen auf Strohmatten rings um die Hütten Getreide und Mais, in stiller Anbetung Gottes.

Jud versucht mich auf unserer Wanderung in die Geheimnisse der Natur einzuweihen. Er zeigt mir

Heilpflanzen, pflückt da und dort ein Blatt und lässt mich daran riechen. Kumari saugt alles, was sie sieht und hört, wie ein Schwamm auf. Vor keinem Tier hat sie Angst, und einmal hebt sie eine prachtvolle, dicht behaarte Raupe auf. Erschrocken ruft Jud ihr zu, sie solle das Tier sofort loslassen. Er nimmt ihre Hand und reibt sie minutenlang an seinen Haaren, um Kumari zu entgiften.

Jud ist wie die meisten Magar eins mit der Natur. Nichts entgeht ihm, und er hat ein phänomenales Gedächtnis. Oft vermittelt er mir das Gefühl, dass es mehr zwischen Himmel und Erde gibt, als mir in meinem Leben in den Niederlanden bewusst ist.

Als wir uns nach drei Tagen Juds Heimatdorf und seinem Elternhaus nähern, ist ihm die Vorfreude deutlich anzumerken. Doch die Wege, die sich um die Berge schlängeln, scheinen kein Ende zu nehmen. Um neun Uhr morgens sind wir aufgebrochen, jetzt ist es sieben Uhr abends, und bei Kumari und mir machen sich Hunger und Müdigkeit bemerkbar. Eine Stunde später geht es bergab in ein Magardorf, in dem wir im Mondschein vierzehn Eier, sechs Packungen Kekse und etwas Zaat verzehren. Das muss für die vier Stunden, die wir noch vor uns haben, reichen.

Nach dem Essen wandern wir weiter durch die »ägyptische« Finsternis des Himalaja, unterstützt von meiner kleinen Taschenlampe und einer größeren chinesischen, die wir den Magar haben abkaufen können. Jud und ich haben Kumari den ganzen

Weg getragen, doch sie ist noch so munter, dass sie das letzte Stück laufen will.

Gegen elf bin ich am Ende meiner Kräfte und taste mich nur noch stolpernd vorwärts. Von einem gelegentlichen Rascheln am Wegrand und dem Klappern der Plastiksandalen abgesehen, ist es totenstill in den nächtlichen Bergen.

Plötzlich zerreißt hinter mir ein Schrei die Stille. Ich erstarre, ich wage mich nicht umzusehen, mein Herz bleibt stehen.

O Gott, Kumari … Wenn sie abgestürzt ist, springe ich auch, wenn sie tot ist, will ich auch nicht mehr leben.

Ich zwinge mich zurückzuschauen. Einer aus unserer Gruppe fehlt, aber wer? Da fällt mein Blick auf Kumari, und wir klammern uns weinend vor Schreck und Angst aneinander. Jetzt sehe ich auch Devi, Jud und den Sohn des Lama, der herzzerreißende Schreie ausstößt. Sein Vater ist in die Tiefe gestürzt.

Wie tief? Ist er tot? Oder schwer verletzt? Wir stehen noch zitternd da, als aus dem dunklen Abgrund eine Stimme ertönt. »Dai, dai, dai!«, ruft der Sohn des Lama erleichtert. Jedenfalls ist sein Vater nicht tot. Jud fragt, was passiert sei, und – Wunder über Wunder – der Lama ist unverletzt, ein Baum hat seinen Sturz aufgehalten. Wir wagen wieder zu atmen und lachen uns vorsichtig an.

»Das kommt vom Zaat, da ist Alkohol drin«, meint Jud. Ob der Lama wegen des Alkohols oder aus Erschöpfung abgestürzt ist, ob der Zufall oder übernatürliche Kräfte ihn gerettet haben – es tut nichts zur

Sache; Hauptsache, er ist unversehrt. Mit den Seilen, die wir dabeihaben, ziehen wir sowohl den Lama als auch die Medikamente wieder hoch. Da er kein Geld bekommt, wenn er sie nicht in der Ambulanz abliefert, können wir sie nicht zurücklassen.

Vorsichtig gehen wir weiter und erreichen um Mitternacht ohne weitere Zwischenfälle Juds Dorf. In Jud erwacht das Kind, das hier aufgewachsen ist, und er kramt eine Kindheitserinnerung nach der anderen hervor. Seit damals hat sich hier wenig verändert.

Endlich erreichen wir sein Elternhaus, das nach seinen Worten mehrere hundert Jahre alt ist. Draußen liegt unter dem vorspringenden Dach eine schlafende Gestalt unter einer alten Flickendecke.

»He, Bajai*!«, ruft Jud. Eine alte Frau erhebt sich langsam, und ihr runzliges Gesicht verzieht sich zu einem überraschten Lachen. Ihre Augen glänzen im Mondlicht.

Juds Mutter ist eine schöne sechsundachtzigjährige Frau, die älteste Magar, der wir auf unserer Wanderung begegnet sind. Ihre greisenhafte, stille Schönheit rührt für mein Gefühl daher, dass sie im Laufe der Jahre ein Teil der Natur geworden ist. Fahrräder, Autos, Radios und andere Segnungen der modernen Technik hat sie wie viele andere in dieser Gegend nie gesehen.

Als Willkommensgeschenk überreichen wir Bajai ein anthrazitgraues Umschlagtuch, das sie sich gleich um die mageren Schultern legt. Dann nimmt sie meine Hände, streichelt sie und lässt sie eine halbe Stunde lang nicht wieder los. Tränen treten mir in die

Augen, weil sich meine nepalesische Familie unversehens um eine so liebe Oma aus dem Himalaja erweitert hat, eine Frau mit so sanften Händen und einem so aufrichtigen Herzen. In der Hütte wird unterdessen Feuer gemacht und noch rasch eine Mahlzeit aus dunkelbraunen Linsen zubereitet. Mit vollem Magen legen wir uns dann neben Bajai unter das Vordach. Wir sind so müde, dass wir augenblicklich in einen tiefen, bewusstlosen Schlaf fallen.

Am nächsten Tag hätte ich mich gern noch ein wenig in dieser weltabgeschiedenen kleinen Dorfgemeinschaft umgesehen, die insgesamt etwa hundertfünfzig Menschen umfasst, aber Jud drängt zum Aufbruch, und ich muss mich mit einem Spaziergang durchs Dorf begnügen. Ich kann mich gar nicht satt sehen und hören. Als wir nach einem Teller Reis mit Süßkartoffeln Abschied nehmen müssen, tröste ich mich mit dem Gedanken, dass ich eines Tages zurückkommen werde und dass die Zeit bei den Magar zumindest in diesem Dorf reichlich bemessen ist.

Fünf Tage lang wandern wir durch das Gebiet der Magar, und am Abend des fünften Tages kommen wir in Pokhara an. Wir sind wieder in der »Zivilisation«. Aus allen Winkeln und Löchern kommen Jungen hervorgeschossen, die uns in gebrochenem Englisch in ein Hotel locken wollen: »Madam, cheap lodge, good price, come, come.« Müde, wie wir sind, folgen wir dem Erstbesten, der vor lauter Angst, uns und seine Provision wieder zu verlieren, ununterbrochen redet.

Zwei Minuten Pokhara mit seiner Hektik, seinem Lärm und Kommerz genügen, und schon erwacht in uns das Heimweh nach den Bergen. Dass ich nach einem Fehltritt im Dunkeln in der offenen Abwasserrinne lande, macht es nicht besser. Bis zu den Hüften versinke ich in dem unbeschreiblichen Dreck und Matsch, in dem zweifellos auch Ratten umherschwimmen. Beim Herausklettern ziehe ich mir auch noch Schürfwunden an den Beinen zu.

Bis zu dem angepriesenen Hotel sind es nur noch ein paar Schritte. Wie eine getaufte, äußerst übel riechende Maus komme ich dort an. Der Gestank, der mich umgibt, muss die Gäste geradezu betäuben. Im Vergleich dazu verströmen die Schweine der Magar einen köstlichen Duft, sage ich zu Jud. In einer so absurden Situation kann man im Grunde nur noch Witze machen. Die Kleider kleben mir am Leib und sind von einer dicken schwarzen Schmutzschicht bedeckt. Alle helfen mir beim Saubermachen, und keine halbe Stunde später sitzen wir vor einem großen Teller Dhal Bhaat, zu müde, um noch lachen zu können.

Kumari, Devi und ich schlafen zusammen in einem Zimmer. Devi ist zum ersten Mal so weit von zu Hause weg und auch zum ersten Mal in einer Stadt. Am nächsten Morgen sieht sie – ebenfalls zum ersten Mal – schneebedeckte Berge, von der aufgehenden Sonne in roten Glanz getaucht.

Wir kaufen in Pokhara noch ein Paar Schuhe für Devi, über die sie sich riesig freut, dann wird es Zeit, die Rückreise anzutreten.

Wir werfen einen letzten Blick auf das Land der Magar auf der einen und die Schneegipfel auf der anderen Seite. Jud, Devi, der Lama und sein Sohn nehmen den Bus nach Tamsarya, Kumari und ich fahren nach Katmandu.

Als wir im Bus sitzen, fängt es an zu regnen.

Der Himalaja weint.

Dann kommt der Tag, an dem wir endgültig Abschied nehmen müssen von unserem Mutterland, dem Land, in dem unser Leben sich für immer verändert hat, dem Land, in dem wir berührt wurden: du von mir und ich von dir. Nie zuvor, so mache ich mir klar, habe ich so bewusst gelebt wie während dieser Zeit in Nepal.

Komm, Kumari, wir gehen.

# Fünf Jahre später

Liebe Kumari,
ein Schmetterling flattert vor uns her. Als der Bus ihn einholt, bleiben ein Blutspritzer und ein bunter Flügel an der Scheibe zurück.

Kumari, wir sind unterwegs in deine Vergangenheit, die du wie kleine Schneeflecken im Himalaja in der Erinnerung bewahrt hast. Fünf Jahre ist es her, dass wir den Himalaja verlassen haben. Deine Erinnerungen an Nepal sind eine Mischung aus Phantasie und Wirklichkeit. Einige intensive Erlebnisse aber haben sich deinem Gedächtnis tief eingeprägt. Ich ahne nicht, wie du reagieren wirst, wenn du das Dorf wieder siehst, in dem dein Onkel und deine Tante wohnen. Was geht dir durch den Kopf, und was wird die Konfrontation mit der Vergangenheit in dir auslösen?

Du schaust dir die Augen aus dem Kopf und redest in einem fort. »Das ist mein Land, ja, Mama? Der Himalaja ist unheimlich, aber schön. Da gibt es gefährliche Tiere, Nashörner und Tiger, aber auch viele schöne Schmetterlinge und Vögel, die wie Papageien aussehen. Ich bin schon so gespannt, in meinem Bauch kribbelt es. Ich werde meine Cousinen wieder sehen. Unsere Hütte war aus Lehm, und da gab es Schlangen. Ob der Brunnen in Arun-Khola noch da ist, in den man mich einmal hineingeworfen hat? Wie sehen mein Onkel, meine Tante und meine Cousinen aus? Wo bin ich eigentlich geboren?«

Um elf Uhr halten wir vor einem Restaurant an der Straße, dann holpern wir acht Stunden lang in einem japanischen Bus durch den Himalaja. Vor fünf Jahren habe ich noch mitgeholfen, einen Teil dieser Straße zu erneuern, jetzt ist der Belag an manchen Stellen schon wieder halb verschwunden. Sehr vorsichtig fährt der Bus über die marode Straße. Unterwegs sehen wir Hütten, auf die Sonnen aufgemalt sind, das Wahlsymbol der Kommunistischen Partei, also der Armen. Die Kongresspartei, durch einen Baum symbolisiert, hat ihre Anhänger hauptsächlich unter den höheren Kasten und den Reichen. 1990 kam es zu einer blutigen Revolution, und am 12. Mai 1991 durften die Nepalesen zum ersten Mal wählen. Endlich wurde das undemokratische Panchayatsystem mit dem König an der Spitze abgeschafft. Dein Land ist jetzt eine Demokratie mit einem Mehrparteiensystem und einer konstitutionellen Monarchie.

Und dann, Kumari, steigen wir aus. Je näher wir der Hütte deiner Familie kommen, desto mehr nehmen die Spannung und die Emotionen zu. Endlich kommt das Dorf in Sicht, die Hütten, die Bäume, die wir so gut kennen, und dann erblicken wir vor dem Hintergrund der leuchtend gelb blühenden Senffelder die Hütte von Kaka und Kaki. Als Erste sehen wir deine Cousinen Siti Sárà, Bumi und Naramaya und deinen Cousin Prem, dann kommt deine Tante heraus. Dein Onkel arbeitet auf dem Feld, und jemand geht ihn holen. Hellwach siehst du dich um und erkennst alles wieder. Ich kann kaum filmen, weil meine Augen sich mit Tränen füllen.

Da kommt dein Onkel angelaufen – es ist das erste Mal, dass ich einen Nepalesen rennen sehe. Sein Gesicht ist sonnenverbrannt, der Blick seiner Augen klar und sanft, sein Hemd hängt ihm in Fetzen am Leib, seine nackten Füße sind erdverschmiert, seine kräftigen braunen Beine gekrümmt. Schau, Kumari, es ist dein Onkel, wie er leibt und lebt, es könnte niemand anders sein. Kaka ist vor Freude überwältigt und kann seiner Gefühle nur dadurch Herr werden, dass er sich wieder und wieder in die Nase kneift. Wir setzen uns in die Hütte, denn draußen wächst der Kreis der Neugierigen.

In dieser Hütte hast du damals noch ein wenig Sicherheit und Wärme gefunden, in dieser Hütte, die so viel Leid gesehen hat und in der es nach dem Tod deiner Familie nicht genug zu essen für dich gab. Vor sechs Jahren standest du gekrümmt vor Traurigkeit davor, und vor fünf Jahren sind wir in Polizeibegleitung aus diesem Dorf fortgeradelt. Du warst damals vier und wogst zehn Kilo, und erst nachdem ich die Würmer aus deinem Leib vertrieben hatte, fingst du an zu wachsen. Jetzt gehst du leicht wie ein Schmetterling durchs Leben. Du siehst mich mit klaren Augen an. »Kumari« bedeutet: Licht, Klarheit, Reinheit. Das ist nicht nur dein Name, das bist inzwischen auch du selbst.

Im Kreis deiner Verwandten wirst du verlegen. Sie streichen dir übers Haar, liebkosen dich, und jeder will deine Hand halten. An einem Nagel hängt ein gerahmtes Foto von dir, das dich zwischen den Ziegen im Amsterdamer Zoo zeigt. Es ist kaum Platz zum Sitzen in der Hütte und noch weniger Platz zum Alleinsein. Ich rücke Stück für Stück näher an deine Tante heran und schiebe einen Umschlag mit Geld zwischen die Blumen und grünen Blätter ihres Lungis. Hoffentlich hat es niemand gesehen, denn die Blicke der reichen Brahmanen dringen im Zweifelsfall auch durch die Lehmwände der Hütte. Wenn sie erfahren, dass ich deiner Familie Geld gegeben habe, werden sie es ihr abnehmen. Aber zum Glück können sie nicht in unsere Herzen sehen und haben keine Macht über die Zuneigung, die wir füreinander empfinden. Du zeigst nach oben und kletterst mit deiner Cousine über den Baumstamm mit den eingekerbten Stufen in den ersten Stock hinauf, wo du damals mit deiner Familie geschlafen und nachts die hellen Sterne gesehen hast. Ihr setzt euch auf eines der Gunderies und streichelt einander die Hände. Langsam steigen deine Erinnerungen in dir hoch. Ich gehe mit hinauf, halte mich aber abseits. Ich beobachte dich, um zu sehen, was dieser Besuch für dich bedeutet.

Früher warst du der kleine Paria dieses Dorfes,

Kumari, und deine Verwandten hatten nicht genug zu essen für dich. Du warst ständig mit Hunden und anderen Tieren zusammen, denn bei ihnen fandest du Zuneigung und Wärme. Jetzt, fünf Jahre später, bist du das Licht des Dorfes, und alle kommen, um dich zu sehen. Ich bin eine glückliche Mutter.

Die zudringlichen Augen der Angehörigen höherer Kasten lassen uns nicht genug Zeit und Gelegenheit, mit deiner Familie allein zu sein. Auch unser Abschied braucht Zeit, denn es ist schwer, diese Menschen, die du so liebst, wieder zu verlassen. Kaka nimmt dich auf den Arm, voll Stolz, dass du so viel wiegst. Wir vereinbaren, dass Kaka und Kaki uns noch einmal bei Jud besuchen, dann gehen wir an den Waldrand zurück. Ich kneife mir wie ein Magar in die Nase, um meine aufwallenden Gefühle zu bezwingen, und siehe da, es hilft.

Es wird ein freudiges Wiedersehen in Juds Hütte, wo die ganze Familie uns mit Blütenkränzen erwartet. Die Truhe, in der wir unsere Zuneigung füreinander fünf Jahre lang aufbewahrt haben, wird geöffnet, unsere Herzen fließen über vor Glück, und wir reden und reden, als wäre niemals genug Zeit dafür.

Am Abend brechen die Fragen aus dir heraus, Kumari. Du bombardierst Jud damit und willst alles über deine Familie wissen. »Wie hat meine Mutter ausgesehen? Wie hat mein Vater ausgesehen? Und meine Brüder und die anderen Onkel und Tanten? Wer ist als Erster gestorben? Wo sind sie verbrannt worden? Wie war meine Mutter angezogen? Sag noch mal, wie ihr Gesicht aussah. Gibt es wirklich keine Fotos? Hatte meine Mutter auch einen Nasenring, und wo ist der geblieben?« Da du kaum Nepali sprichst, übersetze ich alles für dich. Jud beantwortet deine Fragen sehr offen und direkt.

»Dein Vater war ein schöner Mann, Kumari, viel schöner als dein Onkel, sein Bruder. Und deine Mutter war eine sehr, sehr schöne Frau. Deine Eltern waren beide fast taub, aber sie konnten ein bisschen sprechen. Du hattest zwei Brüder, die aber schon vor deiner Geburt gestorben sind, als deine Eltern noch hoch oben in den Bergen wohnten. Dort wachsen Mandarinen. Nach dem Tod deiner Brüder sind deine Eltern von den Bergen herabgekommen und nach Taulihawa gezogen, nicht weit vom Geburtsort Buddhas. Das Land ist dort sehr fruchtbar. In Taulihawa leben ungefähr hundert Magar, der Rest sind Inder. Da deine Eltern kein Geld hatten, konnten sie natürlich auch kein Land kaufen und mussten für die Grundbesitzer arbeiten. Du bist in Taulihawa geboren. Es ist sehr weit von hier entfernt, und es fährt auch kein Bus dorthin. Deine Mutter war ganz klein und dünn und schwach. Als du ungefähr ein Jahr alt warst, sind deine Eltern nach langer Krankheit gestorben. Oft hatten sie nichts zu essen und mussten die Nachbarn um Hilfe bitten. Der Leichnam deiner Mutter ist am Fluss in Taulihawa verbrannt worden. Ich habe deine ganze Familie gekannt.«

Du fragst Jud, wo Schmuck, Kleider und andere Sachen deiner Eltern geblieben sind. »Deine Eltern haben nichts besessen, Kumari. Außer einem Kochtopf und einer Flickendecke hatten sie keinerlei

Besitz.« Du schaust mich an, Kumari, und ich sehe, wie sehr dich diese Wahrheit schmerzt. Aber lieber eine schmerzhafte Wahrheit als gar keine.

Jetzt, da wir uns in deine Vergangenheit vertiefen, drängen sich immer mehr Fragen auf. Du willst nach Taulihawa. Du möchtest wissen, ob die Hütte deiner Eltern noch steht und wo deine Brüder geboren wurden. Im Moment bleiben noch viele Fragen unbeantwortet, aber ich bin fest entschlossen, mit der Zeit alle Lücken in deiner Vergangenheit zu schließen. Vielleicht wird es wehtun, die Geschichte deiner Familie zu rekonstruieren, aber schlimmer ist es, gar keine Geschichte zu haben.

Wir sitzen den ganzen Abend zusammen und reden, bis das Feuer ausgeht und es Zeit zum Schlafengehen ist. Du schmiegst dich an mich und sagst: »Was für ein Glück, dass du mich gefunden hast.«

»Rupie, Rupie, Rupie …« Devis kleiner Vogel ist der Wecker, der uns am nächsten Morgen weckt. Beharrlich setzt er seinen Morgengesang fort, bis er gefüttert wird. Er ruft Rupie, und er heißt Rupie. Seit zwei Jahren lebt er bei Juds Familie. Er fliegt höchstens zehn Meter von der Hütte fort, denn er hat keine Lust, sich im Wald selbst Nahrung zu suchen. Du möchtest wissen, ob Rupie ein Junge oder ein Mädchen ist, aber Juds Frau kann es dir nicht sagen. Jedenfalls ist er ein echter Magar, denn er hat ständig Hunger. Devi hat ihm einen Ring durch den Schnabel gezogen, sodass er auch aussieht wie ein Magar mit einem Nasenring.

Heute gehen wir eine Ziege für deinen Onkel und

deine Tante kaufen, die in zwei Tagen kommen werden. Wir nehmen eine schwarze, ein eigensinniges Tier, das (nicht) auf den Namen Kali hört. Aus einer besonderen Grasart flicht Jud einen starken Strick, an dem wir Kali führen können.

An dem Tag, an dem Kaki und Kaka kommen, ziehe ich dich schön an. Gegen zehn Uhr vormittags sind sie da. Wir freuen uns und sind zugleich traurig, weil wir heute auch schon wieder Abschied nehmen müssen. Du setzt dich zwischen die beiden, und Kaki gibt dir ein Gefäß mit Ziegenfleisch, das sie eigens für dich mitgenommen hat. Du willst gleich davon essen, aber Jud fordert dich auf, noch einen Moment zu warten.

Er nimmt ein brennendes Holzscheit aus dem Feuer und streicht damit über das Fleischtöpfchen. Erst nach dieser rituellen Geste darfst du anfangen zu essen. Er erklärt uns die Bedeutung des Rituals. Kaka und Kaki haben einen langen Weg hinter sich und sind mit dem Fleisch an den Hütten vieler Menschen vorbeigekommen. Viele Augen haben das Töpfchen gesehen und sich gefragt, was darin ist. Das Darüberstreichen mit dem Feuer reinigt das Fleisch von den Blicken, die es berührt haben.

In den ersten Minuten wird nicht viel geredet, aber das macht nichts: Hauptsache, Kaka und Kaki sind da. Und ich weiß, dass ohnehin nicht genug Zeit sein wird, um alles zu sagen, denn wir werden uns lange nicht wieder sehen.

Kaka sagt, wir sollten künftig besser nicht mehr zu ihm kommen, denn nach unserem Besuch haben ihn die Chetri und Brahmanen zur Rede gestellt. Sie haben ihm die Hölle heiß gemacht und wollten wissen, ob ich ihm Geld gegeben hätte und wenn ja, wie viel.

Wir unterhalten uns über Gott und die Welt, doch wichtiger als Worte sind die gegenseitige Wärme und Zuneigung. Die schwarze Ziege, soeben mit Reis gesegnet, sträubt sich, als Jud ihr den selbst gemachten Strick um den Hals binden will. Wir begleiten Kaka, Kaki und Kali noch bis vors Dorf und verabschieden uns dann mitten auf dem Weg. Ganz entgegen nepalesischen Gepflogenheiten gibst du deinem Onkel und deiner Tante einen dicken Kuss. Deine Gefühle für deine Familie sind deutlich anders und intensiver als die für Juds Familie.

Wir schauen Kaka und Kaki lange nach und gehen erst zurück, als Kali nur noch ein schwarzer Punkt in der Ferne ist. »Namastè« war das Letzte, was du zu Kaka und Kaki gesagt hast. Wie lange wird es dauern, bis wir sie wieder sehen?

Dann kommt der Tag, an dem wir auch von Jud und seiner Familie Abschied nehmen müssen. Wir fahren nach Katmandu zurück. Wir kommen an der Stelle vorbei, wo ich zwölf Kilometer von Tamsarya und auch weit genug von den Großgrundbesitzern entfernt ein Stück Land gekauft habe. Die Verwirklichung eines lange gehegten Plans rückt ein wenig näher. In meiner Phantasie sehe ich an diesem friedlichen Ort ein einfaches, aber schönes Schulgebäude, in dem andere Kumaris – Waisen oder Kinder, die weit unterhalb des Existenzminimums leben – wohnen, spielen und lernen können. Es kommt mir vor, als hätte dieser Ort am Fuße des Himalaja symbolische Bedeutung – ein Ort, an dem der Teufelskreis von Armut und Unterdrückung durchbrochen werden kann. Noch zwei Tage, dann werden wir in die Niederlande zurückfliegen und deine Vergangenheit hier zurücklassen. Wir sitzen viel im Hotel und reden. Ich staune, wie wenig dir entgangen ist. Abends bittest du mich, zu dir ins Bett zu kommen. Eng aneinander geschmiegt unterhalten wir uns dann über deine Vergangenheit. Wir sind abwechselnd glücklich und traurig, und manchmal weinen wir zusammen. Manchmal wirst du auch böse auf mich: »Warum bist du nicht früher nach Nepal gekommen? Du hättest meine ganze Familie retten können!«

Es schmerzt dich, dass kein Foto, kein Schmuck, kein Stofffetzen, nicht eine einzige greifbare Erinnerung von deiner Familie geblieben ist. Du fragst, ob wir noch einmal an deinen Geburtsort zurückkehren können. Ob wir Erde von dort mitnehmen können.

Liebe Kumari, du hast keine greifbaren Erinnerungen an deine Vergangenheit. Das Einzige, was du hast, ist eine Geschichte, eine unendlich traurige Geschichte. Ich möchte dir eine gute Mutter sein, und das wäre nicht möglich, wenn ich nicht mit dir zusammen deine Vergangenheit und dein Land erkundet hätte, wenn wir uns nicht zusammen auf die Suche nach Erinnerungen gemacht hätten, wenn wir nicht zusammen Mandarinen gegessen hätten, wenn wir nicht zusammen geweint hätten und wenn wir nicht zusammen im Sonnenschein gegangen wären.

Ich liebe dich.

# Glossar

*Aama* – Mutter (Nepali)

*Abie, abie* – nepalesischer Ausruf der Verwunderung, der Überraschung (wörtliche Übersetzung nicht möglich)

*Ashram* – Lebensgemeinschaft und Ort der Begegnung für Anhänger einer bestimmten Lehre (Indien, Nepal)

*Bajai* – Oma, Großmutter (Nepali)

*Bazaar* – Markt (Nepal)

*Bosnus* – nimm bitte Platz (Nepali)

*Brahmane* – Hindupriester; Name der höchsten Kaste (Indien, Nepal)

*Chagtsalwa* – Geste der Ehrerbietung durch Verneigen

*Chang* – tibetisches Bier aus fermentiertem Getreide (Gerste, Mais oder Hirse)

*Chapati* – Fladenbrot aus Weizenmehl (Indien, Nepal)

*Chautara* – Rastplatz mit Steinmauer, auf der die Lastenträger ihre *Dokos* abstellen können; in der Mitte steht oft ein Pipal- oder ein Banyanbaum

*Chetri* – zweithöchste Hindukaste

*Chu Coma* – heißes Wasser (Tibetisch)

*Chuba* – Mantel für Männer und Frauen (Tibet); wird auch von den Sherpa in Nepal getragen

*CITS* – China International Travel Service, staatliche Organisation, die Touristenreisen in dafür ausgewiesene Gebiete arrangiert; oft sind die Führer schlecht ausgebildet

*Daqu* – alkoholisches Getränk (China)

*Dasain* – zehntägiges Familienfest, auch Erntefest genannt, bei dem Geschenke ausgetauscht und Verwandte besucht werden

*Dhal Bhaat* – nepalesisches Gericht aus Linsensoße (Dhal) und gekochtem Reis (Bhaat)

*Didi* – große Schwester (Nepal)

*Doko* – kegelförmiger Bambuskorb, in dem Lasten auf dem Rücken getragen werden (Nepal)

*Drog Khyi* – tibetischer Hirtenhund

*Durga* – Göttin, die das Böse vernichtet und das Gute verteidigt (Indien, Nepal)

*Gunderie* – Sitz- oder Schlafmatte aus Reisstroh (Nepal)

*Jak* – langhaariges tibetisches Rind, das auf 3000 bis 6000 Meter Höhe lebt

*Jurte* – mongolisches Nomadenzelt

*Kaka* – Onkel (Nepal)

*Kaki* – Tante (Nepal)

Kastensystem – Zwischen dem dreizehnten und dem achtzehnten Jahrhundert kam mit dem Hinduismus auch das Kastenwesen nach Nepal, ein hierarchisches System mit vier Gruppen: An der Spitze stehen die Tagadhari-Kasten (unter anderem die Brahmanen), die in Nepal führende Positionen bekleiden und die politische Macht ausüben. Die zweite Gruppe sind die Krieger (Chetri), die dritte die Bauern und Händler (zu denen die meisten Nepalesen gehören), die vierte die Dienenden oder Unberührbaren, zu denen zum Beispiel Kami (Schmiede), Damai (Schneider und Musikanten) und Dom (Sklaven) gehören. Die Rangordnung wird durch das Maß an ritueller Reinheit bestimmt. Brahmanen, Chetri, Dom und Bhika stammen ursprünglich aus Indien. Magar, Gurung, Sherpa und Thakali sind mongolide Völker, die einen tibeto-burmanischen Dialekt sprechen. Ihre Kultur weist zahlreiche Übereinstimmungen mit der Kultur der Tibeter und Mongolen auf.

*Kathakh* – Tuch aus feiner Baumwolle oder Seide, das ein Besucher einem Lama oder einer anderen Person umhängt, um ihm Respekt zu zollen (Tibet, Nepal)

*Khola* – Fluss (Nepal)

*Kietskomnie* – nepalesischer Geist

*Krishna* – Hindugott der Liebe

*Kukhri* – gebogenes Haumesser, traditionelle Waffe der Gurkha-Soldaten

*Kuru Kulla* – Buddha der positiven Gefühle, der das Böse abwehrt und den Feind zum Freund macht (Tibet, Nepal)

*La* – Gebirgspass (Tibet); wörtlich: göttlich

*Lakh* – 100 000 Rupien (Nepal)

*Lama* – Schamane, Kräuterheilkundiger (Nepal); tibetisch-buddhistischer Mönch, verehrungswürdiger Lehrer

*Lodge* – einfache Unterkunft, Hotel

*Lungi* – Stoffbahn, oft mit Blumenmuster, von den Frauen in Nepal als Rock getragen

*Magar* – Kastenname, ethnische Gruppe

*Malda* – Doppeltrommel (Indien und Nepal)

*Malla-Könige* – »Malla« ist das Sanskrit-Wort für Ringkämpfer. Ariveda, der erste König des Katmandu-Tales, soll während eines Ringkampfes einen Sohn bekommen und ihm den Kosenamen »Malla« gegeben haben. Die Malla-Periode dauerte von 1220 bis 1767.

*Mantra* – Wort- oder Klangsymbol; unterstützt das Vordringen in tiefere Bewusstseinsschichten; Beispiel: Om Mani Padme Hum

*Maotai* – alkoholisches Getränk (China)

*Mero* – mein (Nepali)

*Mieto* – lecker, herrlich (Nepali)

*Momo* – gedämpfte, mit Jakfleisch oder Gemüse gefüllte Teigtasche; wird mit einer würzigen Soße gegessen

*Mummie* – Mama (Nepali)

*Namastè* – »Ich achte den Gott in dir«; nepalesischer Gruß, bei dem die Hände aneinander gelegt werden

*Pradhan Panch* – Gewählter Leiter des lokalen Rates. Das nepalesische parteienlose Panchayat-System mit dem König an der Spitze erstreckte sich von Dorf- bis auf Landesebene. 1990 erhob sich die Bevölkerung gegen dieses undemokratische System, und nach einer blutigen Revolution wurden 1991 erstmals Wahlen abgehalten.

*Rakshi* – selbst gebrannter Schnaps aus Reis oder anderen Getreidesorten (Nepal)
*Ramè* – buddhistischer Segen
*Rana* – Adelsfamilie in Nepal
*Roti* – flaches, ungesäuertes Brot, meist aus Maismehl hergestellt
Rupie – Währungseinheit (Nepal)

*Sapal* – Zehentrenner-Sandale aus Plastik (Nepal)
*Sherpa* – Kastenname, ethnische Gruppe
*Shiva* – mächtigster Hindugott, Gott der Schöpfung und Zerstörung
*Stupa* – von einem Pfeileraufsatz gekröntes, massives halbkugelförmiges Bauwerk, das eine Reliquie eines Buddhas oder Lamas umschließt

*Thangka* – mit bunter chinesischer Seide umsäumtes Rollbild aus Stoff oder Papier, das ein Mandala, eine Buddhadarstellung oder einen Gegenstand aus Astrologie oder Heilkunde zeigt

*Tika* – Punkt aus rotem Pulver oder rot gefärbtem Reis, der bei Tempelritualen und als Glückssymbol an Festtagen auf die Stirn aufgetragen wird (Nepal, Indien)

*Tomba* – aus Gerste hergestelltes warmes alkoholisches Getränk (Tibet)

*Tsampa* – geröstetes Gerstenmehl, ein wichtiges Grundnahrungsmittel (Tibet)

Yuan – Währungseinheit (China)

*Zaat* – frisches fermentiertes, aus einer oder mehreren Grasarten hergestelltes Getränk; wird in Nepal hauptsächlich von den Magar getrunken und ähnelt stark dem tibetischen Chang

## Von Neu-Delhi nach Peking (Winter 1985–Herbst 1986)

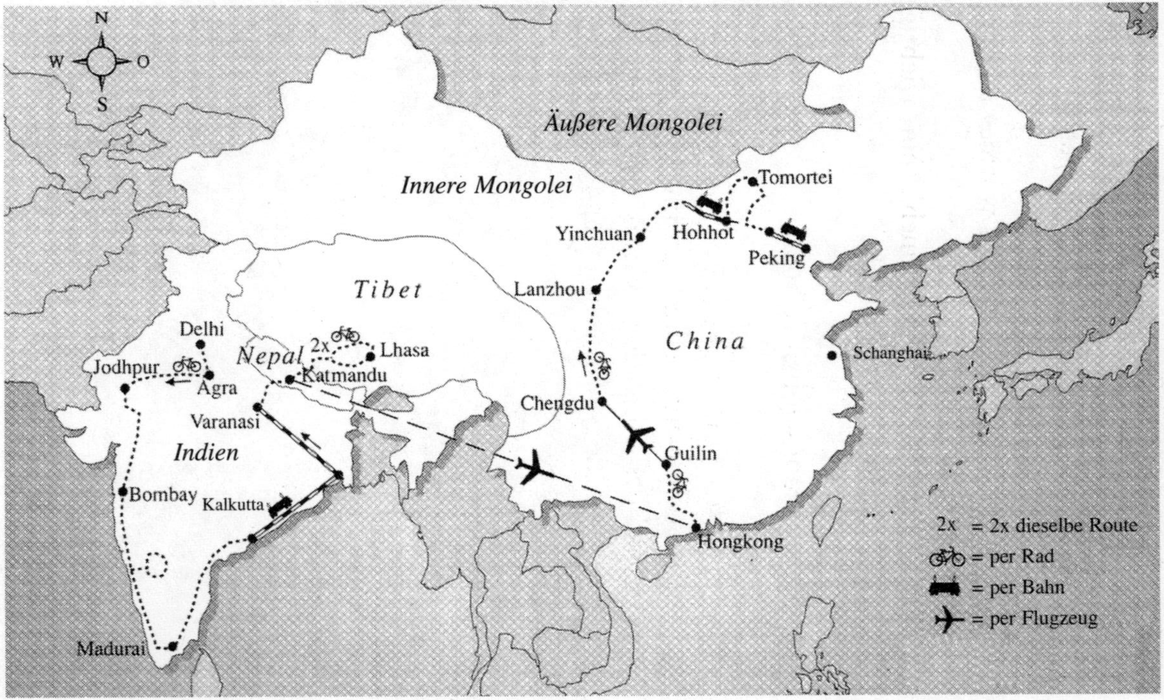

Radreise Himalaja (Frühjahr 1986)

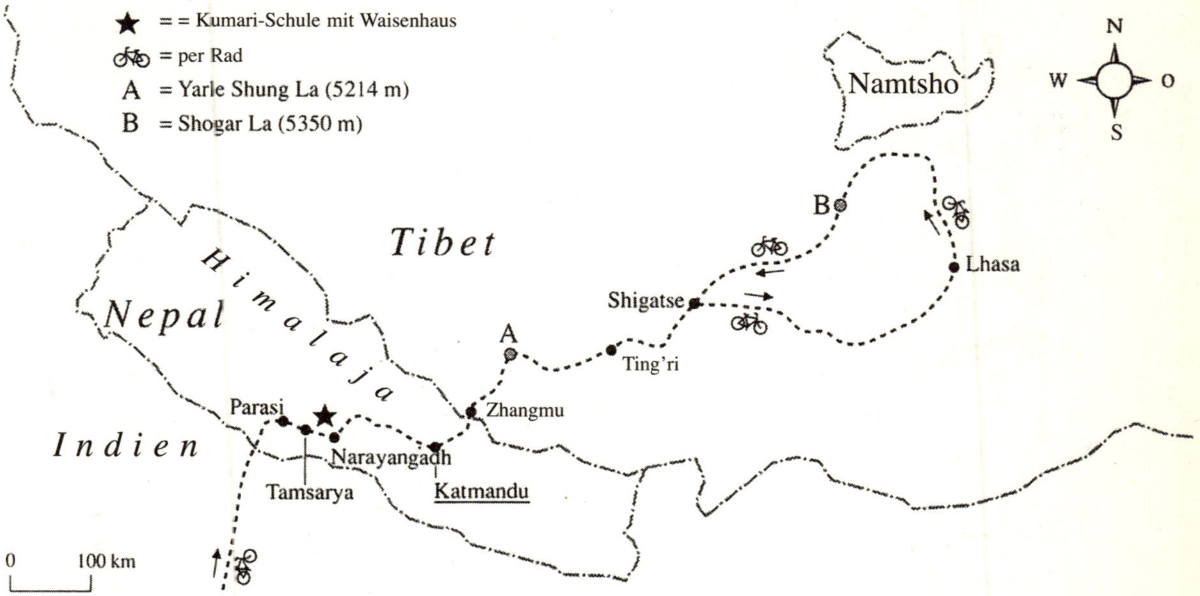

## Radreise durch Nordchina (Herbst 1986)

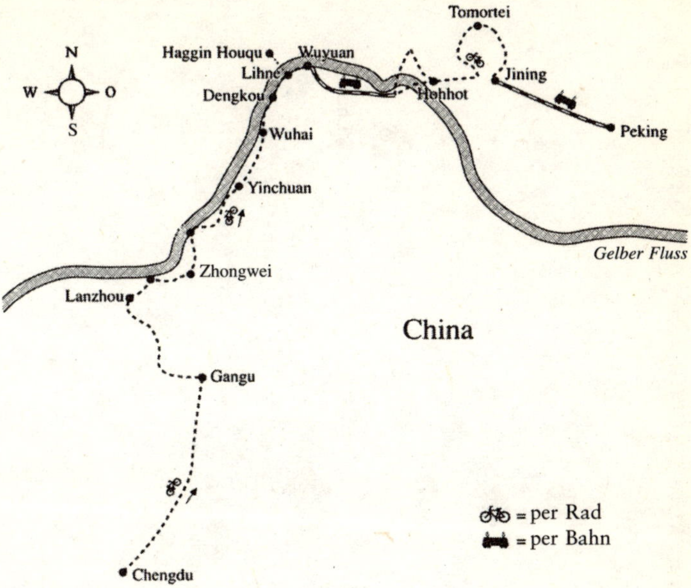

# Meine Wohnstätten in Nepal (1988)

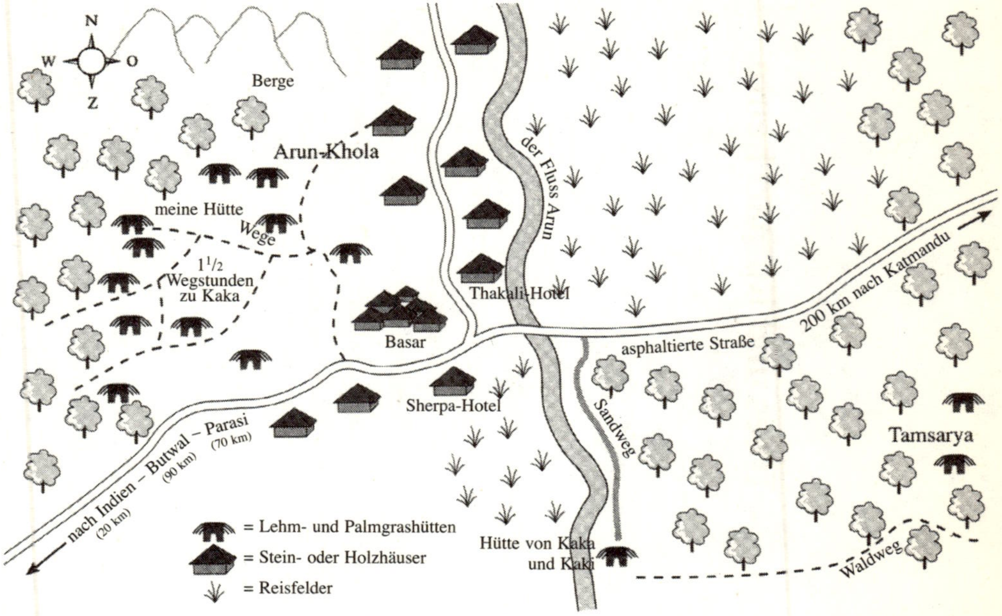

# Trees und Kumari heute

Trees und Kumari leben heute in Amsterdam. Trees arbeitet hauptsächlich für die von ihr ins Leben gerufene Stiftung Tamsarya, die in Nepal ein Waisenhaus für über hundert Kinder, ein medizinisches Zentrum für die ganze Region, drei Schulen und einen Bauernhof unterhält. Daneben schreibt sie als Journalistin für verschiedene Zeitschriften und arbeitet an ihrem nächsten Buch. Sie finanziert die Stiftung auch über Vorträge, die sie über ihre Erfahrungen und Erlebnisse in Asien hält.

Kumari ist jetzt 17 Jahre alt und geht noch in die Schule. In den Niederlanden erkrankte das Mädchen an Tuberkulose, der Krankheit, durch die sie ihre Familie verloren hat. Zwei Jahre lang konnte sie die Schule nicht besuchen.

Kumari interessiert sich besonders für Tanz und Mode. Nach der Schule würde sie gern Modedesign studieren, aber ihre größte Liebe ist der Tanz, vor allem der asiatische Tanz. Seit sie Nepal als kleines

Kind verlassen hat, tanzt sie jeden Abend, und sie ist eine sehr gute Tänzerin. Regelmäßig tritt sie bei Aufführungen nepalesischer Tänze auf.

Trees und Kumari fahren jährlich nach Nepal, um die Arbeit in der Stiftung Tamsarya zu begleiten und damit Kumari ihre Fertigkeiten im nepalesischen Tanz weiter ausbilden kann.

Informationen über die Stiftung Tamsarya finden Sie unter www.tamsarya.nl. Spenden für das Waisenhaus, die Schule und das medizinische Zentrum können geschickt werden an:

Stiftung Tamsarya
KNSM-laan 746
NL-1019 LS Amsterdam

Kontonummer 440 897
Postbank Amsterdam